U0930785

〔清〕谭嗣同　著

仁學

汇校本

张维欣　导读

张玉亮　汇校

浙江古籍出版社

图书在版编目（CIP）数据

仁学：汇校本 / ［清］谭嗣同著；张维欣导读；张玉亮汇校. 一杭州：浙江古籍出版社，2021.3
ISBN 978-7-5540-1872-9

Ⅰ.①仁… Ⅱ.①谭… ②张… ③张… Ⅲ.①谭嗣同（1865-1898）一哲学思想 Ⅳ.①B254

中国版本图书馆CIP数据核字(2020)第245324号

仁学（汇校本）

［清］谭嗣同 著　张维欣 导读　张玉亮 汇校

出版发行　浙江古籍出版社
地　　址　杭州市体育场路347号　310006
网　　址　https://zjgj.zjcbcm.com
责任编辑　刘　蔚
文字编辑　王振中
封面设计　吴思璐
责任校对　吴颖胤
责任印务　楼浩凯
照　　排　北京西席文化传媒有限公司
印　　刷　浙江新华印刷技术有限公司
开　　本　850×1168mm　1/32
印　　张　9.375　插页　10
字　　数　203千字
版　　次　2021年3月第1版
印　　次　2021年3月第1次印刷
书　　号　ISBN 978-7-5540-1872-9
定　　价　60.00元

谭嗣同像（复原照）

《亚东时报》首刊《仁学》之第五号

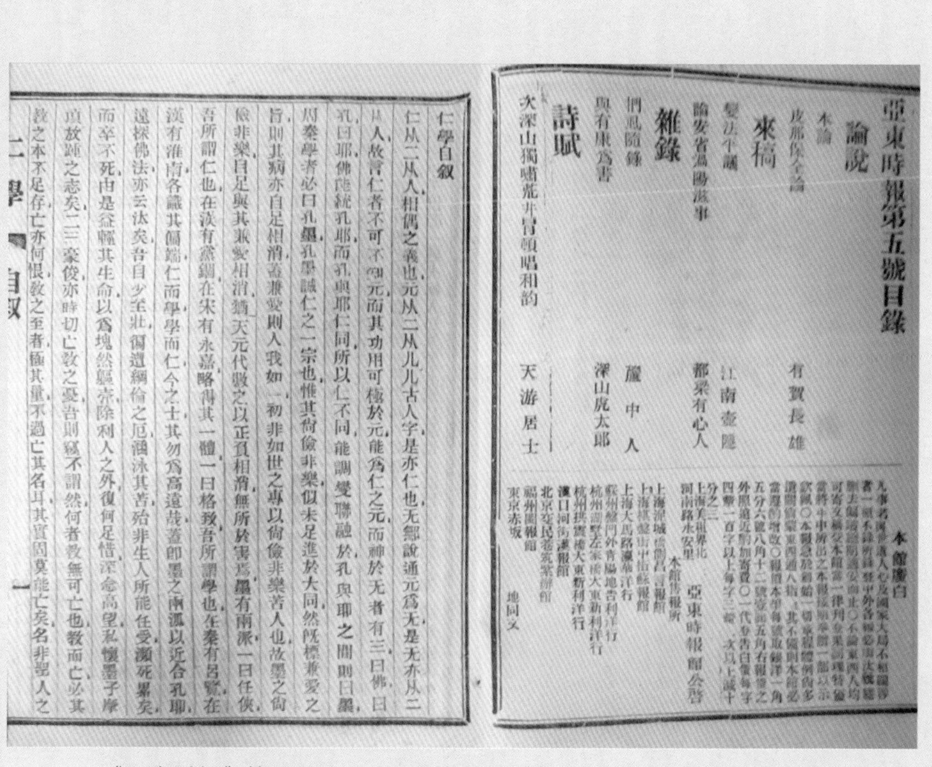

仁學自敘

仁从二从人相偶之義也元从二从儿儿古人字是亦仁也无許說通元爲无是无亦从二从人故言仁者不可不知元而其功用可極於无能爲仁之元而神於无者有三曰佛曰孔曰耶佛能統孔耶而孔與耶仁同所以仁不同能調燮聯融於孔與耶之間則曰墨周秦學者必曰孔墨孔墨誠仁之一宗也惟其尙儉非樂似未足進於大同然旣標兼愛之旨則其病亦自足相消蓋兼愛則人我如一初非如世之專以尙儉非樂苦人也故墨之尙儉非樂自足與其兼愛相消猶天元代數之以正負相消無所於害焉墨有兩派一曰任俠吾所謂仁也在漢有黨錮在宋有永嘉略得其一體一曰格致吾所謂學也在秦有呂覽在漢有淮南各識其偏端仁而學學而仁今之士其勿爲高遠哉蓋卽墨之兩派以近合孔耶遠探佛法亦云汰矣吾自少至壯徧遭綱倫之厄涵泳其苦殆非生人所能任受瀕死累矣而卒不死由是益輕其生命以爲塊然軀殼除利人之外復何足惜深念高望私懷墨子摩頂放踵之志矣二三豪俊亦時切亡教之憂吾則竊不謂然何者教無可亡也教而亡必其教之本不足存亡亦何恨教之至者極其量不過亡其名耳其實固莫能亡矣名非聖人之

仁學 自敘 一

亞東時報第五號目錄

論說

來稿

雜錄

詩賦

《亚东时报》第五号目录（目录中并无《仁学》，可见为临时补刊者）

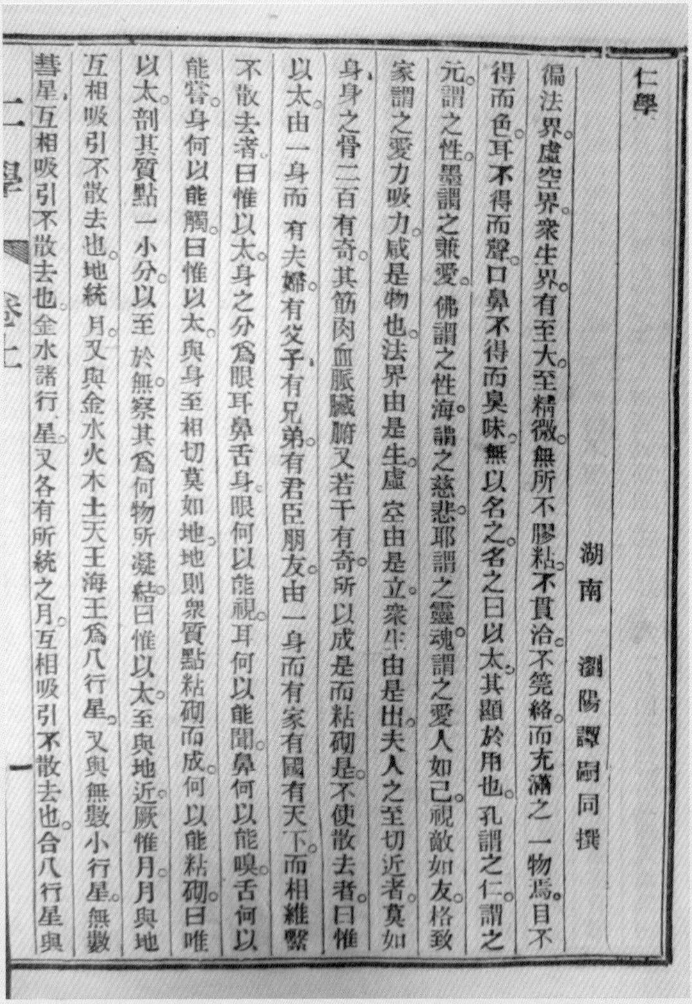

仁學

湖南 瀏陽譚嗣同撰

徧法界。虛空界。衆生界。有至大。至精微。無所不膠粘。不貫洽。不筦絡。而充滿之一物焉。目不得而色。耳不得而聲。口鼻不得而臭味。無以名之。名之曰以太。其顯於用也。孔謂之仁。謂之元。謂之性。墨謂之兼愛。佛謂之性海。謂之慈悲。耶謂之靈魂。謂之愛人如己。視敵如友。格致家謂之愛力吸力。咸是物也。法界由是生。虛空由是立。衆生由是出。夫人之至切近者。莫如身。身之骨二百有奇。其筋肉血脈臟腑又若干有奇。所以成是而粘砌是。不使散去者。曰惟以太。由一身而有夫婦。有父子。有兄弟。有君臣朋友。由一身而有家有國有天下。而相維繫不散去者。曰惟以太。身之分爲眼耳鼻舌身。眼何以能視。耳何以能聞。鼻何以能嗅。舌何以能嘗。身何以能觸。曰惟以太。與身至相切莫如地。地則衆質點粘砌而成。何以能粘砌。曰唯以太。剖其質點一小分。以至於無。察其爲何物所凝結。曰惟以太。至與地近。厥惟月。月與地互相吸引。不散去也。地統月。又與金水火木土天王海王爲八行星。又與無數小行星。無數彗星。互相吸引。不散去也。金水諸行星。又各有所統之月。互相吸引不散去也。合八行星與

《亚东时报》所刊《仁学》正文首篇，著录“卷上”字样

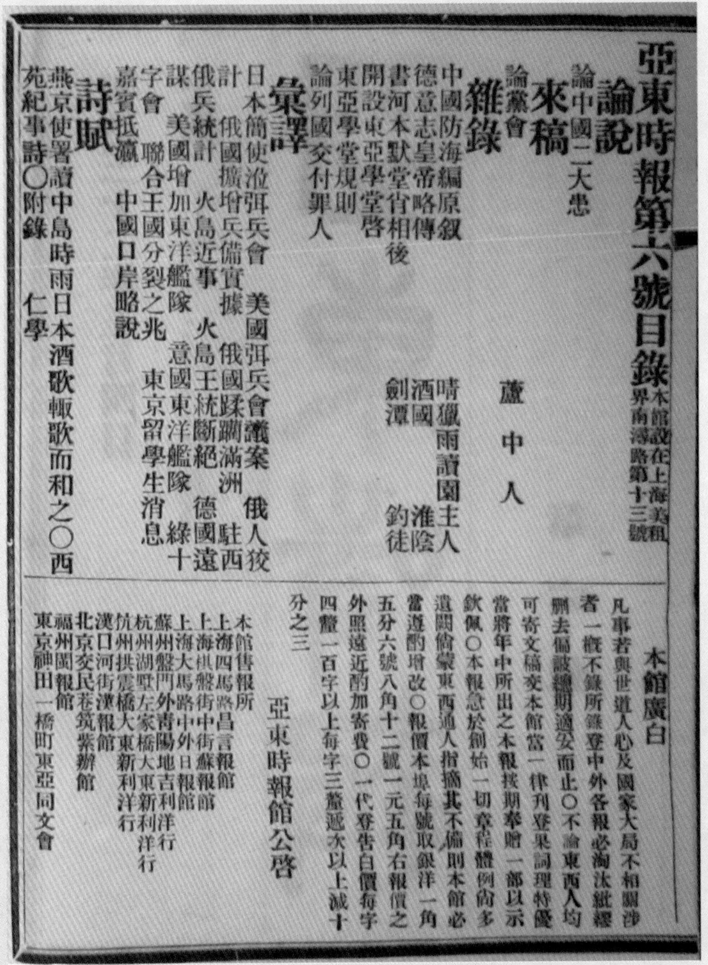

亞東時報第六號目錄

本館設在上海英租界南潯路第十三號

《亚东时报》第六号《仁学》始见诸目录

校刻瀏陽譚氏仁學序

嗚呼。此支那為國流血第一烈士亡友瀏陽譚君之遺著也。烈士之烈。人人知之。烈士之學。則罕有知之者。亦有自謂知之。而其實未能知者。余之識烈士。雖僅三年。然此三年之中。學問言論行事。無所不與共。其於學也。同服膺南海。無所不言。無所不契。每共居則促膝對坐一榻中。往復上下。窮天人之奧。或徹數日夜廢寢食。論不休。每十日不相見。則論事論學之書盈一篋。嗚呼。烈士之可以千古。尚有出乎烈之外者。余今不言。來者曷述焉。乃敘曰。仁學何為而作也。將以光大南海之宗旨。會通世界聖哲之心法。以救全世界之衆生也。南海之教學者曰。以求仁為宗旨。以大同為條理。以救中國為下手。以殺身破家為究竟。仁學者。即發揮此語之書也。而烈士者。即實行此語之人也。今夫衆生之大蔽。莫甚乎有我之見存。有我之見存。則因私利而生計較。因計較而生罣礙。因罣礙而生恐怖。馴至一事不敢辦。一言不敢發。充其極也。乃至見孺子入井而不怵惕。聞鄰榻呻吟而不動心。視同胞國民之糜爛而不加憐。任同體衆生之痛癢而不知覺。於是乎大不仁之事起焉。故孔子絕四。終以無我。佛說曰無我相。今夫世界乃至恆河沙數之星界。如此其廣大。我之一身。如此其藐小。自地球初有人類。初有生物。乃至前此無量劫。後此無量劫。如此其長。我之一身。數十寒暑。如此其短。世界物質。如此其複雜。我之一身。分合六十四原質中之各質。組織而成。如此其虛幻。然則我之一身。何可私之有。何可愛之有。既無可私。既無可愛。則毋寧舍其身以為衆生之犧牲。以行吾心之所安。蓋大仁之極。而大勇生焉。顧婆羅門及其他舊教。往往有以身飼蛇虎。或斷食。或臥車轍下求死。而孔佛不爾者。則以吾固有不忍人之心。既曰不忍矣。而潔其身而不思救之。是亦忍也。故佛說我不入地獄。誰入地獄。孔子曰天下有道。丘不與易也。古之神聖哲人。無不現身於五濁惡世。經歷千辛萬苦者。此又佛所謂乘本願而出世。孔子所謂求仁而得仁。又何怨也。烈士發為衆生流血之大願也久矣。雖然或為救全世界之人而流血焉。或為救一種之人而流血焉。或為救一國之人而流血焉。乃至或為救一人而流血焉。其大小之界。至不同也。然自仁者視之。無不同也。何也。仁者平等也。無差別相也。無揀擇法也。故無大小之可言也。此烈士所以先衆人而流血也。況有仁學一書以公於天下。為法之燈。為衆生之眼。則烈士亦可以無憾於全世界也夫。亦可以無憾於全世界也夫。烈士流血後九十日。同學梁啓超敘。

《清议报》所刊《仁学》，首揭梁启超序

仁學一

徧法界。虛空界。衆生界。有至大至精微，無所不膠粘，不貫洽，不筦絡，而充滿之一物焉。目不得而色。耳不得而聲。口鼻不得而臭味。無以名之。名之曰以太。其顯於用也。孔謂之仁。謂之元。謂之性。墨謂之兼愛。佛謂之性海。謂之慈悲。耶謂之靈魂。謂之愛人如己。視敵如友。格致家謂之愛力吸力。咸是物。法界由是生。虛空由是立。衆生由是出。夫人之至切近者莫如身。身之骨二百有奇。其他筋肉血脉臟腑又若干有奇。所以成是而粘砌是不使散去者。曰惟以太。由一身而有夫婦。有父子。有兄弟。有君臣朋友。由一身而有家有國有天下。而相維繫。爲癢爲痛。其機極靈。其行極速。惟病麻木痿痹則不知之。猶電綫已摧壞。不復能傳信至腦。雖一身如異域然。故醫家謂麻木痿痹爲不仁。不仁則一身如異域。是仁必異域如一身。猶不敢必即盡仁之量。況本爲一身哉。一身如異域。此至奇不恆有。人莫不怪之。獨至無形之腦氣筋。如以太者。通天地萬物人我一身。而妄分彼此。妄見畛域。但求利己。不恤其他。疾痛生死。漠不加喜戚于心。反從而忌之。蝕之。齮齕之。屠殺之。而人不以爲怪。不更怪乎。反而

關絕市。曰重申海禁。抑何不仁之多。夫仁以太之用。而天地萬物由之以生。由之以通。星辰之遠。鬼神之冥。漠然將以仁通。況同生此地球而同爲人。豈一二人私意所能塞之。亦自塞其仁而已。彼治於我。我將師之。彼忽於我。我將拯之。可以通學。可以通政。可以通教。又況於通商之常常者乎。譬如一身然。必安立一法曰。左手毋得至乎右。右手毋得至乎左。三焦百脈。毋得相貫注。又有是理乎。而猥曰閉之。絕之。禁之。不通矣。夫惟不仁故。

天地間亦仁而已矣。佛說百千萬億恆河沙數世界。有小衆起一念。我則知之。雖微至而一滴。能知其數。豈有他神奇哉。仁之至。自無不知也。牽一髮而全身爲動。生人知之。死人不知也。傷一指而終日不適。血脈貫通者知之。痿痹不仁者不知也。吾不能通天地萬物人我爲一身。即莫測能通者之所知。而詫以爲奇。其實言通至於一身無有不知者。至無奇也。知不散去者。曰惟以太。身之分爲眼耳鼻舌身。眼何以能視。耳何以能聞。鼻何以能嗅。舌何以能嘗。身何以能觸。曰惟以太。與身至相切近莫如地。地則衆質點粘砌而成。何以能粘砌。曰惟以太。任剖某質點一小分。以至於無。察

《清议报》本《仁学》之“重复”与“误植”

意所能塞之。亦自塞其仁而已。彼治於我。我將師之。彼忽於我。我將拯之。可以通學。可以通政。可以通教。又況於通商之常常者乎。譬如一身然。必妄立一法曰。左手毋得至乎右手。右手毋得至乎左。三焦百脈。毋得相貫注。又有是理乎。而猶曰閉之絕之禁之。不通矣。夫惟不仁之故。

天地間亦仁而已矣。佛說百千萬億恒河沙數世界。有小衆生起一念。我則知之。雖微至雨一滴。能知其數。豈有他神奇哉。仁之至。自無不知也。牽一髮而全身為動。生人知之。死人不知也。傷一指而終日不適。血脈貫通者知之。痿痺麻木者不知也。吾不能通天地萬物人我為一身。即莫測能通者之所知。而詫以為奇。其實言通至於一身。無有不知者。至無奇也。知不知之辨。于其仁不仁。故曰天地間仁不仁而已矣。無智之可言也。孔子曰。仁者必有勇。手足之捍頭目。子弟之衛父兄。其事急。其情切。豈有猶豫顧慮而莫敢前者。勇不勇之辨。于其仁。故曰天地間仁而已矣。無勇之可言也。義之為宜。出于固然。無可言也。吾知手必不能為足之所為。足必不能為手之所為也。苟其能而無害。又莫非宜也。信之為誠。亦出於固然。無可言也。知痛癢。知捍衛。吾知其非外假也。非待設心而然也。非有欲于外之人也。禮者即其

能通天地萬物人我為一身。即莫測能通者之所知。而詫以為奇。其實言通至於一身。無有不知者。至無奇也。知不知之辨。於其仁不仁。故曰天地間仁而已矣。無智之可言也。孔曰仁者必有勇。手足之捍頭目。子弟之衛父兄。其事急。其情切。豈有猶豫顧慮。而莫敢前者。勇不勇之辨。於其仁不仁。故曰天地間仁而已矣。無勇之可言也。義之為宜。出於固然。無可言也。吾知手必不能為足之所為。足必不能為手之所為也。苟其能而無害。又莫非宜也。信之為誠。亦出於固然。無可言也。知痛癢。知捍衛。吾知其非外假也。非待設心而然也。非有欲於外之人也。禮者即其既行之跡。從而名之。至於禮抑末矣。其辨皆於仁不仁。故曰天地間惟仁而已矣。

吾悲夫世之妄生分別也。犁然不可以締合。寐者邅邅。乍見一我對待者皆為人。其機始于一人我。究於所見。無不人我者。見愈小者。見我亦愈切。愚夫愚婦。於家庭所親。則肆其咆哮之威。愈親則愈甚。見外人反畏之而忘之。以切我者。以與不切于我也。切于我者。易於愛。易於愛者。亦易於不愛。愛之所不及。亦不愛之所不及。同一我。而人我之量。斯其小者。大於此者。其人我亦大。湘人士不幸處于未通商之地。不

第五、六两篇《亚东时报》本与《清议报》本并未分段

偶。於人不相偶。尙安有世界。不相人偶。見我切也。不仁矣。亦以不人。雖然此之分別。由於人我而人我之也。甚至一身而有人我。何則。仁而已矣。而忽有智勇之名。而忽有義信禮之名。而忽有忠孝廉節之名。仁亦名矣。不可立而又立者也。傳之智勇義信禮云云。胡爲者。故凡敎主如佛如孔如耶。則專言仁。間有旁及。第就世俗所已立之名。藉以顯仁之用。使衆易曉耳。夫豈更有與仁並者。學人不察。妄生分別。就彼則失此。此得又彼喪。徘徊首鼠。卒以一無成而兩俱敗。祇見其拘牽文義。嫌疑罣礙。分崩離析。無復片段。猶一身而自斷其元首。刳其肺腸。車裂支解其四體。磔膊臠割其肌肉。而相率以疊斃於分別之下。彼人我之人我。車裂之刑也。此一身之人我。寸磔之刑也。不其悲夫。不其悲夫。

仁亂而以太亡乎。曰無亡也。匪惟以太也。仁固無亡。無能亡之者也。亦無能亡也。亂亡者。即其既有條理。而不循其條理之謂。孰能於其既有也而强無之哉。夫是故亦不能强無而有。不能强有者。雖仁至如天。仁乎何增。不能强無。雖仁不至如禽獸。仁乎何減。不增惟不生。故不滅。惟不滅。故知乎不生不滅。乃今可與談性生之性性也。形色天性性也。性善性也。惟無亦性也。無性何以善。無善所以善也。有無善而後有無性。有無性斯可謂之善也。善則性之名固可以立。就性名之已立而論之。性一以太之用。以太有相成相愛之能力。故曰性善也。性善何以情。有惡曰情。豈有惡哉。從而爲之名耳。所謂惡。至於淫殺而止矣。淫固惡。而僅行於夫婦。淫亦善也。殺固惡。而僅行殺殺人者。殺亦善也。禮起於飲食。而以之沈湎而饕餮者。即此飲食也。不聞懲此

《清议报》本刊落第八篇之处

分別生名顛倒。故分別亦顛倒。謂不顛倒者顛倒。故名亦顛倒。顛倒。習也。非性也。或難曰。草木金石至冥也。而寒熱之性異。鳥獸魚鱉至愚也。而水陸之性異。謂人無性。毋乃不可乎。曰就其本原言之。固然其無性名矣。彼動植之異性。爲自性爾乎。抑質點之位置與分劑有不同耳。質點不出乎六十四種之原質。某原質與某原質化合。則成一某物之性。析而與他原質化合。或增某原質。減某原質。則又成一某物之性。即同數原質化合。而多寡主佐之少殊。又別成一某物之性。紛紜蕃變。不可紀極。雖聚千萬人之畢生精力治化學。不能竟其緒而宣其蘊。然而原質則初無增損於故也。香之與臭。似判然各有性矣。及考其成此香臭之所以然。亦質點布列。微有差池。致觸動人鼻中之腦氣筋。有順逆迎拒之異。故覺爲香爲臭。苟以法改其質點之聚。香臭可互易也。此化學家之淺者。皆優爲之。烏覩所謂一成不改之性耶。庖人之治庖也。同一魚肉。同一蔬筍。調和烹煮之法又同。宜同一味矣。而或方正切之。或斜切之。或藿葉切之。或臠之。或糜之。或巨如塊。或細如絲。其奏刀異。其味亦因之而不同。此豈性也哉。由大小斜正之間。其質點不無改變。及與舌遇。遂改變舌上腦氣筋之動法。覺

《清议报》本刊落第十篇之处

本館告白

本報前附印譚君嗣同所著之仁學未竟而中止閱者多以未窺全豹爲憾茲謹將其續稿分期附印以公諸世諒亦閱者所欲先覩爲快也又日本政治之善與歐美已並駕齊驅其每年新出之書及譯自歐美者實美不勝收我國人苟譯讀其一二而採法之已足以致富强而臻盛治茲本館擬擇其精者譯印報末以餉我國人祈閱者鑒之

華英字典出售

馮君鏡如增訂華英字典加入英札指南合計仟餘版皆手自正定精心校理其中字畫玲瓏了如指掌欲從事西學者尤宜家置一編也每部價銀六元五毫照英洋加一計算如有願購者請函來本館或逕向代售處購取可也茲將代售處列下

廣東省城 雙門底 聖教書樓 十八甫 石經堂

橫濱 丸善書店 文經印書店

香港 聚文閣書坊 文裕堂書坊

神戶 致亨印書店 永勝街 松利號

《清议报》续刊《仁学》之告白（第 44 期）

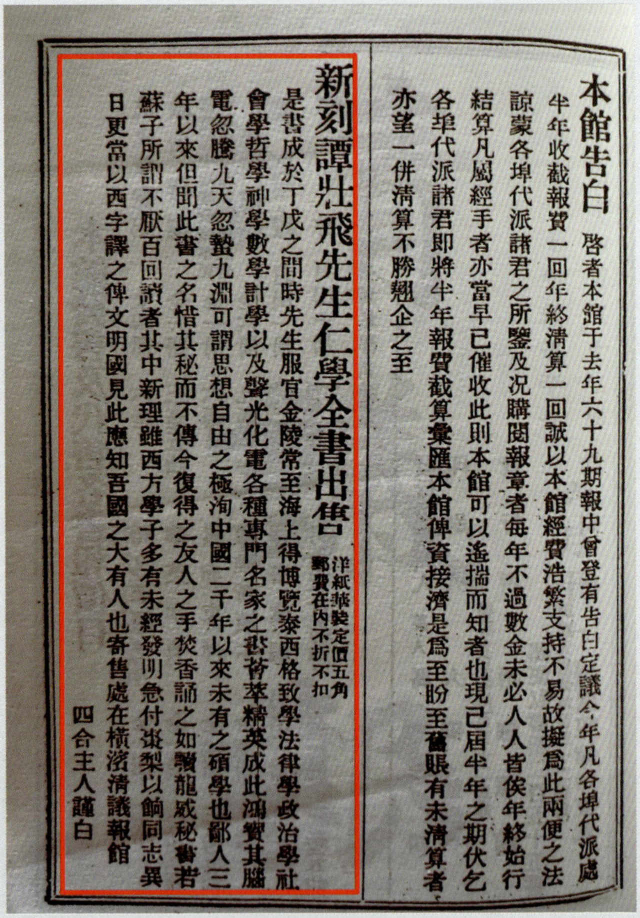

本館告白

啓者本館于去年六十九期報中曾登有告白定議今年凡各埠代派處半年收截報費一回年終清算一回誠以本館經費浩繁支持不易故擬爲此兩便之法諒蒙各埠代派諸君之所鑒及況購閱報章者每年不過數金未必人人皆俟年終始行結算凡屬經手者亦當早已催收此則本館可以遙揣而知者也現已屆半年之期伏乞各埠代派諸君即將半年報費截算彙匯本館俾資接濟是爲至盼至舊賬有未清算者亦望一併清算不勝翹企之至

新刻譚壯飛先生仁學全書出售

洋紙華裝定價五角
郵費在內不折不扣

是書成於丁戊之間時先生服官金陵常至海上得博覽泰西格致學法律學政治學社會學哲學神學數學計學以及聲光化電各種專門名家之書薈萃精英成此鴻著其腦電忽騰九天忽蟄九淵可謂思想自由之極洵中國二千年以來未有之碩學也鄙人三年以來但聞此書之名惜其秘而不傳今復得之友人之手焚香誦之如讀龍威秘書若蘇子所謂不厭百回讀者其中新理雖西方學子多有未經發明急付梨梨以餉同志異日更當以西字譯之俾文明國見此應知吾國之大有人也寄售處在橫濱清議報館

四合主人謹白

《清议报》推出《仁学》全本之预告

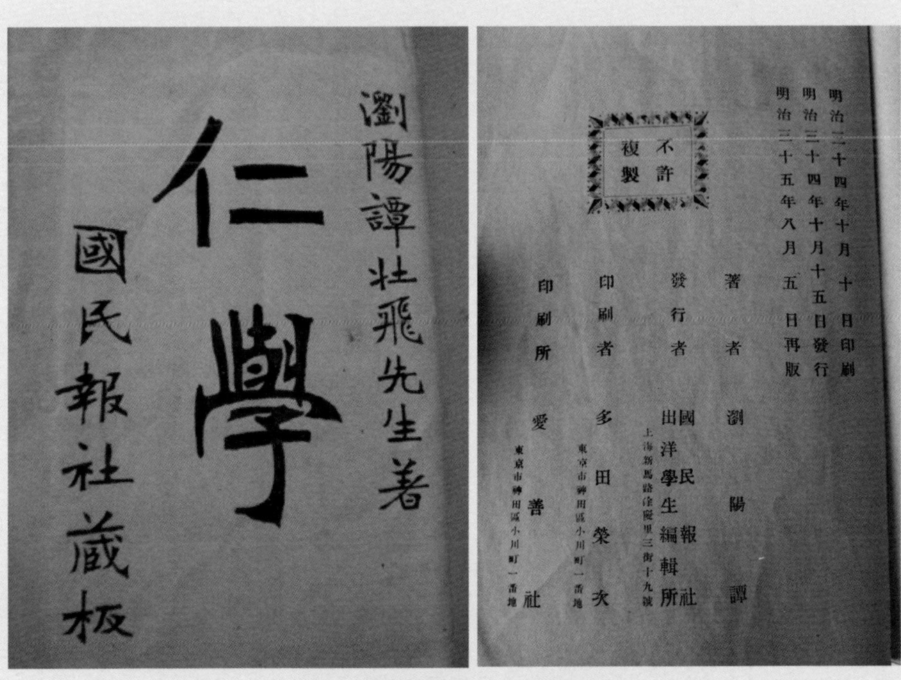

瀏陽譚壯飛先生著

仁學

國民報社藏板

明治三十四年十月十日印刷

明治三十四年十月十五日發行

明治三十五年八月五日再版

不許複製

著者 瀏陽譚

發行者 國民報社 出洋學生編輯所 上海新馬路徐慶里三街十九號

印刷者 多田榮次 東京市神田區小川町一番地

印刷所 愛善社 東京市神田區小川町一番地

国民报社本之扉页与版权页

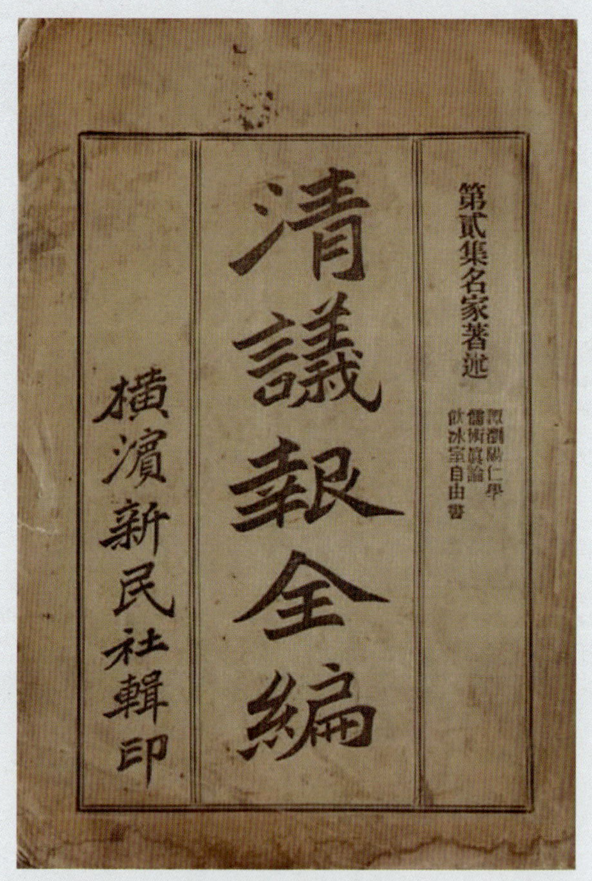

《清议报全编》本封面

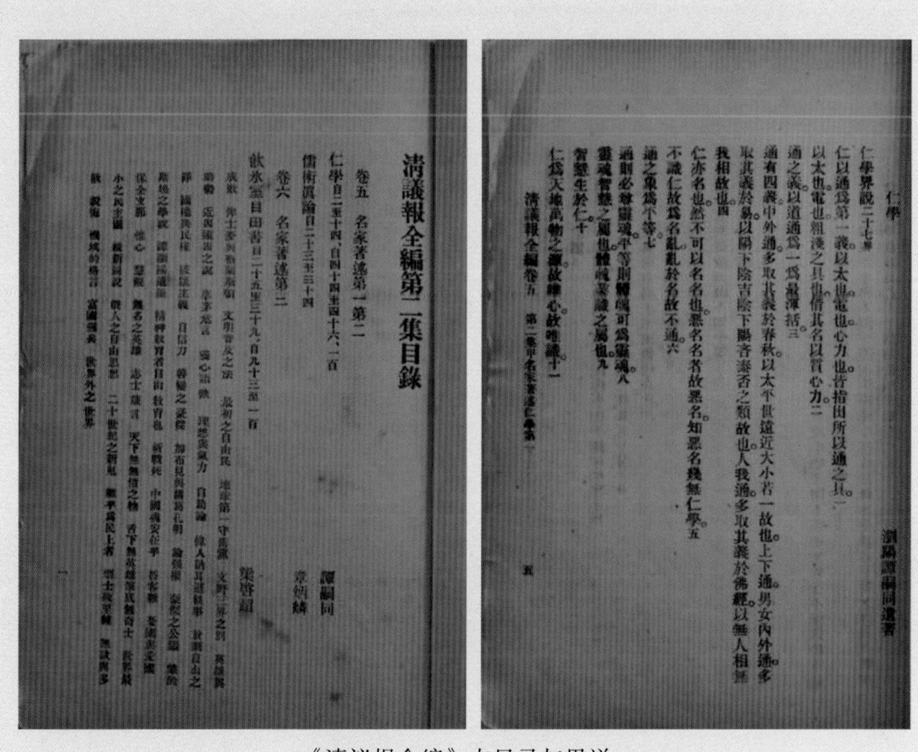

清議報全編第二集目錄

仁學

瀏陽譚嗣同遺著

仁學界說二十七界

仁以通爲第一義。以太也。電也。心力也。皆指出所以通之具。一

以太也。電也。粗淺之具也。借其名以質心力。二

通之義。以道通爲一爲最渾括。三

通有四義。中外通。多取其義於春秋。以太平世遠近大小若一故也。上下通。男女內外通。多取其義於易。以陽下陰吉陰下陽吝泰否之類故也。人我通。多取其義於佛經。以無人相無我相故也。四

仁亦名也。然不可以名名也。惡名名者故惡名。知惡名幾無仁學。五

不識仁故爲名亂。亂於名故不通。六

通之象爲平等。七

通則必尊靈魂。平等則體魄可爲靈魂。八

靈魂智慧之屬也。體魄業識之屬也。九

智慧生於仁。十

仁爲天地萬物之源。故唯心。故唯識。十一

《清议报全编》本目录与界说

譚瀏陽全集 仁學卷上

仁學界說 二十七界說

仁以通爲第一義。以太也。電也。心力也。皆指出所以通之具。一

以太也。電也。粗淺之具也。借其名以質心力。二

通之義。以道通爲一爲最渾括。三

通有四義。中外通。多取其義於春秋。以太平世遠近大小若一故也。上下通。男女內外通。多取其義於易。以陽下陰吉陰下陽吝泰否之類故也。人我通。多取其義於佛經。以無人相無我相故也。四

仁亦名也。然不可以名名也。惡名名者。故惡名。知惡名幾無仁學。五

不識仁。故爲名亂。亂於名。故不通。六

通之象爲平等。七

《谭浏阳全集》本《仁学》

线装石印之翻印本《仁学》封面与扉页

铅排翻印本《仁学》封面

目　录

卷　上

卷　下

附　录

前　言

谭嗣同，字复生，号壮飞，又署东海褰冥氏、华相众生、寥天一阁主、通眉生等，湖南浏阳人，近代中国杰出的启蒙思想家、政治家、文学家、教育家。清同治四年二月十三日（1865年3月10日）生于北京宣南，清光绪二十四年八月十三日（1898年9月28日）在戊戌政变中殉难，时年三十三岁。

以上是关于谭嗣同较为通行的简介。名声带来流量的同时，也不免使印象刻板。其所著《仁学》虽广为世人所知，然误读也所在多有，对这部伟大思想著作的研读仍很不充分。博览深思、撰写《仁学》的谭嗣同与变法维新、慷慨赴难的谭嗣同是同一个人。读其书当知其人而论其世，以下就五个问题展开：

一、《仁学》的作者是个怎样的人；

二、《仁学》是为何而写，又是如何发表的；

三、《仁学》的主要内容是什么，产生了怎样的影响；

四、今天为什么读《仁学》；

五、为什么要做汇校本《仁学》。

一、写《仁学》的人

谭嗣同出生于仕宦家庭，于族谱内排行第七，被称为“七公子”。父亲谭继洵（1823—1899），字子实，号敬甫。历任户部主事、员外郎、郎中、坐粮厅监督；后由京官外放，补授甘肃巩秦阶道，升任甘肃按察使、布政使，官至湖北巡抚，曾兼署湖广总督。母亲徐五缘（1830—1876），一生勤俭，持家有方，教子甚严。

谭嗣同少年家庭生活并不温暖。幼年被父妾卢氏所虐，十二岁时又因“白喉”瘟疫而遭遇“五日三丧”，母亲、长兄、二姊先后染疫身亡，他本人亦未能幸免，昏死三日后复醒，因此父亲为之取字“复生”，意为死而复生。稍长，其感情最为深厚的仲兄亦病故。他在《仁学自叙》中说：“吾自少至壮，遍遭纲伦之厄，涵泳其苦，殆非生人所能任受。”少时之经历使他体验到封建礼教的虚伪与黑暗，在他幼小的心灵里埋下怀疑和反抗的种子，并给其生命底色涂上“苍然之感”。

自十四岁始，谭嗣同随父赴甘肃就任，八次往返于秦楚之间，途经湘、鄂、豫、陕、甘、晋、冀、京、沪、苏、皖、赣等地，游历无数名山大川，行程“合数都八万余里，引而长之，堪绕地球一周”。在秦陇期间，谭嗣同曾驰骋于峭壁悬崖、冰川雪岭，斗酒赋诗，抚琴高歌，与胡儿健卒疾呼，与飞鸟猛兽赛跑，于雪地凿冰解渴，在深山中纵马骑射，反映了他与一般书生迥然不同的胸怀志趣，亦体现出“少年盛气，凌厉无前”的任侠风骨。在甘肃十年，他先后五次参加科举考试，均落榜，但也开阔眼界，增长了见识，更加关心国事民生。梁启超在《谭嗣同传》中称其

“少倜傥有大志，淹通群籍，能文章，好任侠，善剑术”。

光绪十六年春，谭继洵升任湖北巡抚，举家移居武汉，嗣同随之。在此期间，谭嗣同不仅因欧阳中鹄、刘人熙、涂启先三位老师而深入研读王夫之《船山遗书》和《张子正蒙注》、《周易内外传》等著作，且日益“不以师说固步自封”，思想上表现出越来越强的独立性，对于老师并不推崇的墨家学说有着浓厚兴趣。同时他广泛阅读江南制造局出版的西方自然科学译著，及广学会翻译的国外史地政教著作，涉及政治、经济、文学、史学、天文、物理、数学、地理、生物、测绘、音韵等诸多领域。其眼界、学养宽厚如此，除见善则迁、勤勉努力等自身因素和家世、环境、教育、交游、阅历等外部因素外，还有近代中国“三千年未有之大变局”的时代因素。

光绪二十一年（1895），清政府在甲午中日战争中惨败，被迫签订《马关条约》。空前严重的民族危机让谭嗣同为代表的中国知识分子群体彻底觉醒。谭嗣同极为愤慨，与时在武昌两湖书院的唐才常、刘善涵“彻夜不寐，热血盈腔，苦无藉手，泣数行下”，写下“四万万人齐下泪，天涯何处是神州”的慨叹，并决心告别昨日之旧我：“三十以后，新学洒然一变，前后判若两人。”他自号“壮飞”，宣布与旧学彻底决裂。

谭嗣同决定先“小试于一县”，于同年闰五月致其师欧阳中鹄一封万言长书，提出创办算学格致以自强的主张。欧阳中鹄阅罢十分赞叹，认为其思想已然青出于蓝，“以学论，不当使在弟子之列”，“论事极有见地，任事极有力量”，“才气横绝，足达时变”。他将长信稍加删节，以《兴算学议》为名出版。湖南巡抚陈宝箴亦大加赞赏，“谭复生书粗阅一过，其识度、才气、性情,得未曾有”,并刻印数千本流布于湘省各书院。时逢浏阳旱灾,谭嗣同在协助赈灾的同时,与欧阳中鹄、唐才常等共同发起成立“浏阳算学社”,后又于两年后正式建成算学馆。唐才常评价道:“湘省直中国之萌芽,浏阳直湘省之萌芽,算学又萌芽之萌芽耳。”算学社开湖南新学之先声,成为湖南维新运动之滥觞,浏阳“可为天下先”。自此,谭嗣同以改革家和启蒙思想家的身份,活跃在历史舞台。

光绪二十二年(1896)春,谭嗣同奉父命成为候补知府,赴京觐见,在京中先后与四川人士吴德潇吴铁樵父子、广东举人梁启超、浙江学者夏曾佑及翰林院编修吴嘉瑞、徐仁铸等维新人士相识。梁启超盛赞其“才识明达,魄力绝伦,所见未有其比,伯里玺之选也”。梁、谭自此成为挚友与同志,“促膝对坐一榻中,往复上下,穷天人之奥”,“连舆接席,未尝一日相离也”。途经上海,谭嗣同于格致书屋拜访英国科学翻译家傅兰雅,与其探讨自然科学知识及宗教教理,又见化石、计算器、X光片等物,开拓了视野。六月抵达南京,与佛学家杨文会结识,于金陵刻经处从其钻研佛学典籍,过从甚密。他曾四度往来于宁沪之间,与梁启超、汪康年、吴嘉瑞、宋恕、孙宝瑄、缪荃孙、罗振玉、郑孝胥、刘世珩、蒯光典等富有维新思想之师友畅论时政、结会办刊。他为《时务报》撰文、推荐作者,与主编汪康年书信不绝,最终被聘为《时务报》董理。被迫成为候补官员虽然无奈,但在好友的启发和鼓励下,谭嗣同开始构思撰写《仁学》。该书于次年春基本完成,这是他最主要之代表作,奠定了其在中国近代史和思想史上的重要地位。

光绪二十三年(1897)秋,盛宣怀主办汉阳铁厂后急需煤矿，谭嗣同应邀相助。同时，陈宝箴亦邀其辞官返湘参与如火如荼的湖南维新运动。谭嗣同出任时务学堂绅董，又任中文分教习，为学生批阅札记，与梁启超、熊希龄、唐才常等人在学堂内传布科学、民主、民权思想，并为招生考试出题、阅卷。授课之余，他还常将王夫之的《噩梦》《黄书》、黄宗羲的《明夷待访录》等宣扬民主思想、反对封建专制的著作印制成册，加以按语秘密散发，由维新派担任教师的学堂，却最终埋下革命的火种，培养出了蔡锷、林圭、李炳寰、范源濂等矢志革新的青年学子。

光绪二十四年二月，谭嗣同参与创设南学会，形式为讲演，七日一讲。南学会既是团结各界人士的场所，又是讲学议政之处，起到了宣传民主科学、破除封建思想的重要作用。谭嗣同在南学会中讲授天文、物理、生命科学等知识，论及中国情形危急、古今中外学术、民权救国等问题。同月，又与熊希龄、唐才常等创办《湘报》，并担任董事，使之成为宣传维新变法的阵地与喉舌。他在《湘报》发表了《治事十篇》、《试行印花税条说》、《论电灯之益》等重要文章，并提出办学会、合群力、改官制、变科举、变法律等具体措施。长沙《湘报》与天津《国闻报》、上海《时务报》呈三足鼎立之势，同为维新运动进行舆论宣传。时务学堂、南学会、《湘报》，又成为湖南维新运动的三面旗帜，谭嗣同参与其中，发挥了中流砥柱的作用。

维新运动不断深入，遭到了湖广总督张之洞和以王先谦、叶德辉为代表的湖南地方士绅的攻击，湖南的新旧之争日益尖锐，以至剑拔弩张。维新派阵营的内部矛盾亦开始激化。面对严峻形势，谭嗣同以死相抗，并表示：“宁可杀身以成仁，不能曲学而阿世”,“平日互相劝勉者,全在‘杀身灭族’四字,岂临小小利害而变其初心乎!”

同年四月,光绪帝颁布“明定国是”诏书,正式宣布变法。侍读学士徐致靖以“天才卓荦,学识绝伦,忠于爱国,勇于任事”保荐谭嗣同,光绪帝电召进京觐见。谭嗣同闻讯顿生“绝处逢生”之感,认为国事大有可为,决心应诏北上。出发前为好友唐才常题诗云:“三户亡秦缘敌忾,功成犁扫两昆仑。”

不久后被召见,谭嗣同与林旭、杨锐、刘光第同被委任为军机章京,参预新政。他代上拟诏书,晓谕士民,说明朝廷实行变法之苦衷,被称为“国朝第一诏书”。他又力陈开懋勤殿设顾问官,效法西方议会制度,以统筹变法全局,但遭到慈禧太后断然拒绝。帝后关系濒于破裂,新旧纷争,势同水火。因阅兵废上之“预谋”,光绪帝向军机四卿下达密诏,设法相救。八月三日,先生夜访法华寺,劝袁世凯起兵诛荣禄,围颐和园,以保护光绪帝,袁却模棱两可,设词推宕。八月六日,政变发生,慈禧太后宣布“垂帘听政”,囚禁光绪帝,下令逮捕维新党人。康有为在政变前一日已离京出逃。谭嗣同劝梁启超流亡日本,自己则不愿出走,将家书文稿托梁保管,慷慨表示:“不有行者,无以图将来;不有死者,无以召后起。程婴杵臼,月照西乡,吾与足下分任之。”八日清晨捕者至,谭嗣同神色不变,从容就逮。入狱五日,潇洒无惧,慷慨如平日,“意气自若,终日绕行室中,拾取地上煤屑,就粉墙作书。问何为,笑曰‘作诗耳’”,留下了辉耀千秋的《狱中题壁》诗:“望门投宿邻张俭,忍死须臾待杜根。吾自横刀仰天笑,去留肝胆两昆仑。”十三日,在未经任何审讯之下,谭嗣同与林旭、刘光第、杨深秀、杨锐、康广仁六人被杀害于菜市口,史称“戊戌六君子”。临刑前,谭嗣同对监斩官刚毅说道:“吾有一言!”刚毅躲避不听,却令他北跪谢恩,谭嗣同拒不屈从,怒目而视,大声斥责:“有何恩可以谢!”最后高呼:“有心杀贼,无力回天。死得其所,快哉快哉!”神色不变,从容就义,时年三十有三。其磊落无瑕之品格,英毅无前之风骨,受到当时和后世的热烈称颂。

二、《仁学》的写作与发表

《仁学》是一部通过重塑人的内心和精神世界,以期改造世界、重组社会与道德秩序,追求自由、平等的哲学启蒙著作。戊戌变法在政治层面虽以失败告终,却因诞生纷涌而至的新思潮而成为近代思想变革层面上一场成功的启蒙运动。

关于《仁学》的写作,各家记载颇多,且其中有矛盾之处,笔者认为,谭氏自家文字中之记述,当是最可信据的线索。

谭嗣同著述中关于《仁学》的记述,当始于《秋雨年华之馆丛脞书》所收之《与唐绂丞书》:“若夫近日所自治,则有更精于此者,颇思共相发明,别开一种冲决网罗之学。亦拟还县一游,日期又急不能定,大要归则甚速耳,彼时当畅衍,此书其先声也。”《仁学》的写作计划在此时已有,据黄彰健《戊戌变法史研究》、王夏刚《谭嗣同与晚清社会》考证,此信写于光绪二十二年九月(1896 年 10 月)。

在另一封给唐才常的信(光绪二十三年三月十四日,1897 年 4 月 15 日)中,谭嗣同再次提及这个计划:“乃嗣同蒿目时艰,亟欲如前书所云,别开一种冲决网罗之学,思绪泉涌,率尔操觚,止期直达所见,未暇弥纶群言,不免有所漏耳。”这时《仁学》已开始撰写，且进展较快。

谭嗣同在给好友汪康年的书信（光绪二十三年正月十八日，1897 年 2 月 19 日）中，也有关于《仁学》的记述：“去年吴雁翁到金陵，述卓如兄言，有韩无首大善知识，将为香港《民报》，属嗣同畅演宗风，敷陈大义。斯事体大，未敢率尔，且亦不暇也。近始操觚为之，孤心万端，触绪纷出。非精探性天之大原，不能写出此数千年之祸象，与今日宜扫荡桎梏冲决网罗之故，便觉刺刺不能休，已得数十篇矣。少迟当寄上。”这时，《仁学》已得数十篇，但揆其语气，当尚未完成。

梁启超《与严幼陵先生书》（光绪二十三年三月，1897 年 4 月）云：“侪辈之中，见有浏阳谭君复生者，其慧不让穗卿，而力过之，真异才也。著《仁学》三卷，仅见其上卷，已为中国旧学所无矣。”

据此，光绪二十二年九月已有写作计划，至光绪二十三年三月间，已开始写作并完成数十篇，但此时应尚未终卷。

那么，《仁学》大体完成于何时呢？谭嗣同在《与唐绂丞书》中列举了好友唐才常《质点配成万物说》对自己《仁学》的六次称引，在表示“惭惶，虑《仁学》虚有其表，复何以副足下之重许”的谦虚后，也表达了“近依《仁学》之理衍之，则读经不难迎刃而解，且日出新义焉”的自信。唐之《质点配成万物说》刊于《湘学报》第 5—7 号（光绪二十三年五月初一、十一、二十一）。从中可大体推算出时间。

在同一封信中，谭嗣同又提到，与其同拜欧阳中鹄为师的沈兆祉近日来信说，从《时务报》见到梁启超称许自己所著《仁学》，并询问详细情况。这里所指乃梁启超《说群自序》，刊于《时务报》第26册，光绪二十三年四月十一日（1897年5月12日）出版。文中说："启超问治天下之道于南海先生，先生曰：'以群为体，以变为用，斯二义立，虽治千万年之天下可已。'启超既略述所闻，作《变法通议》，又思发明群义，则理奥例赜，苦不克达。既乃得侯官严君复之《治功天演论》、浏阳谭君嗣同之《仁学》，读之犁然有当于其心。悼天下有志之士，希得闻南海之绪论，见二君之宏著，或闻矣见矣，而莫之解、莫之信，乃内演师说，外依两书，发以浅言，证以实事，作《说群》十篇一百二十章，其于南海之绪论、严谭之宏著，未达什一，惟自谓视变法之言，颇有进也。"这里将谭嗣同《仁学》与严复《天演论》相提并论，当是已见到初步完成的书稿。

如果上述推论大致不差的话，那么，《仁学》的写作计划开始于光绪二十二年（1896）九月，期间经过约半年时间，在光绪二十三年（1897）的四月间基本完成，期间每成一篇辄与梁启超等沪上友人切磋，完成后将原稿寄给唐才常，将录副本交给梁启超。唐才常得到原稿后大为赞赏，于其主编的《湘学报》中撰文多加征引，梁启超也在其主持笔政的《时务报》中称道不已。

《仁学》写成后，以思想激进，未得刊行，仅在谭嗣同的友人中小范围流传，读过此书的有其友人梁启超、唐才常、宋恕、孙宝瑄、章太炎等。其发表得益于谭氏挚友梁启超、唐才常。

1898年9月谭嗣同被害后，梁启超流亡日本，并于当年12月23日创办《清议报》。该报第2期（1899年1月2日）开始刊登《仁学》，此后的第3、4、5、7、9、10、12、14期，第44、45、46期，和终刊号第100期（1901年12月21日），将《仁学》全部刊登，共 13 期，历时将近三年。此本可称为《清议报》本。

谭嗣同被害时，他的另一挚友唐才常悲痛异常，然“忍不携二十年刎颈交，同赴泉台”（唐撰挽联中语），以尽后死者之责，筹开张园国会、联络会党策划武装起义等，而刊行《仁学》也在其中。1899 年上半年，唐才常“回翔于沪上”（其致江标书札中语），并参与日本人创办的《亚东时报》的编务。《亚东时报》自第 5 期（1899 年 1 月 31 日）开始刊登《仁学》，中经第 6、7、8、9、10、12、13、14、15、16、17、18 期，至第 19 期（1900 年 2 月 28 日）止，共 14 期，历时一年零两个月。此本可称《亚东时报》本。需要指出的是，此本虽然首次刊登《仁学》较《清议报》晚了将近一个月，但却是首次将《仁学》刊登完毕的，比《清议报》早了将近两年。此外，谭嗣同的《仁学自叙》是首次发表在《亚东时报》的（见第 5 期），《清议报》未曾刊登，其他版本则晚至 1901 年才收有此自叙。

1901 年 5 月，《国民报》创刊于日本横滨，此月刊虽然仅出版 4 期即告停刊，但在停刊不久的 10 月，以“国民报社”名义推出了单行本《仁学》。这是《仁学》的第一个单行本，可称作国民报社本。

1901 年 12 月 21 日，《清议报》推出第 100 期后终刊，此后新民社推出了《清议报全编》，乃汇辑《清议报》100 期之内容编成，但其中多有增删改动。《清议报全编》共分 6 集 26 卷，并附有《群报撷华》2 卷。首集为论说，其中第一部论著就是谭嗣同之《仁学》，该版本可称《清议报全编》本（以下简称《全编》本）。

以上就是《仁学》早期刊布的四个重要版本，此后的版本多是根据这几个版本衍生出的，如商务印书馆翻印本、民国间文明书局《谭浏阳全集》本等。汤志钧先生通过异文的比勘，提出唐才常刊发的《亚东时报》本与梁启超刊发的《清议报》本并非同源，得到学界的认可。并非同源、各有传承的两个版本中，当以《亚东时报》本源自稿本的可能性更大，理由如下：

一、光绪二十三年四五月间谭、唐两人分处吴楚两地，谭信中有“同心千里，吴楚青苍”之语，两人虽书函不断，然究不同宁沪之间便捷，可以如与梁启超一样“每成一篇，辄相商榷”（梁启超《三十自述》语），则唐才常所得《仁学》当是完结或至少在一定程度上已完成的初稿。

二、梁启超在学术著作《清代学术概论》中记述：“其所谓新学之著作，则曰《仁学》，亦题曰《台湾人所著书》，盖多讥切清廷，假台湾人抒愤也。书成，自藏其稿，而写一副本畀其友梁启超，启超在日本印行之，始传于世。”尽管各个版本的梁撰《谭嗣同传》对梁氏保存谭之著述手稿有所记录，但其中饱含政治宣传意图，且前后文字改易较大，相比而言，更强调学术而无甚政治意图的《清代学术概论》更有可信度。

三、《亚东时报》本所收《仁学自叙》，在《清议报》本中是没有的，单行的国民报社本和《清议报全编》本再次收录此序，已在《亚东时报》刊发的一两年后。联系谭嗣同其他著作中好为跋语序言的情况，这篇自叙在一定程度上可以看做谭嗣同对《仁学》写作划上句号的标志。

四、通过版本比勘可知，《亚东时报》本虽然错讹较多，但正是错讹处体现出所据乃未经誊录的草体，因此这个版本是原稿的可能性更大。

三、《仁学》是讲什么的

谭嗣同的思想主要体现在《仁学》中，它较为全面反映了谭氏哲学、政治、科学及经济思想。《仁学》的思想来源相当庞杂，不仅吸收了张载、王夫之、黄宗羲之思想，亦包罗儒、道、墨及陆王心学之思想；不仅包含佛教华严宗和唯识宗之学说，亦涉及西方基督教及数学、格致和社会学。作者将此多门众类思想熔于一炉，形成了独特的思想体系。

一些学人在研究《仁学》时，或多或少提到过所谓“杂糅”现象。在一些表述中，谭嗣同思维活跃却“具有着尖锐矛盾的两面性”，在他未能完全成型的思想体系中，仅在本体论上就有代表物质性的“以太”与精神性的“心力”两种属性迥异的基本单位；又从头至尾掺杂着以华严和唯识为代表的佛教术语，和声光化电等西方自然科学概念；以及，读者甚至无从判定他是强调事物时刻的“日新”还是寻觅永恒不变的实体，是唯心论还是唯物论，是改良派还是革命派。

尤为值得注意之处是，在《仁学》自叙中即有云：“网罗重重，与虚空而无极。初当冲决利禄之网罗，次冲决俗学若考据若词章之网罗，次冲决全球群学之网罗，次冲决君主之网罗，次冲决伦常之网罗，次冲决天之网罗，次冲决全球群教之网罗，终将冲决佛法之网罗。然真能冲决，亦自无网罗；真无网罗，乃可言冲决。故冲决网罗者，即是未尝冲决网罗。”

在以上这段《仁学》中几乎最为人所熟知的“冲决”论中，谭嗣同一方面高声呼喊着冲破利禄、俗学、群学、君主、伦常之网罗，一方面又将“天道”“佛法”之网罗也一并冲决，并表示

“冲决网罗者,即是未尝冲决网罗”。这样的论述颇令人费解、疑惑且无从着手去探寻规律,不少学人称其前后矛盾、逻辑紊乱、自身所学驳杂不精。其实并非如此。当我们真正了解谭嗣同思想的源流、他所希望构建达成的终极结论,以及他在陈述和搭建这个结论框架时所采用的工具、为了证明结论所作出的反证,就会明白他思想之全面、深厚、周密、严谨和熟稔,也就更会明了他最开始制定下的破解封建社会伦常秩序之法,仅系冲决一切之前所用,待到封建网罗彻底破除之后,此法自身也应被冲破,而不应成为束缚人性的下一道枷锁。

若想较为透彻、清晰地理解谭嗣同的思想脉络,可先将佛学这一概念暂时抛开,只看作是他证明论点的辅助工具,待厘清面目之时再加以观照,则其论证之法即彰明较著了。

首先,谭氏提出了几个关键概念:以太、心力、仁、生灭、通、平等,这几个高频词汇是搭建《仁学》基本框架最本源的概念,我们所要做的,除了将每一个词的来源、语境、深意解释清楚之外,更重要的任务是明确它们之间的逻辑联系。然而,不少学人在解释这几个基本概念时,就引入其余太多谭氏书中所涉及的“枝节”,譬如佛学语汇、科学论述以及儒家学说,甚至还有易经、墨家、张载、船山等学说,并就此得出谭氏思想学说“庞杂”的结论。

几乎每一个认真阅读过《仁学》,却对内容一知半解甚至认为其杂乱无章的读者所无法理解的,都不是这几个词本身,而是在这五十篇中这几个关键词之间的联系、逻辑,以及谭嗣同如何使用它们构建出一个全新的社会、政治、精神秩序。而几乎所有的《仁学》研究著作,也都围绕这一点展开,研究者凭借各自的理解和对中国乃至西方哲学史熟稔的程度去推测每一种搭建的可能性,并由此得出结论。

其次,厘清主线之后,要明白的则是《仁学》思想的几个主要来源:阐述天地世间万象变化的古老辩证法哲学经典《周易》,有着"兼爱"与"任侠"思想的墨家,在《正蒙》中书写"天人合一"的宇宙观的张载,以《正蒙注》来阐扬张载思想并提出"道器之论"的王夫之。另外,傅兰雅所译乌特亨利的《治心免病法》,也成为《仁学》中"心力"一词最终成型并被推出的直接原因。廓清谭嗣同思想源流,就不会将这些来源与他所要证明的逻辑结论混为一谈了。

再次,《仁学》行文中最易为人误解、诟病的"驳杂"部分,多来自宗教与科学概念的混用。自古以来,宗教与科学就是一对矛盾体,两者几乎站在对立面上代表了两种迥异的哲学表达。诚然,中国晚近时代是一个前现代社会,现代化进程速度超越以往任何一个历史时期。但同时,这种高速的蜕变转化、更新也使社会结构极不稳定,冲击、碰撞、动荡频频发生。在这个时期,今文经学、大乘佛学、西学东渐并行不悖,广泛为士大夫所认可、接受,并引为时代之代表思想。谭嗣同将这些"工具"有力地利用起来借以说明自己的日新、平等、变易等观念,不仅不是杂糅,相反是苦心与智慧。

今文经学。十九世纪末期的中国处在三千年未有之大变局中,身处这种变革危机中的知识分子首要任务就是重组自己的知识系统,以求与新的世界构造方式相适应。然而在重构思想体系和资源时,他们始终无法彻底抛开本国五千多年的悠久历史与一脉相承的文化情结。面对这种困境,重新诠释儒家经典，同时将新知识合法化，融汇中西从而形成经世致用的新价值，并以此回应时代问题，就成为当时士大夫阶层的首要任务。在此前提下，自庄存与、孔广森、刘逢禄等开诠释《春秋公羊传》之风始，冯桂芬、康有为、梁启超、严复、章太炎等近世学者都在公羊学与传统儒学上大下功夫。而在这股风潮中，谭嗣同是最重要的响应者和实践者之一。《仁学》中最核心的"仁"之思想，即由此种实践而来。然而，对儒家复兴的终极目标，却是以偷梁换柱的方式使西方的价值取代儒家。谭嗣同又成为近世思想家中最先向儒家价值系统公开发难者，以至于《仁学》中在崇"仁"之余，火力全开地对传统的糟粕"名教纲常"提出了最尖锐的现代批判。

大乘佛学。晚清士大夫对佛学的研习并不是一个偶然现象。在日本迅速崛起的背后，知识分子意识到佛教也并不是保守主义，在"学政教"三种国家机器运转下，佛教甚至不仅仅拘泥于宗教本身。佛教也可以近代化，也与西学颇有相通之处，这一点在佛学家杨仁山的学术体系中达到了较好的效果，而杨恰恰是谭嗣同的佛学导师。在谭嗣同所推崇的唯识宗里，就有"三界唯心、万法唯识"的核心观念，也有"转识成智"的第八意识——"阿赖耶识"，这些佛教观念对于阐发"心力"有着天生的"友好"，并可以形成有力的旁证，用来证成《仁学》想要最终阐明的结论。同理，文中所涉及的基督教话语，也与佛教话语有着类似的效果。

西学东渐。至于在晚近洋务运动时期勃兴的"声光化电"格致之学，勇于接受新事物的士大夫阶层对其有着特殊的好奇心与神秘感。虽在普通民众看来仍难接受，但不得不否认其所带来的冲击确是深入人心的。在《仁学》中，谭嗣同引入一些科学语汇阐释自己所构建的概念体系，更有利于唤起处在大变革时代知识分子的注意和共鸣，进而使自己的思想更好地被其理解、接纳。这些就是谭嗣同证明最终结论的工具和手段。换言之，这并不是“杂糅”，而是一种“借势”。

《仁学》全书的总体逻辑结构为“以太—通—平等”，最终全部指向“仁”。

为说明世界之本质，《仁学》中引进了当时西方流行的“以太”概念。《仁学界说》中有言：“仁以通为第一义。以太也，电也，心力也，皆指出所以通之具。”“以太也，电也，粗浅之具也，借其名以质心力。”作者将“以太”改造为一个本体论概念，在他看来，“以太”是充盈于天地之间、无所不在之介质，正是因为有了此种介质，全世界乃至整个宇宙均处于有形及无形联系当中，“通”之义遂由此而生。

“通”的概念在《仁学》中当属首要。作者将“通”看作是解决问题的根本点与合理社会关系的支点。中外、上下、男女、身心、内外、人我，都为“通”之客体。“通”，可看作是“脑气筋之周布即电线之四达，大脑小脑之盘结即电线之总汇，一有所切，电线即传信于脑，而知为触、为痒、为痛”之全体学概念；亦可以看作是“合八行星与所统之月与小行星与彗星，绕日而疾旋，互相吸引不散去，是为一世界，凡得恒河沙数，成天河之星团，互相吸引不散去，是为一大千世界”之天文学概念；亦可以看作是“数十年来，学士大夫，覃思典籍，极深研几，罔不自谓求仁矣，及语以中外之故，辄曰‘闭关绝市’，曰‘重申海禁’”之政商学概念；亦可以看作是“百千万亿恒河沙数世界，有小众生起一念，我则知之，虽微至雨一滴，能知其数”之佛学概念。谭嗣同遂又提出“通学”“通政”“通教”三通为一体之概念，万事万物相通，彼此观照和感应，方可达到“平等”之状态。各种具体的“通”，指向的是“平等”。

“仁以通为第一义”，“通之象为平等”。因此“仁不仁之辨，于其通与塞”，不通、不平等即为“麻木不仁”。中外、上下、男女、内外以及人我之间，本来互相贯通、互相平等，然而彼时中国几乎一无所通、万无可通。此种社会结构病态而不合理，人与人之关系完全违反“仁”之原则，必须加以彻底批判和改造。作者藉此为接下来的批判奠定了哲学基础，从根本上动摇和瓦解了封建社会形态的理论依据。平等为“仁”之指归，代表封建秩序的“礼”则是其障碍，只有将这种障碍除去，“仁”才能得以实现。因此《仁学》中展开对礼教的全面批判，而这批判的主要对象便是礼的核心——三纲五常。

“君臣一伦”首先违背平等精神。封建思想的“忠”之观念，是单方面的责任和绝对的义务；真正的忠则应指双方互尽义务和互相作对待的要求。作者痛斥“君统”，指出二千年来“君统”在中国造成了“大盗”与“乡愿”并存的世界，“由是二千年来君臣一伦，大为黑暗否塞，无复人理，沿及今兹，方愈剧矣”。由此提出新的“君主”观念：“君也者，为民办事者也；臣也者，助民办事者也，赋税之取于民，所以为办民事之资也。如此而事犹不办，事不办而易其人，亦天下之通义也。”

作者不但抨击“君为臣纲”，还驳斥“父为子纲”和“夫为妻纲”。龙绂瑞曾于《武溪杂谈录》中记载谭氏关于夫妻、父子关系之新见：“守节为宋人谬说。父子天性，色养是应尽之责，无所谓孝。”

“五伦中于人生最无弊而有益，无纤毫之苦，有淡水之乐，其惟朋友乎。所以者何？一曰平等，二曰自由，三曰节宣惟意。总括其意，曰不失自主之权而已。”在强烈抨击封建纲常之后，作者唯独把“朋友”一伦从儒家“五伦”中解放出来，与其他四伦作对比分析。友谊为五伦中唯一自由平等、自主结成、不受纲常制约之关系；“君臣、父子、兄弟、夫妇”均为天生而强制形成之关系，并不能因个人意愿而结成或改变。作者本人的思想境界之跃升与友群有着不可分割之联系，故此在其人生体验中对“群”的体悟独深，这也成为作者及其同好提倡“群学”、开办学会之滥觞。

《仁学》思想源于作者对自身生命境遇和历史境遇的感受与回应。作者自幼遭遇家庭变故与死亡阴影，人生之痛苦致使他希望以一己之力将自己超拔并希望避免其他人之痛苦再度发生，这是对生命境遇之回应。作者之思想成熟于十九世纪九十年代，正值传统政治秩序的义理基础开始动摇之时。他敏感地感受到传统政治秩序崩溃的过程及其所带来的震撼、混乱和空虚，开始急切地为中国寻找一个新的、更加健全的政治社会秩序。封建秩序在人世间布下了天罗地网，如欲求仁求通，必须“冲决网罗”，当重重网罗都被扫除之后，仁之精神——无私与爱方能“通天地万物人我为一身”。

戊戌变法失败后，谭嗣同拒绝出走，决心以死殉难，亦有他深刻的思考与价值观作为支撑。在他看来，平等之核心在于莫要“妄生分别”，即莫将自己与他人摆在不平等之位置。能通人我，方可谓仁。而“通人我”之终点，即为“破除自我”。

这种“破除”,是将“小我”投入到“大我”中去,而至于这种“投入”的方式是以生抑或是死,则无须过于执着。因为在“大我”当中,死与生都失去其真实性。“小我”之死只是“大我”一部分的死去,“大我”依然活着。死因生而赋予意义,而生因死亦赋予意义,二者相互使对方成立,缺一不可。“不生不灭,生与灭平等”,需要平等视之的不仅是人伦关系,也是生与死、存在与消亡。这种死生互为依存即是“守恒”之关系。这是“大我”中“小我”的不同分工,更是“通人我为一体”的至高境界,同时也是大乘佛学救世则应当“毁灭自我”之表达。作者于而立之年即已勘破生死,实非意外。

《仁学》之“仁”,糅合了墨子摩顶放踵的任侠豪迈、大乘佛学的普救众生与悲天悯人、基督教士冒死犯难的殉道精神。然而,一生执着追求“仁爱”的谭嗣同终究未能走出“不仁”的时代。谭氏的慷慨赴义,不仅是一个烈士对于革命的献身,更是一位哲学家对于理念之致敬。他求仁得仁,却以一部《仁学》撕裂了时代的旧疮疤,激荡起社会变革的风云。自此,批判纲常成为时代思潮,日涨月增,在五四时期形成反礼教高峰,封建思想基础土崩瓦解。

在清末具有新思想的青年当中,谭嗣同被看作最富“任侠之气”的人物。他敢于打破封建思想束缚的大无畏精神,成为社会变革的驱动力。当时甚至有不少年轻学子自名“慕谭”,表达仰慕之情。《仁学》也得以广为流传,被当做是中国之《人权宣言》。十九岁的革命宣传家、《革命军》之作者邹容是最为热烈之追随者,他将先生遗像悬挂于座侧,并题诗自励:“赫赫谭君故,湖湘志气衰。惟冀后来者,继起志勿灰。”面对溃烂时局，李大钊亦曾说："湘贤谭复生而生于今日，更不知作若何沉痛之语。"孙中山领导的兴中会将先生视为早期"革命同志"，他盛赞《仁学》一书"改造中国甚力"。黄兴亦以先生与唐才常而称"中国革命湖南最先"。浏阳革命党人焦达峰在起义出师时还供奉谭氏之灵位。陈天华在《猛回头》中称谭为"轰轰烈烈为国流血的大豪杰"。吴樾在遗书中大倡"暗杀主义"，首揭《仁学》中"任侠为仁"思想而大加发挥。

不仅仁人志士对谭嗣同景仰无似，思想史、学术史研究领域的学者也对其推崇备至。谭嗣同与康有为、梁启超、严复被誉为戊戌启蒙四大家。他们当中，康有为专注于从儒学思想里阐发出改革的新义，梁启超更倾向于普及变法的实施步骤，严复侧重于把西学移植到中国的土壤，而只有在谭嗣同笔下，所有这一切才被概括为"仁—通"的宇宙总规律，他将维新运动中的各类思想作了最高层次的哲学升华。钱穆认为，谭嗣同是近代最早站出来正面与纲常名教交锋之勇士，是五四运动创榛辟莽的先驱者："近世以来，学术思想之路益狭，而纲常名教之缚益严，然未有敢正面对而施呵斥者，有之，自复生始也。"他赞誉谭氏之呼声是黎明到来前的最强音。

四、今天为什么读《仁学》

今天距《仁学》的发表已经两个甲子了。时移世易，《仁学》的价值有没有随时间推移而减损？整理《仁学》，除了供近代史、思想史研究的专业读者使用外，还有什么必要？普通读者可以从《仁学》当中吸取哪些有益的养分？以下谨述管见，仅供参考。

日新月异的精神永不过时。

有人认为《仁学》太过驳杂，缺少条理，涉及的当时西方先进知识或浅尝辄止，或并不准确。2018 年许知远的纪录片《十三邀》关于谭嗣同的一集，也以“大杂烩”称之。这些确实是客观存在的，却并非作者无意识的，可以说是谭嗣同的“主观故意”。谭嗣同给好友唐才常书信中说，自己“思绪泉涌，率尔操觚”所以“未暇弥纶群言”。而驳杂所反映出来的，正是谭嗣同近乎贪婪地吸收先进知识的努力。从以太、原质（即化学元素）等基本概念，到《治心免病法》、《古教汇参》等西人著作，乃至潜伏进新出现的教派去了解其教义、口诀，所有这些无不体现了谭嗣同对新知的渴求。可以说，谭嗣同的阅读量，超出当时大多数知识分子，而其随时充电、与时俱进的终生学习态度，甚至比我们今人都有过之而无不及。一个令今人惭愧的例子是，目前所见所有的整理本《仁学》，都对当年谭嗣同读过的一部西人著作《百年一觉》不明就里，以致在标点时未加书名号。

在《仁学》第十八篇中，谭嗣同征引孔子之言称“日新之谓盛德”，认为“善至于日新而止矣，夫恶亦至于不日新而止矣”。之后在参与湖南新政时，他认为十日一出的《湘学报》还不够及时，于是与唐才常创办《湘报》，每日一出，是早期日报的佼佼者。在《湘报后叙》中他说：“昨日之新，至今日而已旧；今日之新，至明日而又已旧。……昨日之新，至今日而已旧；今日之新，至明日而又已旧。”但即便每日更新，他犹不满足，提醒“读此报者，勿泥以为新止于此也。天下之事之当新者多矣。日不一日，斯新不一新，闻斯行诸，不俟终日”。这种自我作古、日新月异的精神,小到一人之修为进境,大到一国之繁荣昌盛,都是永不过时的。

怀疑与思辨是强大的武器。

古人说尽信书不如无书,永不满足的求知欲、日新月异的进取精神,还需以怀疑与思辨为佐助。谭嗣同自幼接受的是传统教育,父亲谭继洵希望他按照传统知识分子的路数参加科举以求仕进。但他不蹈故常,对固有的知识体系、规则体系敢于提出怀疑。写于早年的《石菊影庐笔识》,分为"学篇"与"思篇",较为鲜明地体现了他在阅读传统典籍时的怀疑与思辨。《仁学》更是在此基础上的产物。书中对二千年来的专制体制,不仅敢于批判,而且善于批判。敢于批判源于怀疑精神,善于批判则得益于思辨精神。如对历来视为美德的俭,谭嗣同鞭辟入里,以举例、对比、放大与缩小比率等多种方法,论证了俭对社会经济发展的阻碍,这就使其破俭立奢、提倡工商业的主张有了非常充分的依据。其中展现的不仅是雄辩之才,更是逻辑的严密和思想的深刻。又如对封建纲常的批判,揭露统治者以不惜乱他人夫妇之伦、绝他人之嗣续,以彼矛攻彼盾,畅快淋漓地揭露其虚伪、残暴、荒淫与贪婪。

正因为拥有怀疑与思辨的强大武器,其思想之深刻程度远远超出时代。如批判男尊女卑,倡导男女平等时谭嗣同说:"佛书虽有'女转男身'之说,惟小乘法尔。若夫《华严》、《维摩诘》诸大经,女身自女身,无取乎转,自绝无重男轻女之意也。苟明男女同为天地之菁英,同有无量之盛德大业,平等相均,初非为淫而始生于世。"女性拥有与男性平等的地位,其价值具有独立性,并不基于男性而存在。这与法国思想家西蒙娜·波伏娃的经典著作《第二性》中的观点何其相似。在对为自身利益而放弃追求与底线之辈的批判中他说:“乡曲之士,给饘粥,察鸡豚,而长养子孙,以之自遁而苟视息焉,固亦术之工者矣。”这“术之工者”,又非常接近当下所说的“精致的利己主义者”。谭嗣同思想之锋芒,得益于怀疑精神与思辨精神者多,此应该为我们当下阅读、思考时所吸取。

善良和友谊值得永远珍视。

精研清诗的学者汪辟疆在《光宣诗坛点将录》中以水浒一百零八将及其特点、位次比喻晚清诗坛,将谭嗣同点为地暴星,所作评语为:“汝不闻杀人不眨眼将军乎?汝安知有不惧生死和尚耶?”地暴星丧门神鲍旭在水浒众家头领中,专司与天杀星黑旋风李逵冲锋陷阵,于此可见谭嗣同给时人留下的印象,是勇于冲锋陷阵,摧枯拉朽,杀人不眨眼,亦不惧一己之生死的。后人评价谭嗣同,固然有敢为人先、勇于革新的褒扬,也不乏缺乏经验、盲目冲动、破坏多于建设的指责。然而事实如何呢?谭氏自己的著述里,对于“流血”记述颇多。其中固然有“杀人”者,但更多的是对他人流血的悲悯。如《儿缆船并叙》:“北风蓬蓬,大浪雷吼,小儿曳缆逆风走。惶惶船中人,生死在儿手。缆倒曳儿儿屡仆,持缆愈力缆縻肉。儿肉附缆去,儿掌惟见骨。掌见骨,儿莫哭,儿掌有白骨,江心无白骨。”这种悲悯,通过作者的深刻思考,上升为其思想“仁学”,其中表达了对破除人我之见的追求,和对因人我之见、上下之隔而形成的专制杀人的反抗,如《六盘山转饷谣》:“马足蹩,车轴折,人蹉跌,山岌嶪,朔雁一声天雨雪。舆夫舆夫尔勿嗔,官仅用尔力,尔胡不肯竭?尔不思车中累累物,东南万户之膏血。”在《酬宋燕生见赠诗》的自注里，他说：“伦而不言天人，已足杀尽忠臣孝子弟弟，于吞声饮泣莫可名言之中，乃复有纲之残酷济之，所谓流血遍地球，染大地作红色，未足泄数千年亿兆生灵之冤毒，悲夫！”

谭嗣同对于反抗专制而流血，则是推崇的，《仁学》第三十四篇云：“法人之改民主也，其言曰：‘誓杀尽天下君主，使流血满地球，以泄万民之恨。’”他在给老师欧阳中鹄的书信中也说：“平日互相劝勉者，全在‘杀身灭族’四字，岂临小小利害而变其初心乎？耶稣以一匹夫而撄当世之文网，其弟子十二人皆横被诛戮，至今传教者犹以遭杀为荣，此其魄力所以横绝于五大洲，而其学且历二千年而弥盛也。呜呼！人之度量相越岂不远哉！今日中国能闹到新旧两党流血遍地，方有复兴之望。”诚然，谭嗣同所言变法之流血，固然有“杀人”而流血者，但更多的是对耶稣自我牺牲精神的崇尚与自勉。

谭嗣同的破坏绝非杀戮流血，而在于对吃人旧制度与封建社会根基之破坏，这是近代以来仁人志士的共同追求。要而言之，谭嗣同不是破坏多于建设，而恰是为了建设才去破坏；不是不恤流他人之血，而恰是为了众生不再流血而甘愿流自己之血以及阻碍变革者之血。杀人、流血的表象背后，是对不平等的控诉与反抗、对世间不幸的悲悯与仁爱。尽管在一些论者眼中，他的“以心力挽劫运”近乎天真，但这种善念是值得尊重和珍视的。

《仁学》不仅文本本身肯定了友群的可贵，其发表过程也闪耀着友谊的光辉。篇幅所限，此处仅就一则文字差异举例。《仁学》第十一篇载：“质点不出乎六十四种之原质……原质则初无增损之故也。……然原质犹有六十四之异，至于原质之原，则一以太而已矣。”《亚东时报》本、《清议报》本作“六十四种”，而《全编》本、国民报社本作“七十三种”。这里的原质即我们现在所说的化学元素。值得注意的是，原质六十四种之说在晚清中国知识界的通行，得益于傅兰雅和徐寿的《化学鉴原》(1871 年)。随着科学发展和西学东渐，1898 年 2 月，《教务杂志》刊载了狄考文的《修订化学元素表》，列举了七十一种元素，并增加了两种具有元素性质的化合物 Ammonium 铔(即铵)和 Cyanogen 蓝(即氰)。1898 年的《修订化学元素表》方将此前学界流行的六十四种更新为七十三种。三十之后与旧学决裂、积极渴求西学的谭嗣同，在戊戌年获得机会到权力中枢寻求实现抱负，却因戊戌变法而失去生命，其探寻维新之路因而中止。其友梁启超受其重托，毕其一生对“死友”之志业著述多所称道，在流亡日本期间于《清议报》刊发了谭氏《仁学》并作《校刻浏阳谭氏仁学序》。当然，其时因受康有为影响，序言中在阐发“《仁学》何为而作”时留下了“将以光大南海之宗旨”之语。但在此后的国民报社本和《全编》本中，梁启超根据西方化学知识的新进展，将六十四种原质改为七十三种，而且删掉了“将以光大南海之宗旨”。此时，正是梁启超沿着故友之路继续前行，并勇敢向乃师思想表达异见之时。也正是在这一年，梁启超在《新民丛报》开始连载对当时乃至后世影响深远的《新民说》……

梁启超一生著述甚丰，他死后，亲友编纂其著述为《饮冰室合集》皇皇四十册，由中华书局出版。《饮冰室合集》版的《校刻浏阳谭氏仁学序》，依然保留着“七十三种”这一对故友著述的知识更新,和对“将以光大南海之宗旨”的删削。从繁琐枯燥的文本校勘中折射出的,是两个生命个体超越生死的深厚友谊和高度契合的灵魂追求。《仁学》在当下仍具有相当价值,除了自新、怀疑与思辨精神外,还有值得记取的一点就是,善念与友情不可辜负。

五、为什么要做汇校本《仁学》

自中华人民共和国成立以来,《仁学》的整理本有如下数种:

《谭嗣同全集》,三联书店 1954 年 3 月版(简称三联全集版);

《仁学》,中华书局上海编辑所编辑,中华书局 1958 年 11 月版,1962 年 2 月第 2 次印刷(简称中华单行版);

《谭嗣同全集(增订本)》,蔡尚思、方行整理,中华书局 1981 年 1 月版,1998 年 6 月第 3 次印刷(简称中华全集版);

《谭嗣同文选注》,周振甫选注,中华书局 1981 年 3 月版(简称中华选注版);

《仁学——谭嗣同集》,加润国选注,辽宁人民出版社 1994 年 9 月版;

《仁学》,印永清评注,中州古籍出版社 1998 年 11 月版;

《仁学》,吴海兰评注,华夏出版社 2002 年 10 月版;

《仁学》,姚彬彬导读、注释,高等教育出版社 2010 年 9 月版;

《谭嗣同集》,何执整理,岳麓书社 2012 年 5 月版;

《中国近代思想家文库·谭嗣同卷》,汤仁泽编,中国人民大学出版社 2015 年 1 月版；

《谭嗣同集》，本书整理组整理，浙江古籍出版社 2018 年 9 月版；

《揭乡愿与大盗：仁学》，崇文书局 2019 年 10 月版。

此外，尚有汤志钧、汤仁泽校注《仁学》（台湾学生书局 1998 年 11 月版），与中国人民大学版基本相同；《谭嗣同全集》（天津古籍出版社），与三联版基本相同。另外值得重视的是蔡日新《仁学注析》，2014 年 5 月自印本。

所有这些整理本中，以中华全集版最为通行。然而将此整理本与《亚东时报》本、《清议报》本、国民报社本、《清议报全编》本和文明书局本这五个早期版本详细校勘，可以发现中华全集版与早期四个版本面貌皆有所不同、唯独与文明书局本相同之处，共有 11 条，其中既有文字差异，也有篇章分合之异同。今罗列于下：

1. 第六篇（“孔子曰：‘仁者必有勇’”至“天地间亦仁而已矣”一段），《亚东时报》本、《清议报》本、国民报社本、《全编》本这四个早期版本都接排于第五篇“天地间亦仁而已矣，无智之可言也”。按第五篇在全书中篇幅最小，且五、六两篇联系紧密，第五篇言智出于仁，第六篇言勇、义、信、礼皆本于仁，当是完整的一则。文明书局本盖本于国民报社本，而国民报社本此处恰当页末与行末，所以被误划分另为一篇。中华书局本沿之（页 297），误传遂广。

2. 第二二篇“时縻货财歉”，前四本皆作“縻”，文明书局本独作“糜”，中华本沿之（页 326）。

3. 第三三篇“以攫取中国之子女玉帛”，《亚东时报》本作

“攫取中国”,《清议报》本、国民报社本、《全编》本作“撄取中原”,文明书局本独作“攫取中原”,中华本沿之(页 341)。

4. 第三三篇“盗跖之肝人”,前四本皆作“肝人”,文明书局本独作“奸人”。《史记·伯夷列传》:“盗跖日杀不辜,肝人之肉,暴戾恣睢,聚党数千人横行天下,竟以寿终。”《索隐》:“刘氏云‘谓取人肉为生肝’,非也。按:庄子云‘跖方休卒太山之阳,脍人肝而餔之’。”中华本沿之(页 341)。

5. 第四二篇“亦惟以心救之”,前四本皆作“救之”(国民报社本为“救”之异体字“捄”),文明书局本独作“解之”,中华本沿之(页 356)。

6. 第四四篇“与俄路并行”,前四本皆作“并行”,文明书局本独作“平行”,中华本沿之(页 361)。

7. 第四四篇“中外必多同心者矣”,前四本此处后皆另为一则,文明书局本接排,中华本沿之(页 361)。

8. 第四四篇“则变自衣冠始”,前四本皆作“变自”,文明书局本独作“自变”,中华本沿之(页 362)。

9. 第四四篇“姑无论其出于北狄鄙倍之制”,前四本皆作“鄙倍”,文明书局本独作“鄙俗”。按《论语·泰伯》:“出辞气,斯远鄙倍矣。”朱熹《集注》:“鄙,凡陋也。倍,与‘背’同,谓背理也。”此处批判制度“为圣人之大不便”的背理之处,而非俗陋,“鄙倍”为是。中华本沿之(页 362)。

10. 第四五篇“推之疯颠”,前四本皆作“疯颠”,文明书局本独作“疯癫”,中华本沿之(页 365)。

11. 第四六篇“岁差数十杪”,《亚东时报》本、国民报社本作“抄”,《清议报》本、《全编》本作“杪”,文明书局本独作

“秒”，中华本沿之（页367）。

将此十一条差异在各个整理本中的情况列表如下：

版本	1	2	3	4	5	6	7	8	9	10	11
三联全集版	×	×	×	×	×	×	×	×	×	×	×
中华单行版	×	×	×	×	×	×	√	×	×	×	×
中华全集版	×	×	×	×	×	×	×	×	×	×	×
中华选注版	×	×	×	×	×	×	√	×	×	×	×
辽宁人民版	×	×	×	×	×	×	×	×	×	×	×
中州古籍版	×	×	×	×	×	×	×	×	×	×	×
华夏版	×	×	×	×	×	×	×	×	×	×	×
高等教育版	×	×	×	×	×	×	×	×	×	×	×
岳麓书社版	×	×	×	×	×	×	×	×	×	×	×
蔡氏自印本	×	×	×	√	×	×	×	×	×	×	×
人民大学版	×	×	×	×	√	×	√	×	×	×	×
崇文书局版	×	×	×	×	×	×	×	×	×	×	×

由此可见，无论是出于主观故意还是客观局限，《仁学》的整理本虽有不少，但绝大多数沿袭了中华全集版。这个凡例中称“以《亚东时报》本为底本”的整理本，其实不仅未能体现底本的真正面貌，而且连其他三个早期版本的状况也未能真实再现——至少上述十一处，是无从在最早的四个版本中找到而仅见于文明书局本的。

因此，对这部思想经典，有必要进行重新整理。

那么，为什么必须是汇校本呢？选择早期版本中比较好的一个作为底本，按照通行的文献整理规则，他本误而底本不误不必出校，不是可以节省整理者的工作量、图书的总篇幅和读者的买书钱吗？实则不然。

通过汇校的方式，详列早期五个版本的文字差异，有助于恢复各个重要版本的面貌，从而厘清其互相之间的影响和关系，也为进一步钩沉其发表背后的历史真相提供依据。本书附录的两篇文章，就是在汇校的基础上对前人观点进行订正的尝试。《亚东时报》本反映了唐才常继承谭氏遗志筹划自立军起义前，联络同志的间隙百忙中将亡友遗著发表的执着；《清议报》本反映了梁启超与其师保皇党魁首康有为的思想分途，在发表过程中受到的阻力与自己的或明或暗的抗争；国民报社本是第一个《仁学》单行本，由倾向革命的秦力山等人组织的“国民报社”出版，他们获得《仁学》底本的途径也耐人寻味；《清议报全编》是梁启超脱离保皇派对《清议报》管制后创办《新民丛报》后编印的，其中专著部分首列《仁学》，正文乃至梁氏自撰序言与《清议报》本都有所不同，字句差异间透露出丰富的文化信息……所有这些，不通过汇校的方式难以展现出来。

因此，本书以《亚东时报》本为底本，全文通校《清议报》本、国民报社本、《清议报全编》本（简称《全编》本），详列文字异同，以期使读者执一得四，从而进一步探究《仁学》刊行时的历史图景及背后隐藏的文化信息。

文明书局于民国六年（1917）九月出版的《谭浏阳全集》也收录了《仁学》（简称文明书局本），通过对校可以看出，该本与国民报社本面貌最为接近，一些他本不误而国民报社本独误的地方也基本上多有雷同，可以推断该本出于国民报社本。可惜该本未能后出转精，反而增多了一些排校差错，这些差错姑且不出校勘记，只对重要异文以及后世之整理本多所沿袭仍未厘正之误出校，并据早期版本勘正。

《仁学》五十篇之分合情况，各本并不统一。鉴于中华书局的《谭嗣同全集（增订本）》流传久远，已广为学者征引，此次整理，姑仍其旧，而对底本及其他版本之状况以校勘记形式标明，庶免纷歧而见旧观。似此无奈之举，并本书中其他处理不妥之处，统希读者见谅。

需要指出的是，列出前人整理本沿袭不足之处，绝非自高身价——必须承认的是，本书整理者在整理新编《谭嗣同集》时，未能见到全部《亚东时报》，故而沿袭之弊亦未得免。此次汇校，也算是对我们自身所留遗憾的弥补。

同时，为便于扼要展现《仁学》五十篇之内容梗概及各部分之逻辑关系，每篇之前增加单篇导读，首揭本篇之关键词，再简述本篇之概要，统以仿宋字体加以区别（关键词加粗）。非敢佛头着粪，藉以取便读者，不当之处，诚望斧正。

附录文章三篇，是我们在 2020 年发表的研读《仁学》之心得，谨此纪念《仁学》发表 120 周年。

感谢狭间直树、汤志钧、印永清三位先生，他们为《仁学》研究做出了重要贡献。感谢日本一桥大学坂元弘子女史、大连大学王夏刚先生、复旦大学戴海斌与张仲民两位先生、中山大学安东强先生、厦门大学窦瑞敏女史，或惠赐研究资料，或提出中肯意见。感谢河南大学王鹏飞先生、山东大学何朝晖先生提供的宝贵机会，使本书所附文章得以在连续两届“中西比较文献学与书籍史工作坊”中提交并获得诸位专家的指正。

感谢湖南省文史研究馆刘泱泱与陈书良两位先生、湖南省社会科学院毛健先生、中国印刷博物馆尚莹莹女史,在相关研究成果发表过程中给予支持与指导。本书成书过程中还得到夏剑钦、贾维、陈宇翔、白爱虎、胡可人、叶萌等师友的鼓励与帮助,并致谢忱。书中不妥之处当由我们负责,希望得到读者的批评。

自　叙[1]

“仁”从二从人，相偶之义也。“元”从二从儿，“儿”古人字，是亦“仁”也。“无”，许说通“元”为“无”，是“无”亦从二从人，亦“仁”也[2]。故言仁者不可不知元，而其功用可极于无[3]。能为仁之元而神于无者有三：曰佛，曰孔，曰耶。佛能统孔、耶[4]，而孔与耶仁同，所以[5]仁不同。能调燮[6]联融于孔与耶之间，则曰墨。周秦学者必曰孔、墨，孔、墨诚仁之一宗也。惟其尚俭非乐，似未足进于大同。然既标兼爱之旨，则其病亦自足相消，盖兼爱则人我如一，初非如[7]世之专以尚俭非乐苦人也。故墨之尚俭非乐，自足与其兼爱相消，犹天元代数之以正负相消，无所于害[8]焉。墨有两派：一曰“任侠”，吾所谓仁也，在汉有党锢，在宋有永嘉，略得其一体；一曰“格致”，吾所

---

① 《自叙》，《清议报》本未载，文明书局本作“自序”。

② 此句原脱，据他本补。

③ “无”，原作“元”，他本同，据下句“神于无”改。

④ 此句他本脱。

⑤ “所以”，他本作“而所以”。

⑥ “调燮”，国民报社本、文明书局本作“调变”。

⑦ “如”，他本脱。

⑧ “害”，他本作“爱”。按前文谓“其病”足以相消，则此处以“害”字为佳。

谓学也，在秦有《吕览》，在汉有《淮南》，各识其偏端。仁而学，学而仁，今之士其勿为高远哉！盖[①]即墨之两派，以近合孔、耶，远探佛法，亦云汰矣。吾自少至壮，遍遭纲伦之厄，涵泳其苦，殆非生人所能任受，濒死累矣，而卒不死。由是益轻其生命，以为块然躯壳，除利人之外，复何足惜。深念高望，私怀墨子摩顶放踵之志矣。二三豪俊，亦时切亡教之忧，吾则窃不谓然。何者？教无可亡也。教而亡，必其教之本不足存，亡亦何恨。教之至者，极其量不过亡其名耳，其实固莫能亡矣。名非圣人之所争。圣人亦名也，圣人之名若姓[②]皆名也。即吾之言仁言学，皆名也。名则无与于存亡。呼马，马应之可也；呼牛，牛应之可也。道在屎溺，佛法是干屎橛，无不可也。何者？皆名也，其实固莫能亡矣。惟有其实而不克既[③]其实，使人反瞀于名实之为苦。以吾之遭，置之婆娑世界中，犹海之一涓滴耳，其苦何可胜道？窃揣历劫之下，度尽诸苦厄，或更语以今日此土之愚之弱之贫之一切苦，将笑为诳语而不复信，则何可不千[④]一述之，为流涕哀号，强聒不舍，以速其冲决网罗，留作券剂耶？网罗重重，与虚空而无极。初当冲决利禄之网罗，次冲决俗学若考据、若词章之网罗[⑤]，次冲决全球群学之网罗，次冲决君主之网罗，次冲决伦常之网罗，次冲决天之网罗，次冲决全球群教之网罗，终将冲决佛法之网罗。然真[⑥]能冲

---

① “盖”，《清议报》本、国民报社本、《全编》本作“盍”。

② “姓”，他本误作“性”。

③ “既”，他本作“传”。

④ “千”，《全编》本作“于”。

⑤ 此句文明书局本脱。

⑥ “真”，他本误作“其”。

决，亦自无网罗；真无网罗，乃可言冲决。故冲决网罗者，即是未尝冲决网罗。循环无端，道通为一，凡诵吾书，皆可于斯二语领之矣。所惧知悲未周[①]，语多有漏。每思一义，理奥例赜，辄坌[②]涌奔腾，随[③]笔来会，急[④]不暇择，修词易剌[⑤]，但[⑥]期直达所见，文词亦自不欲求工。况小[⑦]有神悟，又决非此世间之语言文字所能曲达[⑧]，乃至非此世间之脑气心思所能径至。此[⑨]古之达人，悼夫词害意害志[⑩]，所以宁[⑪]终默尔也。庄不云乎，千世而一遇大圣人，知其解者犹旦暮也。夫既已著为篇章，即堕粗迹，而知解不易，犹至如此，何哉？良以一切格致新理，悉未萌芽，益复无由悟入，是以若彼其难焉。今则新学竞兴，民智渐辟，吾知地球之运，自苦向甘，吾惭吾书未餍观听，则将来之知解为谁，或有无洞抉幽隐之人，非所敢患矣[⑫]。成[⑬]书凡五十篇，分为二卷，首界说二十七条。

华相众生自叙于虫虫虫天之微大弘孤精舍[⑭]

---

① “知悲未周”，他本作“智悲未圆”。

② “辄”，他本脱。“坌”，原作“岔”，据文明书局本改。

③ “随”，他本作“际”。

④ “急”，原脱，据他本补。

⑤ “修词易剌”，原脱，据他本补。

⑥ “但”，他本作“止”。

⑦ “小”，他本作“少”。

⑧ “达”，他本作“肖”。

⑨ “此”，他本脱。

⑩ “词害意害志”，他本衍作“词害意、意害志”。

⑪ “宁”，原脱，据他本补。

⑫ 他本作“吾惭吾书未餍观听则有之，若夫知解为谁某，为几何，非所敢患也矣”。

⑬ “成”，他本无。

⑭ 此落款原无，据他本补。

仁学界说二十七界①

一、仁以通为第一义。以太也，电也，心力也，皆指出所以通之具。

二、以太也，电也，粗浅之具也，借其名以质心力。

三、通之义，以"道通为一"为最浑括。

四、通有四义：中外通，多取其义于《春秋》，以太平世远近大小若一故也；上下通、男女内外通，多取其义于《易》，以阳下阴吉、阴下阳吝、泰否之类故也；人我通，多取其义于佛经，以"无人相，无我相"故也。

五、"仁"亦名也，然不可以名名也。恶名名者，故恶名；知恶名，几无仁学。

六、不识仁，故为名乱；乱于名，故不通。

七、通之象为平等。

八、通则必尊灵魂，平等则体魄可为灵魂。

九、灵魂，智慧之属也；体魄，业识之属也。

十、智慧生于仁。

十一、仁为天地万物之源，故唯心，故唯识。

---

① 《仁学界说》，原未载，据他本补。此处夹注国民报社本、文明书局作"二十七界说"。

十二、仁者寂然不动，感而遂通天下之故。

十三、不生不灭，仁之体。

十四、不生与不灭平等，则生与灭平等，生灭与不生不灭亦平等。

十五、生近于新，灭近于逝；新与逝平等，故过去与未来平等。

十六、有过去，有未来，无现在；过去、未来皆现在。

十七、仁一而已；凡[1]对待之词，皆当破之。

十八、破对待，当参伍错综其对待。

十九、参伍错综其对待，故迷而不知平等。

二十、参伍错综其对待，然后平等。

二一、无对待，然后平等。

二二、无无，然后平等。

二三、平等生万化，代数之方程式是也。其为物不贰，故生物不测。不贰则无对待，不测则参伍错综其对待。代数如权衡然，参伍错综之不已，必平等，则无无[2]。

试依第十四条“不生与不灭平等，则生与灭平等，生灭与不生不灭亦平等”之理，用代数演之。命生为甲，命灭为乙，不字为乘数，列式如左：

$\text{甲} = \text{生}$　　　　$\text{甲} = \text{乙}$

$\text{乙} = \text{灭}$　　　　$\underline{\text{不} \times \text{甲} \mid \text{不} \times \text{乙}} = \underline{\text{不} \times \text{乙} \mid \text{不} \times \text{甲}}$

$\text{乘} = \text{不}$　　　　$\text{不} \times \text{甲}$[3] $= \overline{\text{二不} \times \text{乙} \mid \text{不} \times \text{甲}}$

---

① “凡”，国民报社本作“几”。

② 此段文明书局本在等式之后。

③ “甲”，文明书局本作“乙”。

$$\text{不}\times\text{甲}=\text{不}\times\text{乙}$$

$$\text{不}\times\text{乙}=\overline{\text{二不}\times\text{甲}|\text{不}\times\text{乙}}$$

$$\text{乙}=\frac{\text{不}\times\text{乙}}{\text{不}}$$

$$\text{不}\times\underline{\text{甲}|\text{甲}}=\text{不}\times\underline{\text{乙}|\text{乙}}$$

$$\underline{\text{甲}|\text{乙}}=\frac{\text{不}\times\text{乙}|\text{不}\times\text{甲}}{\underline{\text{不}|\text{不}}}$$

$$\text{不}\times\text{甲}=\underline{\text{不}\times\text{乙}|}\,\overline{\underline{\text{乙}}|\text{甲}}\text{①}$$

$$\text{不}\times\underline{(\text{甲}|\text{乙})}=\underline{\text{不}\times\text{乙}|\text{不}\times\text{甲}}$$

$$\text{甲}=\underline{\text{不}\times\text{乙}|\overline{\text{乙}|}}\overline{\text{不}\times\text{甲}}$$

$$\text{不}\times\underline{(\text{甲}|\text{乙})}=\text{不}\times\underline{(\text{乙}|\text{甲})}$$

$$\text{乙}=\underline{\text{不}\times\text{甲}|\overline{\text{甲}|}}\overline{\text{不}\times\text{乙}}$$

$$\underline{\text{甲}|\text{乙}}=\underline{\text{乙}|\text{甲}}$$

$$\underline{\text{甲}|\text{乙}}\text{②}=\underline{\text{不}\times\text{甲}|\text{不}\times\text{乙}}$$

$$\text{甲}=\overline{\text{二乙}|\text{甲}}$$

$$\text{乙}=\overline{\text{二甲}|\text{乙}}$$

二四、平等者,致一之谓也。一则通矣,通则仁矣。

二五、凡为仁学者,于佛书当通《华严》及心宗、相宗之书;于西书当通《新约》及算学、格致、社会学之书;于中国书[3]当通《易》、《春秋公羊传》、《论语》、《礼记》、《孟子》、《庄子》、《墨子》、《史记》,及陶渊明、周茂叔、张横渠、陆子静[4]、王阳明、王船山、黄梨洲之书。

二六、算学即不深,而不可不习几何学,盖论事办事之条段在是矣。

二七、格致即不精,而不可不知天文、地舆、全体、心灵四学,盖群学群教之门径在是矣。

---

① 此式国民报社本作“$\text{不}\times\text{甲}=\text{不}\times|\overline{\underline{\text{乙}}|\text{甲}}$”。

② “$\underline{\text{甲}|\text{乙}}$”,文明书局本作“$\underline{\text{乙}|\text{甲}}$”。

③ “书”,文明书局本脱。

④ “陆子静”,文明书局本作“陆子”。

卷　上

一

以太。以儒家、墨家、佛学、基督教、西方自然科学等知识，从各角度分别诠释“以太”之本质。并由人体构成、人际家国、物理形态、天体规律、风霜雨雪、山河蜉蝣等多个维度，由表及里、由远及近、由大及小、由自身而国家全方位八次阐释“以太”。在此基础上拈出世界、大千世界、世界海、世界性、世界种、华藏世界等概念。

遍法界、虚空界、众生界，有至大、至精微，无所不胶粘、不贯洽、不管络而充满之一物焉，目不得而色，耳不得而声，口鼻不得而臭味，无以名之，名之曰“以太”。其显于用也，孔谓之“仁”，谓之“元”，谓之“性”；墨谓之“兼爱”；佛谓之“性海”，谓之“慈悲”；耶谓之“灵魂”，谓之“爱人如己”、“视敌如友”；格致家谓之“爱力”、“吸力”，咸是物也。法界由是生，虚空由是立，众生由是出。夫人之至切近者莫如身，身之骨二百有奇，其①筋肉、血脉、脏腑又若干有奇，所以成是而粘砌是不使

① “其”，他本后衍“他”字。

散去者，曰惟以太。由一身而有夫妇、有父子、有兄弟、有君臣朋友，由一身而有家、有国、有天下，而相维系不散去者，曰惟以太。身之分为眼耳鼻舌身。眼何以能视，耳何以能闻，鼻何以能嗅，舌何以能尝，身何以能触？曰惟以太。与身至相切近莫如地，地则众质点粘砌而成。何以能粘砌？曰惟以太。剖其质点一小分[①]，以至于无，察其为何物所凝结，曰惟以太。至与地近，厥惟月。月与地互相吸引，不散去也。地统月，又与[②]金、水、火、木、土、天王、海王为八行星；又与[③]无数小行星[④]、无数彗星互相吸引，不散去也。金、水诸行星，又各有所统[⑤]之月，互相吸引，不散去也。合八行星与所统之月与小行星与彗星，绕日而疾旋，互相吸引不散去，是为一世界。此一世界之日，统行星与月，绕昴星[⑥]而疾旋。凡得恒河沙数，成天河之星团[⑦]，互相吸引不散去，是为一大千世界。此一大千世界之昴星，统日与行星与月，以至于天河之星团，又别有所绕而疾旋；凡得恒河沙数各星团星林星云星气，互相吸引不散去，是为一世界海。恒河沙数世界海为一世界性。恒河沙数世界性为一世界种。恒河沙数世界种为一华藏世界。至华藏[⑧]世界以上，

---

① 此句他本并作“任剖某质点一小分”。

② “又与”，他本作“与”。

③ “又与”，他本作“又有”。

④ “小行星”，国民报社本误作“小行里”。

⑤ “统”，他本作“绕”。本则下同。

⑥ “昴星”，原作“昂星”，据他本改。本则下同。

⑦ “星团”，原作“星圈”，据他本及下文“各星团星林星云星气”改。下一“星团”同。

⑧ “至”，他本脱；“华藏”，原误作“善藏”，据他本改。

始足为一元。而元之数,则巧历所不能稽①,而终无有已时,而皆互相②吸引不散去,曰惟以太。其间之声、光、热、电、风、雨、云、露、霜、雪之所以然,曰惟以太。更小之至③于一叶,至于目不辨④之一尘,其中莫不有山河动植,如吾所履之地,为一小地球;至于一滴水,其中莫不有微生物千万而未已;更小之又小以⑤至于无,其中莫不有微生物,浮寄于空气之中,曰惟以太。学者第一当认明以太之体与用,始可与言仁。

① 此句他本作"则算所不能稽"。

② "互相",原脱"相"字,据他本补。

③ "至",他本脱。

④ "目不辨",他本作"目所不能辨"。

⑤ "以",他本无。

二

通。借脑与电的传播性剖析以太之用，首次提出“通”之概念。

以太之用之至灵而可征者，于人身为脑。其别有六：曰大脑，曰小脑，曰脑蒂，曰脑桥，曰脊脑，其分布于四支及周身之皮肤曰脑气筋。于虚空则为电，而电不止寄于虚空。盖无物不弥纶贯彻，脑其一端，电之有形质者也。脑为有形质之电，是电必为无形质之脑。人知脑气筋通五官百骸为一身，即当知电气通天地万物人我为一身也。是故发一念，诚不诚，十手十目严之；出一言，善不善，千里之外应之。莫显乎微，容色可征意思[①]；莫见乎隐，幽独即是大廷。我之心力，能感人使与我同念，故自观念之所由始，即知所对者品诣之高卑[②]。彼己本来不隔，肺肝所以如见。学者又当认明电气即脑，无往非电，即无往非我，妄有彼我之辨，时乃不

① “思”，他本作“旨”。

② “我之心力”四句，原无，据他本补。

仁。虽然,电与脑犹以太之表著于一端者也;至于以太,尤[1]不容有差别,而电与脑之名亦不立。

① "尤",原作"犹",据他本改。

三

不通为不仁。以身体之麻木反证“不通”，以“一身如异域”反证“不仁”。借此以明仁之体。

若夫仁，试即以太中提出一身而验之：有物骤而与吾身相切，吾知为[①]触；重焉，吾知为痒为痛。孰知之？脑知之。所切固手足之末，非脑也，脑何由知之？夫固言脑即电矣，则脑气筋之周布即电线之四达，大脑小脑之盘结即电线之总汇。一有所切，电线即传信于脑，而知为触、为痒、为痛。其机极灵，其行极[②]速。惟病麻木痿痹，则不知之，由电线已摧坏，不复能传信至脑，虽一身如异域然，故医家谓麻木痿痹为不仁。不仁则一身如异域，是仁必异域如一身。异域如一身，犹不敢必[③]尽仁之量，况本为一身哉？一身如异域，此至奇不恒有，人莫不怪之。独至无形之脑气筋如以太者，通天地万物人我为一

① “为”，原作“有”，据他本改。

② “极”，原作“即”，据他本改。

③ “必”，他本后有“即”字。

身，而妄分彼此，妄见畛域，但求利己，不恤其他，疾痛生死，忽不加喜戚[①]于心，反从而忌之、蚀之、齮龁之、屠杀之，而人不以为怪，不更怪乎！反而观之，可识仁体。

① "戚"，原作"感"，据他本改。

四

通与塞。 剖析“通与塞”之别，反证人我之间的“不通”是私心导致，并由此推及邻里、国家乃至世界，“塞”表现为闭关锁国故步自封，以生理、政治反证“塞”与“不仁”。

是故仁不仁之辨，于其通与塞；通塞之本，惟其仁不仁。通者如电线四达，无远弗届，异域如一身也。故《易》首言元，即继言亨。元，仁也；亨，通也。苟仁，自无不通；亦惟通，而仁之量乃可完。由是自利利他，而永以贞固。彼鄙夫骙竖，得一美衣食，则色然喜，喜其得于我也。其时乍见有我，见[①]之力量，遂止于此，而不能通之于人，争夺之患起，虽父子兄弟，干糇以愆矣。少贤于此，则能通于一家而不能通于乡里，寖假而一乡一县又不能通于一国；寖假而一国，而语及全球，则又傀焉不欲任受，夫是以仁者希也。抑岂不以全球为远于一身一家乎哉？然而全球者，一身一家之积也。近身者家，家非远

① “见”，他本脱。

也；近家者邻，邻非远也；近此邻者彼邻，彼邻又非远也；我以为远，在邻视之，乃其邻也；此邻以为远，在彼邻视之，亦其邻也；衔接为邻，邻邻不断，推之以至无垠，周则复始，斯全球之势成矣。且下掘地球而通之，华之邻即美也，非有隔也。更广运邻，神而通之[①]，地球之邻，可尽虚空界也，非有隔也。安见夫全球之果大，而一身一家之果小也？数十年来，学士大夫，覃思典籍，极深研几，罔不自谓求仁矣，及语以中外之故，则[②]辄曰“闭关绝市”，曰“重申海禁”，抑何不仁之多乎！夫仁，以太之用，而天地万物由之以生，由之以通。星辰之远，鬼神之冥漠，犹[③]将以仁通之；况同生此地球而同为人，岂一二人之[④]私意所能塞之？亦自塞其仁而已。彼治于我，我将师之；彼忽于我，我将拯之。可以通学，可以通政，可以通教，又况于通商之常常者乎！譬如一身然，必妄立一法曰：“左手毋得至乎右，右手毋得至乎左，三焦百脉毋得相贯注。”又有是理乎？而猥曰闭之绝之禁之，不通矣，夫惟不仁之故。

---

① “更广运邻，神而通之”，他本作“更广运精神而通之”。

② “则”，他本无。

③ “犹”，他本误作“然”。

④ “之”，他本无。

五

智。生理身体证“通”与天地之间惟有的“仁”，由此将“智”归为“仁”。

天地间亦仁而已矣。佛说：“百千万亿恒河沙数世界，有小众生起一念，我则知之。虽微至雨一滴，能知其数。”岂有他神奇哉？仁之至，自无不知也。牵一发而全身为动，生人知之，死人不知也；伤一指而终日不适，血脉贯通者知之，痿痹麻木者不知也。吾不能通天地万物人我为一身，即莫测能通者之所知，而诧以为奇；其实言通至于一身，无有不知者，至无奇也。知不知之辨，于其仁不仁。故曰：天地间亦仁[①]而已矣，无智之可言也。

① “亦仁”，原作“仁不仁”，据国民报社本、文明书局本改。《清议报》本、《全编》本作“仁”。

六[1]

勇、信、义。借儒家证明天地之间惟有“仁”，由此将“勇”“信”“义”皆归为“仁”。

孔子[2]曰：“仁者必有勇。”手足之捍头目，子弟之卫父兄，其事急，其情切，岂有犹豫顾虑而莫敢前者。勇不勇之辨，于其仁不仁[3]。故曰：天地间亦仁[4]而已矣，无勇之可言也。义之为宜，出于固然，无可言也。吾知手必不能为足之所为，足必不能为手之所为也，苟其能而无害，又莫非宜也。信之为诚，亦出于固然，无可言也。知痛痒，知捍卫，吾知其非外假也，非待设心而然也，非有欲于外之人也。礼者，即其既行之

① 本则原接排于前一篇，《清议报》本、国民报社本、《全编》本同。唯国民报社本此处恰为行末与页末，故易被看作另一篇之开端。文明书局本即于此处另为一篇，中华书局《谭嗣同全集》增订本沿袭此误。鉴于该书行世有年，流传较广，今姑仍其旧，免增纷歧，而详述本原于此。本书中凡类似之篇章分合问题，皆如此处理。

② “孔子”，他本作“孔”。

③ “仁不仁”，原脱“不仁”二字，据他本补。

④ “亦仁”，原作“仁”，据国民报社本、文明书局本补。

迹,从而名之。至于礼,抑末矣,其辨皆于仁不仁。故曰:天地间亦[1]仁而已矣。

① “亦”,原脱,据国民报社本、《全编》本、文明书局本补。《清议报》本作“惟”。

七

妄生分别。反证人因太重我执、私心过重而妄生人我分别。并由一人上升至湖南近代之固步自封，导致湘人相互攻击、猜忌。首次提出阻碍“通”的大敌——“名”（名目、名分、名节等），实为割裂社会、个人之联系的罪魁祸首。

吾悲夫世之妄生分别也，犁然不可以缔合。寐者蘧蘧，乍见一我，对我[①]者皆为人；其机始于一人我，究于所见，无不人我者。见愈小者，见我亦愈切。愚夫愚妇，于家庭[②]则肆其咆哮之威，愈亲则愈甚，见外人反畏而忘之，以切于我[③]与不切于我也。切于我者，易于爱；易于爱者，亦易于不爱；爱之所不及，亦不爱之所不及。同一人我，而人我[④]之量，斯其小

① “我”，他本作“待”。

② “于家庭”下他本有“所亲”二字。

③ “切于我”，国民报社本、《全编》本、文明书局本作“切我者”，《清议报》本作“切我者以”。

④ “我”，原作“者”，据他本改。

者;大于此者,其人我亦大。湘人士不幸处于未通商之地,不识何者为中外,方自以为巍巍然尊,任我以非礼施设,而莫余敢止,虽同里之人,曾疑忌诋诽之不已。于是乎好谣言,于是乎好攻击。及出而游历,始惊天地之大,初不若吾向者之所私度,直疑不胜疑、忌不胜忌、攻击不胜攻击,又未尝不爽然自失,不能自解向者之何以为也。庄曰:“室无空虚,妇姑勃谿。”以所处者小故也。汉儒训仁为相人偶[①]。人于人不相偶,尚安有世界?不相人偶,见我切也,不仁矣,亦以不人。虽然,此之分别,由于人我而人我之也。甚至一身而有人我。何则?仁而已矣,而忽有智勇之名,而忽有义信礼之名,而忽有忠孝廉节之名。仁亦名矣,不可立而犹[②]可立者也,傅以[③]智勇义信礼云云,胡为者?故凡教主如佛、如孔、如耶,则专言仁,间有旁[④]及,第就世俗所已立之名,藉[⑤]以显仁之用,使众易晓耳,夫岂更有与仁并者哉[⑥]?学人不察,妄生分别,就彼则失此,此得又彼丧,徘徊首鼠,卒以一无成而两俱败,只见其拘牵文义,嫌疑罣碍,分崩离析[⑦],无复片段,犹[⑧]一身而断其元首[⑨],刳其肺肠,车裂支解其四体,

---

① “人偶”,国民报社本、文明书局本作“偶”。

② “而犹”,《清议报》本作“而又”,国民报社本、《全编》本、文明书局本作“犹”。

③ “以”,他本作“之”。

④ “旁”,原作“傍”,据他本改。

⑤ “藉”,原作“籍”,据他本改。

⑥ “哉”,《清议报》、《全编》本脱。

⑦ “析”,原作“拆”,据他本改。

⑧ “犹”,文明书局本作“裂”。

⑨ “断其元首”,他本前有“自”。

磔膊脔割其肌肉，而相率以叠毙于分别之下。彼人我之人我，车裂之刑也；此一身之人我，寸磔之刑也。不其悲夫！不其悲夫！

八[1]

仁乱于名。“名”为乱“仁”之大敌，由对“名”之批判而首次引出对“名教”和“三纲五常”之批判。此间着重批判“君为臣纲”一伦，为第二十九篇之后反三纲之名奠基础。

仁之乱也，则于其名。名忽彼而忽此，视权势之所积；名时重而时轻，视习俗之所尚。甲亦一名也，乙亦一名也，则相持；名名也，不名亦名也，则相诡。名本无实体，故易乱。名乱焉，而仁从之，是非名罪也，主张名者之罪也。俗学陋污[2]，动言名教，敬若天命而不敢渝，畏若国宪而不敢议。嗟乎！以名为教，则其教已为实之宾，而决非实矣[3]。又况名者由人创造，上以制其下，而不能不奉之，则数千年来，三纲五伦之惨祸烈毒，由是酷焉矣。君以名桎臣，官以名轭民，父以名压子，夫以

① 本篇《清议报》本脱。

② “俗学陋污”，《全编》本作“俗学陋儒”，国民报社本、文明书局本作“俗学陋行”。

③ “矣”，他本作“也”。

名困妻，兄弟朋友各挟一名以相抗拒，而仁尚有少存焉者得乎？然而仁之乱于名也，亦其势自然也。中国积以威刑[①]箝制天下，则不得不广立名为箝制之器。如曰"仁"，则共名也，君父以责臣子，臣子亦可反之君父，于箝制之术不便，故不能不有忠孝廉节等一切分别等衰[②]之名，乃得以责臣子曰："尔胡不忠，尔胡不孝，是当放逐也，是当诛戮也。"忠孝既为臣子之专名，则终[③]不能以此反之。虽或他有所摭[④]，意欲诘诉，而终不敌忠孝之名为名教之所出[⑤]，反更益其罪，曰"怨望"，曰"觖望"，曰"怏怏"[⑥]，曰"腹诽"，曰"讪谤"，曰"亡等"，曰"大逆不道"。是则以为当放逐，放逐之而已矣；当诛戮，诛戮之而已矣。曾不若孤豚之被絷缚屠杀也，犹得[⑦]奋荡呼号，以声其痛楚，而人不之责也。施者固泰然居之而不疑，天下亦从而和之曰："得罪名教，法宜至此。"而逄、比、屈原、伯奇、申生之流，遂[⑧]衔冤饮恨于万古之长夜，无由别白其美实。不幸[⑨]更不逮逄、比诸人之遭，则转厚[⑩]被之以恶名。《易》曰："丰其蔀，日中见斗。"此其黑暗，岂非名教之为之蔀耶？然名教也者，名犹依倚乎教也。降而弥甚，变本加厉，乃亡其教而虚牵于名，抑

① "威刑"，原作"成刑"，据他本改。

② "等衰"二字，原无，据他本补。

③ "终"，他本作"终必"。

④ "摭"，他本作"摅"。

⑤ "出"，他本作"上"。

⑥ "怏怏"，原作"快快"，据他本改。

⑦ "得"，他本脱。

⑧ "遂"，他本误作"逐"。

⑨ "其美实，不幸"五字，《全编》本作"□□□□□"。

⑩ "厚"，他本作"复"。

惮乎名而竟不敢言教，一若西人乃有教，吾一[①]言教即陷于夷狄异端也者。凡从耶教，则谓之[②]教民，煌煌然见于谕旨，见于奏牍，见于檄移文告，是耶教有民、孔教无民矣。又遇中外交涉事，则曰“民教相安”，或曰“反教为民”，煌煌然见于谕旨，见于奏牍，见于檄移文告，是惮乎[③]教之名，而世甘[④]以教专让于人，而甘自居为无教之民矣。嗟乎！因卫教而立名，不谓名之弊乃累教如此也！

---

① “一”，文明书局本作“若”。

② “谓之”，他本作“谓”。

③ “惮乎”，他本误作“惮无”。

④ “世甘”，他本作“其”。两者皆通。

九

善与恶。剖析“性善”与“性恶”，并首次提出“不生不灭”，天地间无善恶，支配者为自然规律“仁”，符合规律为“善”，不循理即为“恶”，证明天理人欲皆为“善”。继而又以相对论破除“名”之道统。将被归为“恶名”的“淫”、“欲”、“杀”各个击破，最终破解“善恶之名”与导致其结果的人我“分别”。

仁乱而以太亡乎？曰：无亡也。匪惟以太也，仁固无亡；无能亡之者也，亦无能亡也。乱云[①]者，即其既有条理，而不循[②]条理之谓。孰能于其既有也而强无之哉？夫是，故亦不能强无而有。不能强有[③]，虽仁至[④]如天，仁乎何增？不能强无，

① “云”，他本误作“亡”。
② “循”，他本作“循其”。
③ “不能强有”，他本后衍“者”字。
④ “至”，原脱，据他本补。

虽不仁至如禽兽[①]，仁乎何减？不增，惟不生故；不减，惟不灭故。知乎不生不灭，乃今可以[②]谈性。生之谓性，性也[③]。形色天性，性也。性善，性也。性无，亦性也。无性何以善？无善，所以善也。有无善然后有无性，有无性斯可谓之善也。善则性之名固可以立。就性名之已立而论之，性一以太之用，以太有相成相爱之能力，故曰性善也。性善，何以情有恶？曰：情岂有恶哉？从而为之名耳。所谓恶，至于淫杀而止矣。淫固恶，而仅行于夫妇，淫亦善也；杀固恶，而仅行于[④]杀杀人者，杀亦善也。礼起于饮食，而以之沉湎而饕餮者，即此饮食也；不闻惩此而废饮食，则饮食无不善也。民生于货财，而以之贪黩而劫夺者，即此货财也；不闻戒此而去货财，则货财无不善也。妄喜妄怒，谓之不善，然七情不能无喜怒，特不当其可耳，非喜怒恶也。忽寒忽暑，谓之不善，然四时不能无寒暑，特不顺其序耳，非寒暑恶也。皆既有条理，而不循条理之谓也。故曰：天地间仁而已矣，无所谓[⑤]恶也。恶者，即其不循善之条理而名之。用善者之过也，而岂善外别有所谓恶哉？若第观其用，而[⑥]可名之曰恶，则用自何出、用为谁用？岂惟情可言恶，性亦何不可言恶？言性善，斯情亦善。生与形色又何莫非善？

---

① “不仁至如禽兽”，原作“仁不至如禽”，据国民报社本、文明书局本改。《清议报》本、《全编》本作“仁不至如禽兽”。

② “以”，他本作“与”。

③ “生之谓性，性也”，原脱一“性”字，据国民报社本、《全编》本、文明书局本补。《清议报》本脱“谓”字。

④ “于”，他本脱。

⑤ “无所谓”，《清议报》本脱“谓”字。

⑥ “而”，《清议报》本脱。

故曰:皆性也。世俗小儒,以天理为善,以人欲为恶,不知无人欲,尚安得有天理?吾故[①]悲夫世之妄生分别也。天理,善也;人欲,亦善也。王船山有言曰:“天理即在人欲之中;无人欲,则天理亦无从发见。”适合乎佛说佛即众生,无明即真如矣。且更即用征之:用固有恶之名矣,然名,名也,非实也;用,亦名也,非实也。名于何起?用于何始?人名名,而人名用,则皆人之为也,犹[②]名中之名也。何以言之?男女构精,名之曰“淫”,此淫名也。淫名,亦生民以来沿习既久,名之不改,故皆习谓淫为恶耳。向使生民之初,即相习以淫为朝聘宴飨之巨典,行之于朝庙,行之于都市,行之于稠人广众,如中国之长揖拜跪,西国之抱腰接吻,沿习至今,亦孰知其恶者?乍名为恶,即从而恶之矣。或谓男女之具[③],生于幽隐[④],人不恒见,非[⑤]如世之行礼者光明昭著,为人易闻易睹,故易谓淫为恶耳。是礼与淫,但有幽显之辨,果无善恶之辨矣。是[⑥]使生民之始[⑦],天不生其具于幽隐,而生于面额之上,举目即见,将以淫为相见礼矣,又[⑧]何由知为恶哉?戕害生民之命[⑨],名之曰“杀”,此杀名也。然杀为恶,则凡杀皆当为恶。人不当杀,则凡虎狼牛马鸡豚之属又何当杀者,何以不并名恶也?或曰:“人与人同

① “故”,原作“固”,据他本改。
② “犹”,《清议报》本作“尤”。
③ “具”,原作“体”,各本同,据下文“天不生其具于幽隐”句改。
④ “生于”,原作“出于”,据他本改;“隐”,《清议报》本、《全编》本作“独”。
⑤ “非”,国民报社本、文明书局本作“然”。
⑥ “是”,《清议报》本、《全编》本作“向”。
⑦ “始”,他本作“初”。
⑧ “又”,《清议报》本作“而又”。
⑨ 此句他本作“戕害生命”。

类耳。”然则虎狼于人不同类也，虎狼杀人，则名虎狼为恶；人杀虎狼，何以不名人为恶也？天亦尝杀人矣，何以不名天为恶也？是杀名，亦生民[①]以来沿习既久，第名杀人为恶，不名杀物为恶耳。以言其实，人不当杀，物亦不当杀，杀杀之者[②]，非杀恶也[③]。孔子[④]曰：“性相近，习相远。”沿于习而后有恶之名。恶既为名，名又生于习，可知断断乎无有恶矣。假使诚有恶也，有恶之时，善即当灭；善灭之时，恶又当生；不生不灭之以太乃如此哉？或[⑤]曰：“不生不灭矣，何以有善？有善[⑥]则仍有生灭。”曰：“生灭者，彼此之词也[⑦]。善而有恶，则有彼此，彼灭[⑧]则此生；独善而已，复何生灭？”或[⑨]曰：“有善矣，何以言善性无[⑩]？性无，则善亦无。”曰：“有无亦彼此之词[⑪]也。善而有恶，则有彼此，彼无则此有；独善而已，复何有无？”虽然，世间无淫，亦无能淫者；无杀，亦无能杀者；有善，故无恶；无恶[⑫]，故善之名可以不立。佛说：“自无始来，颠倒迷误，执妄为真。”当

---

① “生民”，《清议报》本作“初生”。

② “杀杀之者”，原脱一“杀”字，据他本补。

③ “也”，《清议报》本脱。

④ “孔子”，他本作“孔”。

⑤ “或”，《清议报》本脱。

⑥ “有善”，《清议报》本、《全编》本作“善善”。

⑦ “词也”，国民报社本、文明书局本作“辞也”，《清议报》本、《全编》本作“辞耳”。

⑧ “灭”，文明书局本作“无”。

⑨ “或”，原脱，据《全编》本、文明书局本补。

⑩ “善性无”，他本无“善”字。

⑪ “词”，他本作“辞”。

⑫ “无恶”，《清议报》本作“恶恶”，国民报社本作“无杀”。

夫生民之初，不问[1]何一人出而偏执一义，习之数千年，遂确然定为善恶之名。甚矣众生之颠倒也，反谓不颠倒者颠倒！颠倒生分别，分别生名。颠倒，故分别亦颠倒。谓不颠倒者颠倒，故名亦颠倒。颠倒，习也，非性也。

① “问”，他本作“闻”。

一〇[1]

淫与杀。通篇分析“杀”与“淫”之异同。其中的好处女、施酷刑、兴缠足皆属“淫”与“杀”。抨击封建社会钳制禁锢和残害妇女、忌谈情爱严防欲求、极重名节、一夫多妻且重男轻女，动辄将人强加“淫”名，并由此而首倡男女平等，证明“男女同为天地之菁英”。对男女欲求与情爱的严防死守只会愈防愈烈、愈禁愈猛，相反应当开展性教育加以疏导，由此方可彻底断“淫”。与残害妇女反将其冠以“淫”名相同，以口腹之欲而肆意杀戮，反将禽兽冠以“杀”名。

断杀者何？断不爱根故；断淫者何？断爱根故。不爱断而爱亦断者何？有所爱必有所不爱故。譬诸吸力焉：必上下四旁[2]，齐力并举，敌引适均，无所偏倚，然后[3]日星于中运，大

① 本篇《清议报》本脱。

② “四旁”，他本作“四方”。

③ “然后”，他本作“然则”。

地于中举，万类于中生。向使一面吸力独重，则将两相[1]切附，而毕弃其余。毕弃其余，则吸力不周；而既两相切附，则胶固为一，吸力亦且无由以显，而亡于无。夫吸力即爱力之异名也。善用爱者，所以贵兼爱矣。有所爱，必有所大不爱也；无所爱，将留其爱以无不爱也。是故断杀，必先断淫；不断淫，亦必不能断杀。淫而杀，杀而淫，其情相反，其事相因；杀即淫，淫即杀，其势相成，其理相一。陷桁杨，膏萧斧，罪狱多起于淫；恣虏掠，沓奸嬲，横决皆肆于杀。此其易明者也。若乃其机，则犹不始此。杀人者，将以快己之私而泄己之欲，是杀念即淫念也。淫人者，将以人之宛转痛楚、奇痒殊颤而为己之至乐，是淫念即杀念也。同一女色，而髫龄室女尤流俗所涎慕，非欲创之至流血哀啼而后快耶？杀机一也。穿耳以为饰，杀机又一也。又其甚者，遂残毁其肢体[2]，为缠足之酷毒，尤杀机之暴著者[3]也。缠足不知何昉，据其见于诗词吟咏，要以赵宋为始盛。呜呼悲哉！彼北狄之纪纲文物[4]，何足与华人比并者，顾自赵宋以后，奇渥温、爱新觉罗之族，迭主华人之中国，彼其不缠足一事，已足承天畀佑，而非天之误有偏私也。又况西人治化之美，万万过于北狄者乎？华人若犹不自省其亡国之由，以畏惧而亟变缠足[5]之大恶，则愈淫愈杀，永无底止，将不惟亡其国，又以亡其种类，不得归怨于天之不仁矣。且又不惟中国，非洲之压首，欧洲之束腰，皆杀机也。断杀以断淫，不

---

① “相”，他本作“面”。

② “肢体”，《全编》本、文明书局本作“支体”。

③ “者”，《全编》本脱。

④ “文物”，他本无。

⑤ “缠足”，《全编》本误作“躔足”。

能不一切划除之也。若夫世之防淫，抑又过矣，而适以召人于淫。曰锢妇女使之不出也，曰严男女之际使不相见也[①]，曰立淫律也，曰禁淫书也，曰耻淫语也。虽文明如欧、美，犹讳言床篑[②]，深以淫为[③]羞辱，信乎达者之难觏也。夫男女之异，非有他，在牝牡数寸间耳，犹夫人之类也。今锢之，严之，隔绝之，若鬼物，若仇雠，是重视此数寸之牝牡，翘之以示人，使知可贵可爱，以艳羡乎淫。然则特偶不相见而已，一旦瞥见，其心必大动不可止，一若方苞[④]之居丧，见妻而心乱。真[⑤]以淫具待人，其自待亦一淫具矣，复何为不淫哉？故重男轻女者，至暴乱无理[⑥]之法也。男则姬妾罗侍，纵淫[⑦]无忌；女一淫即罪至死。驯至积重流为溺女之习，乃忍为蜂蚁豺虎之所不为。中国虽亡，而罪当有余[⑧]，夫何说乎！佛书虽有"女转男身"之说，惟小乘法尔。若夫《华严》、《维摩诘[⑨]》诸大经，女身自女身，无取乎转，自绝无重男轻女之意也。苟明男女同为天地之菁英，同有无量之盛德大业，平等相均，初非为淫而始生于世，所谓色者，粉黛已耳，服饰已耳，去其粉黛服饰，血肉聚成，与我何异，又无色之可好焉。则将导之使相见，纵之使相习，油然相得，澹然相忘，犹朋友之相与往还，不觉有男女之异，复何

① 此二句他本无。

② "床篑"，《全编》本、文明书局本作"床第"，国民报社本误作"状第"。

③ "为"，原脱，据他本补。

④ "方苞"，国民报社本、《全编》本误作"苞芳"。

⑤ "真"，他本作"直"。

⑥ "理"，他本误作"礼"。

⑦ "纵淫"，他本作"放纵"。

⑧ "有余"，他本后有"矣"字。

⑨ "维摩诘"，原作"维摩佶"，据他本改。

有于淫？淫然后及今可止也。藏物于箧，惧使人见而欲，见始愈切；坦然[①]剖以相示，则旦日[②]熟视而若无睹矣。夫淫亦非有他，机器之关捩冲荡已耳。冲荡又非能自主，有大化之炉鞴鼓之。童而精少，老而闭房，鸟兽方春而交，轮轴缘汽而动[③]。平澹无奇，发于自然，无所谓不乐，自无所谓乐也。今悬为厉禁，引为深耻，沿为忌讳，是明诲人此中之有至甘焉，故为吝之秘之，使不可即得，而迫以诱之。瘗金璧者曰"皆不得发焉"，是使人盗也。陈浆酾者曰"皆不得饮焉"，是使人渴也。戒淫者曰"而勿淫"，是淫之心由是而启也。不惟人以为禁、为耻、为讳，又自禁之、自耻之、自讳之，岂不以此中有至甘焉，深耽笃嗜，惟恐人之讥责，而早为之[④]地耶？迂儒乃曰："以此防民，民犹有逾者，奈何去之？"是果以防为足断淫耶？淫者自淫，防岂能断耶？不淫自不[⑤]，抑岂防之力耶？且逆水而防，防愈厚[⑥]，水力亦愈猛，终必一溃决，泛滥之患，遂不可收拾矣。水患，防所激成；淫祸，亦禁与耻与讳所激成也。俗间妇女，昧于理道，奉腐儒古老之谬说为天经地义，偶一失足，或涉疑似之交，即便受人[⑦]劫持，箝其舌，使有死不敢言，至于为人玩弄，为人胁逃，为人鬻贩，或忍为婢媵，或流为娼妓，或羞愤断吭[⑧]

① "坦然"，他本作"坦坦然"。
② "旦日"，他本作"且曰"。
③ "动"，文明书局本作"平"。
④ "之"，原脱，据他本补。
⑤ "自不"，他本后有"淫"字。
⑥ "防愈厚"，他本脱"防"字。
⑦ "即便受人"，他本作"即使人"。
⑧ "吭"，原作"亢"，据他本改。

以死。而不知男女构精，特两机之动，毫无可羞丑，而至予人间隙也。中国医家，男有三至、女有五至之说，最为精美，凡人皆不可不知之。若更得西医之精化学者，详考交媾时筋络肌肉如何动法，涎液质点如何情状，绘图列说，毕尽无余，兼范蜡肖人形体，可拆[①]卸谛辨，多开考察淫学之馆，广布阐明淫理之书，使人人皆悉其所以然，徒费一生嗜好，其事乃不过如此如此，机器焉已耳，而其动又有所待，其待又有待，初无所谓淫也，更何论于断不断，则未有不废然返者。遇断淫之因缘，则径断之。无其因缘，盖亦奉行[②]天地之化机，而我无所增损于其间。佛说："视横陈时，味同嚼蜡。"虽不断犹断也。西人男女相亲，了不忌避，其接生至以男医为之，故淫俗卒[③]少于中国。遏之适以流之，通之适以塞之，凡事盖莫不然，况本所无有而强致之，以苦恼[④]一切众生哉？遇断杀之因缘，亦径断之可也。即不断，要不可不断于心也。辟佛者[⑤]动谓[⑥]断淫则[⑦]人类几绝，断杀则禽兽充塞，此何其愚而悍也。人一不生不灭者，有何可绝耶？禽兽亦一不生不灭者，将欲杀而灭之乎？野处之禽兽，得食甚难，孳衍稍多，则无以供，虽不杀之，自不能充塞。其或害人，乃人之杀机所召，不关充塞不充塞也。家畜之禽兽，尤赖人之勤于牧养，刍豢偶缺，立形衰耗。明明人将

---

① "拆"，原作"析"，据他本改。

② "奉行"，文明书局本作"奉因"。

③ "卒"，《全编》本作"率"。

④ "苦恼"，原作"苦脑"，据他本改。

⑤ "者"，原作"在"，据他本改。

⑥ "谓"，他本作"曰"。

⑦ "则"，《全编》本作"即"。

杀之，而故蕃之，岂自能充塞乎？以论未开化之游牧部落或可耳，奈何既已成国，既艰食而粒我，犹为口腹残物命，愈杀以愈生，顾反谓杀之始不充塞乎？故曰：世间无淫，亦无能淫者；世间无杀，亦无能杀者。以性所本无故。性所本无，以无性故。

一一[1]

> **以太不生不灭。**以化学原质(元素)排列顺序导致物性不一、庖人治庖之形态不同导致口味各异而论证以太的不生不灭,由此推导出“变易”之概念。

或难曰:“草木金石,至冥也,而寒热之性异;鸟兽鱼鳖,至愚也,而水陆之性异。谓人无性,毋乃不可乎?”曰:就其本原言之,固然其无性,明[2]矣;彼动植之异性,为自性尔乎?抑[3]质点之位置与分剂有不同耳。质点不出乎六十四种[4]之原质,某原质与某原质化合则成一某物之性;析而与他原质化合,或增某原质、减[5]某原质,则又成一某物之性;即同数原质化合,而多寡主佐之少殊,又别成一某物之性。纷纭蕃变,不可纪

---

① 本篇国民报社本、文明书局本接前则排。

② “明”,《清议报》本误作“名”。

③ “抑”,原衍为“抑无”,据他本删。

④ “六十四种”,国民报社本、《全编》本、文明书局本作“七十三种”。本篇下同。

⑤ “减”,原作“滅”,据他本改。

极，虽聚千万人之毕生精力治化学，不能竟其绪而宣其蕴，然而原质则初无增损于[①]故也。香之与臭，似判然各有性矣，及考其成此香臭之所以然，亦质点布列，微有差池，致触动人鼻中之脑气筋，有顺逆迎拒[②]之异，故觉[③]为香为臭。苟以法改其质点之聚，香臭可互易也。此化学家之浅者，皆优为之。乌睹所谓一成不改之性耶？庖人之治庖也，同一鱼肉，同一蔬笋，调和烹煮之法又同，宜同[④]一味矣，而或方正切之，或斜切[⑤]，或藿叶切之，或脔之，或糜之，或巨如块，或细如丝，其奏刀异，其味亦因之而不同矣[⑥]。此岂性也哉？由大小斜正之间，其质点不无改变，及与舌遇[⑦]，遂改变舌上脑气筋之动法，觉味有异耳。故论于[⑧]原质，必不容有寒热云云诸性矣[⑨]。然原质犹有六十四之异，至于原质之原，则一以太而已矣。一故不生不灭：不生，故不得言有；不灭，故不得言无。谓以太即性，可也，无性可言也。

---

① “于”，原作“之”，据他本改。

② “顺逆迎拒”，原作“顺逆距”，据他本改。

③ “觉”，国民报社本、文明书局本作“觉其”。

④ “同”，原脱，据他本补。

⑤ “斜切”，他本后有“之”字。

⑥ “矣”，他本脱。

⑦ “遇”，原作“邁”，据他本改。

⑧ “于”，国民报社本、《全编》本、文明书局本作“其”。

⑨ “矣”，《清议报》本作“也矣”，国民报社本、《全编》本、文明书局本作“明矣”。

一二

物质不生不灭。原质并不能消失或被创造，以水蒸气、蜡泪、陶埴、饼饵的生毁成灭，风雨、地质、气候、宇宙之变幻流转，证明世间万物只存在能量守恒之下的变易，并不存在生灭。表面之生灭实为以太之聚散。又以《易经》、佛语旁证变易观。

不生不灭有征乎？曰：弥望皆是也。如向所言化学诸理，穷[①]其学之所至，不过析数原质而使之分，与并数原质而使之合，用其已然而固然者，时其好恶，剂其盈虚，而以号曰某物某物，如是而已。岂能竟消磨一原质，与别创造一原质哉？矿学之取金类也，不能取于非金类之矿；医学之御疵疠也，不能使疵疠绝于天壤之间。本为不生不灭，乌从生之灭之？譬于水加热则渐涸，非水灭[②]也，化为轻气养气[③]也。使收其轻气养

① “理，穷”，原作“穷理”，据他本乙。
② “灭”，原误作“减”，据他本改。
③ “养气”，原误作“淡气”，据他本改。

气，重与原水等，且热去而仍化为水，无少减也。譬于[①]烛久爇则尽跋，非烛灭也，化为气质、流质、定质也。使收其所发之炭气，所流之蜡泪，所余之蜡煤，重与原烛等。且诸质散而滋育他物，无少弃也。譬于陶埴，失手而碎之，其为器也毁矣。然陶埴，土所为也。方其为陶[②]埴也，在陶埴曰成，在土则毁；及其碎也，还[③]归乎土，在陶埴曰毁，在土又以成。但有回环，都无成毁。譬于饼饵，入胃而化之，其为食也亡矣。然饼饵，谷所为也。方其为饼饵也，在饼饵曰存，在谷曰亡；及其化也，还粪乎谷，在饼饵曰亡，在谷又以存。但有变易，复何存亡？譬于风，朝南而暮北，昨飓而今飓，由质点动静往来疾徐之互殊，而此风即彼风，非此生而彼灭也。譬于雨，东云霖而西[④]云曦，秋患旱而春患潦，由地气寒热燥湿郁舒[⑤]之所致，而上之霂霢，即下之渊泉，川之泛滥，即陆之蒸润，非于霄生而于壤灭也。譬于陵谷沧桑之变易[⑥]：地球之生，而不知几千几百变矣[⑦]。洲渚之壅淤，知崖岸之将有倾颓；草木金石之质日出于地，知空穴之终就沦陷。赤道以旋[⑧]速而隆起，即南北极之所翕敛也；火期之灾[⑨]，冰期之沍，即一气之所舒卷也。故地球体积之

① “于”，他本作“如”，以下“譬于陶埴”、“譬于饼饵”之“于”字同。
② “为陶”，《清议报》本乙作“陶为”。
③ “还”，《清议报》本、《全编》本作“遂”。
④ “西”，原脱，据他本改。
⑤ “郁舒”，他本作“舒郁”。
⑥ “变易”，《清议报》本、《全编》本脱“易”字。
⑦ 此二句他本作“地球之生，不知经几千万变矣”。
⑧ “旋”，原作“还”，据他本改。
⑨ “灾”，他本作“炎”。按“灾”本义为天火，不误。

重率，必无轩轾于时[①]；有之则畸重而去日远，畸轻而去日近，其轨道且岁不同矣。譬于流星陨石之变：恒星有古无而今有，有古有而今无；彗孛而[②]有循椭圆线而往可复返，有循抛物线而一往不返。往返者，远近也[③]，非生灭也；有无者，聚散也，非生灭也。木星[④]本统四月，近忽多一月，知近度之所吸取。火、木之间依比例[⑤]当更有一星，今惟小行星武女等百余，知女星之所剖裂，即此地球亦终有陨散之时，然地球之所陨散，他星又将用其质点以成新星矣。王船山之说《易》，谓："一卦有十二爻，半隐半见。"故大《易》不言有无，隐见而已。孔[⑥]之论礼，谓："殷因于夏，周因于殷。"故礼有不得，与民变革损益而已。凡此诸谊[⑦]，虽"一一佛有阿僧[⑧]祇身，一一身有阿僧祇口"，亦不能尽[⑨]。

---

① "于时"，他本作"于昔时"。

② "而"，他本无。

③ "近也"二字，原脱，据他本补。

④ "木星"，原脱"木"字，据他本补。

⑤ "比例"，《清议报》本作"比"。

⑥ "孔"，他本作"孔子"。

⑦ "谊"，《清议报》本、《全编》本作"征"，国民报社本、文明书局本作"证"。

⑧ "僧"，原作"增"，据他本改。

⑨ "亦不能尽"，他本作"说亦不能尽"。

一三

灵魂不生不灭。 进一步阐发不生不灭导致灵魂不灭。引张载、王船山、佛、耶等生死轮回观阐明人亦由原质构成，故而生死并非生灭，肉体虽消散，灵魂却不生不灭。进而教人不惧死生，且更应多行善事，毕竟今生来世轮回，业障亦轮回。

好生而恶死也①，可谓大惑不解者矣。盖于“不生不灭”瞢焉。瞢而惑，故明知是义，特不胜其死亡之惧，缩朒而不敢为，方更于人祸所不及，益以纵肆于恶，而顾影②汲汲，而四方蹙蹙，惟③取自快慰焉已尔，天下岂复有可治也？今夫目力所得而谛观审视者，不出寻丈，顾谓此寻丈遂足以极天下之所至，无复能有余，而一切因以自画，则鲜不谓之大愚。何独于其生也，乃谓止此卒卒数十年而已④，于是心光之所注射，虽万

① “也”，国民报社本、文明书局本脱。

② “影”，他本作“景”。

③ “惟”，原脱，据他本补。

④ “数十年”，原作“十数年”，据他本改。

变百迁，终不出乎饮食男女货利名位之外。则彼苍之生人，徒以供玩弄，而旋即毁之矣乎[①]？呜呼，悲矣！孔曰："未知生，焉知死。"欲明乎死，试与论生。生何自？而生能记忆前生者，往往有之。借曰生无自也，则无生[②]而不生矣。知不生，亦当知不灭。匪直其精灵然也，即体魄之至粗，为筋骨血肉之属，兼化学之医学家则知凡得铁若干，余金类若干，木类若干，磷若干[③]，炭若干，小粉若干，糖若干，盐若干，油若干，水若干，余杂质若干，气质若干，皆用天地固有之质点粘合而成人。及其既敝而散，仍各[④]还其质点之故，复他有所粘合而成新人新物。生固非生，灭亦非灭。又况体魄中之精灵，固无从睹其生灭者乎？庄曰："善吾生者，乃所以善吾死也。"此言最为学道入圣之始基。由是张横渠有"太和"之说，王船山有"一圣人死，其气分为众贤人"之说；其在耶，则曰"灵魂"，曰"永生"；在佛则曰"轮回"，曰"死此生彼"。或疑孔教[⑤]无此，夫[⑥]系《易》固曰"原始反终，故知死生之说，精气为物，游魂为变，是故知鬼神之情状"，何为不言乎！英士韦廉臣著《古教汇参》，杂陈东[⑦]西古今之教，至为[⑧]殽赜，有极精微者，亦有荒诞不可究诘者。然不论如何精微荒诞，皆有相同之公理二：曰"慈悲"，曰"灵

---

① "乎"，原脱，据他本补。

② "无生"，国民报社本、《全编》本、文明书局本作"往"。

③ "磷若干"，《清议报》本、《全编》本脱。下文"油若干"同。

④ "各"，原作"初"，据他本改。

⑤ "孔教"，他本作"孔子教"。

⑥ "夫"，国民报社本、文明书局本脱。

⑦ "东"，原脱，据他本补。

⑧ "为"，原作"今"，据他本改。

魂”。不言慈悲、灵魂，不得有教；第言慈悲不言灵魂，教而不足以行；言灵魂不极荒诞，又不足行于愚冥顽梗之域。且荒诞云者，自世俗名之云尔，佛眼观之，何荒诞之非精微也？鄙儒老生，一闻灵魂，咋舌惊为荒诞，乌知不生不灭者固然其素矣。今使灵魂之说明，虽至暗者犹知死后有莫大之事[①]、无穷之苦乐，必不于生前之暂苦暂乐[②]而生贪著厌离之想。知天堂地狱，森列于心目，必不敢欺[③]饰放纵，将[④]日迁善以自兢惕。知身为不死之物，虽杀之亦不死，则成仁取义，必无怛怖于其[⑤]衷。且此生[⑥]未及竟者，来生固可以补之，复何所惮而不亹亹。此以杀为不死，然己又断杀者，非哀其死也，哀其具有成佛之性，强夭阏之使死而又生也。是故学者当知身为不死之物，然后好生恶死之惑可祛也。谭嗣同曰[⑦]：“西人虽日为枪炮[⑧]杀人之具，而其心实别有所注，初不在此数十年之梦幻。所谓顾諟天之明命，众[⑨]惑尽祛而事业乃以勃兴焉。”或曰：“来生不复记忆今生，犹今生之不知[⑩]前生。虽有来生，竟是别为一人，善报恶报，与今生之我何与？”则告之曰：达此又可与忘人我矣。今生来生本为一我，而以为别一人，以其不相知也。则我

---

① “莫大之事”，国民报社本、《全编》本、文明书局本后有“及”字。

② “暂苦暂乐”，《清议报》本、《全编》本作“渐苦渐乐”。

③ “欺”，原作“斯”，据他本改。

④ “将”，原无，据他本补。

⑤ “其”，《清议报》本、《全编》本脱。

⑥ “生”，原作“死”，据他本改。

⑦ “谭嗣同曰”，他本作“□□□曰”。

⑧ “炮”，原作“驳”，据他本改。

⑨ “众”，《清议报》本脱。

⑩ “不知”，原衍作“不物知”，据他本删。

于世之人，皆不相知，皆以为别一人，即安知皆非我耶？况佛说无始劫之事，耶曰“末日审判”，又未必终无记忆而知之日也。若夫道力不足任世之险阻，为一时愤怒所激，妄欲早自引[①]决，孱弱诡避，转若恶生好死者，岂不以死则[②]可以幸免矣。不知业力所缠，愈死且愈生，强脱此生之苦，而彼生忽然又加甚焉[③]，虽百死复何济？《礼》于畏、压、溺谓之三不吊，孟曰：“知命者不立乎岩墙之下。”此修身俟命之学所以不可不讲，而轮回因果报应诸说所以穷古今无可诎焉。

---

① “引”，原作“隐”，据国民报社本、《全编》本、文明书局本改。

② “则”，国民报社本、《全编》本、文明书局本作“即”。

③ “焉”，文明书局本作“矣”。

一四

轻体魄重灵魂。由上述继而教人重灵魂而轻体魄。天地万物皆有好恶性情，故而亦有异同，“知”出于以太，即为灵魂。因为重视体魄，国人长年陷于礼教、尊卑与伦常，长此钳制和束缚人性，并认为赞成兼爱、超拔体魄的墨子乱了亲疏规矩。实则因不生不灭而并不存在亲疏，亲疏却为“礼”之根源。

虽然，西人言灵魂，亦有不尽然也。同一大圆性海，各得一小分，禀之以为人、为动物、为植物、为金石、为沙砾水土、为屎溺。乃谓惟人有灵魂，物皆无之，此固不然矣。佛说：“人化为羊，羊化为人。”而恶道中有畜生一道。人不保其灵魂，则堕为动物；动物苟善保其灵魂，则还为人。动物与人，食息不能或异，岂独无灵魂哉？至若植物，似于人远矣，然亦食渊泉雨露、息炭养二气也。非洲之毒草，则竟有食人物血肉者。人之肺在内，植物之肺在外，即叶是也。悉去食物之叶，而绝其萌芽，则立槁[1]：无肺固无以呼吸矣。西人谓《诗》“东门之杨，其叶肺肺”，体物象形，为最工致。此亦训诂之奇而确者。至若金石、沙砾、水土、屎溺之属，竟无食息矣，然而不得谓之无知也。何以验其有知？曰：有性情。何以验其有性情？曰：有好恶。有好恶，于是有攻取；有攻取，于是有异同；有异同，于是有分合、有生克。有此诸端，医家乃得而用之，水火电热声光学乃得而用之，农矿工艺制造学乃得而用之[2]。夫人之能用物，岂有他哉？熟知其好恶之知，而慎感之已耳。推此则虚空之中，亦皆有知也。而世咸目植物以下[3]为无知，直不当以人所知之数例之，所以疑莫能明。人之知为繁，动物次之，植物以下惟得[4]一端，如葵之倾日、铁之吸电、火之炎上、水之流下。知虽[5]一端，要非人所不能有也。在人则谓之知，在物乃不谓之知，可乎？且夫人固号为有知矣，独是所谓知者，果何等物也？谓知出乎心，心司红血紫血之出纳，乌睹所谓知耶？则必出于脑，剖脑而察之，其色灰败，其质脂，其形洼隆不平，如核桃仁，于所谓知，又无有也。切而求之，心何以能司血？脑之形色何所于用？夫非犹是好恶攻取也欤？人亦一物耳，是物不惟有知，抑竟同于人之知，惟数多寡异耳。或曰：“夫如是，何以言无性也？”曰：凡所谓有性无性，皆使人物归于一体而设

---

① “立槁”，国民报社本、《全编》本、文明书局本后有“矣”字。

② “水火电热声光学乃得而用之，农矿工艺制造学乃得而用之”二句，原脱，据国民报社本、文明书局本补。

③ “植物以下”，国民报社本、文明书局本后有“者”字。

④ “得”，国民报社本作“得其”，文明书局本作“待其”。

⑤ “虽”，国民报社本、《全编》本、文明书局本作“非”。

之词[①]，庄所谓“道行之而成，物谓之而然”也。谓人有性，物固有性矣；谓物无性，人亦无性矣[②]。然则即推物无知，谓人亦无知，无不可也。今既有知之谓矣，知则出于以太，不生不灭同焉；灵魂者，即其不生[③]不灭之知也。而谓物无灵魂，是物无以太矣[④]，可乎哉？西人论心灵，进穷艳丽之所本，因谓齿角羽毛，华叶附萼，云谲波诡[⑤]，霞绚星明，凡物皆能自出其光采以悦人。然则其中莫不有至精灵者焉，何复自背其说，谓物无灵魂？故知此必不然矣。抑彼更有大谬不然者，既知灵魂之后果为天堂地狱，或永苦，或永乐，独不明灵魂之前因为何，求之不得，乃强为之说曰：“人皆有罪。”似矣，罪于何起？则又强为之说曰：“始祖亚当、夏娃，及历代祖宗所遗之罪。”夫前人之罪，前人实承之，于后人何与？罪人不孥，人法犹尔，岂天之仁爱乃不逮人乎？且彼所重者灵魂，而原罪于前人，是又专重体魄矣。体魄为前人所遗，岂灵魂亦前人所遗乎？然则前人之灵魂又何往？若谓转为后人之灵魂[⑥]，是一性[⑦]自为轮回，与其教之宗旨不合，与永乐永苦尤不合也。审是，则灵魂亦自有罪而自受之；自无始来，死生流转，曾无休息，复于生体魄不生

① “设之词”，国民报社本、文明书局本作“言”。

② “矣”，国民报社本、文明书局本脱。

③ “不生”二字，底本、《清议报》本脱，据国民报社本、《全编》本、文明书局本补。

④ “矣”，国民报社本、文明书局本作“也”。

⑤ “云谲波诡”，文明书局本作“风谲波诡”。

⑥ 此句国民报社本“之”误作“以”，文明书局本“谓”作“为”。

⑦ “性”，原作“姓”，据国民报社本、《全编》本、文明书局本改。

灵魂之[①]前人何与也？《易》虽有“余庆余殃”之说，殆以观形[②]起化言之，所谓余者，庆不一庆、殃不一殃之谓，必非余而遗诸后人矣。乃中国之谈因果，亦辄推本前人，皆泥于体魄，转使灵魂之义晦昧而不彰，过矣！失盖与西人同耳[③]。泥于体魄，而[④]中国一切诬妄惑溺，始由是起矣。事鬼神者，心事之也，即自事其心也，即自事其灵魂也，而偏妄拟鬼神之体魄，至以土木肖之。土木盛而灵魂愚矣，灵魂愚而体魄之说横矣。风水也，星命也，五行也，壬遁也，杂占杂忌也，凡为祸福富贵利益而为之者，皆见及于体魄而止。不谓儒之末流，则亦专主体魄以为教。其言曰：“吾所以异于异端者，法度文为，皆自亲而及疏也。彼墨子之兼爱，乱亲疏之言也。”呜呼，墨子何尝乱亲疏哉！亲疏者，体魄乃有之。从而有之[⑤]，则从而乱之。若夫不生不灭之以太，通天地万物人我为一身，复何亲疏之有？亲疏且无，何况于乱？不达乎此，反诋墨学，彼乌知惟兼爱一语为能超出于[⑥]体魄之上而独任灵魂，墨学中之最合以太者也。不能超体魄而分[⑦]亲疏，亲疏生分别。分别亲疏，则有礼之名。自礼名[⑧]亲疏，而亲疏于是乎乃[⑨]大乱。心所不乐而强之，身

---

① “之”，国民报社本、文明书局本脱。

② “形”，国民报社本、《全编》本、文明书局本作“型”。

③ “耳”，国民报社本、《全编》本、文明书局本作“也”。底本此处接排，他本皆于此处另为一则。

④ “而”，国民报社本、文明书局本脱。

⑤ “之”，国民报社本、文明书局本脱。

⑥ “于”，国民报社本、文明书局本脱。

⑦ “分”，国民报社本、文明书局本作“生”。

⑧ “名”，国民报社本、文明书局本作“明”。

⑨ “乃”，国民报社本、文明书局本脱。

所不便而缚之。缚则升降拜跪之文繁，强则至诚恻怛之意汩。亲者反缘此而疏，疏者亦可冒此而亲。日糜其有用之精力、有限之光阴，以从事无谓之虚礼。即彼自命为守礼，亦岂不知其无谓，特以为[①]习俗所尚，聊伪以将之云耳。故曰："礼者，忠信之薄，而乱之首也。"夫礼，依仁而著，仁则自然有礼，不待别为标识而刻绳之，亦犹伦常亲疏，自然而有[②]，不必严立等威而苛持之也。礼与伦常皆原于仁，而其究也，可以至于大不仁，则泥于体魄之为害大矣哉。

① "为"，国民报社本、文明书局本脱。

② "自然而有"，光明书局本作"自乱而有"。

一五

微生灭。分析不生不灭之原因:借用佛学轮回提出万事万物时时刻刻处于微生灭之中,此种生灭处于瞬息转化中,于是融合为一,即不生不灭。

不生不灭乌乎出?曰:出于微生灭。此非佛说菩萨地位之微生灭也,乃以太中自有之微生灭也①。不生不灭,至于佛入涅槃,蔑以加矣,然佛固曰不离师子座,现身一切处,一切入一,一入一切,则又时时从兜率天宫下,时时投胎,时时住胎,时时出世,时时出家,时时成道,时时降魔,时时转法轮,时时般涅槃。一刹那顷,已有无量佛生灭,已有无量众生生灭,已有无量世界法界生灭。求之过去,生灭无始;求之未来,生灭无终;求之现在,生灭息息,过乎前而未尝或住。是故轮回者,不于生死而始有也,彼特大轮回耳。无时不生死,即无时非轮回。自②一出一处,一行一止,一语一默,一思一寂,一听一视,

① “也”,国民报社本、文明书局本作“焉”。

② “自”,国民报社本、文明书局本作“自有”。

一饮一食，一梦一醒，一气缕一血轮，彼去而此来，此连而彼断。去者死，来者又生；连者生，断者又死。何所为而生，何所为而死，乃终无能出于生死轮回之外，可哀矣哉！由念念相续而造之使成也。例乎此，则大轮回亦必念念所造成。佛故说“三界为心[①]”，又说“一切为心[②]所造”。人之能出大轮回与否，则于[③]细轮回而知之矣。细轮回不已，则生死终不得息，以太之微生灭亦不得息。庄曰：“藏舟于壑，自谓已固，有大力者夜半负之而走。”吾谓将并壑而负之走也。又曰：“鸿鹄已翔于万仞，而罗者犹视乎薮泽。”吾谓并薮泽亦一已翔者也。又曰：“日夜相代乎前。”吾谓代则无日夜也[④]。又曰：“方生方死，方死方生。”吾谓方则无生死也。王船山曰：“已生之天地，今日是也；未生之天地，今日是也。”吾谓今日者即无今日也。皆自其生灭不息言之也。不息故久，久而不息[⑤]。则暂者绵之永，短者引之长，涣者统之萃，绝者续之亘，有数者浑之而无数，有迹者沟之而无迹，有间者强之而无间，有等级者通之而无等级。人是故皆为所瞒，而自以为有生矣。孔在川上曰：“逝者如斯夫，不舍昼夜。”昼夜即川之理，川即昼夜之形。前者逝而后者不舍，乍以为前，又以居乎后，卒不能割而断之曰孰前孰后也。逝者往而不舍者复继，乍以为继，适以成乎往，卒不能执而私之曰孰往孰继也。可摄川于涓滴，涓滴所以汇而为川；可缩昼夜于瞬息，瞬息所以衍而为昼夜。亦逝而已矣，亦不舍

---

① “为心”，国民报社本、文明书局本作“惟心”。

② “为心”二字，国民报社本、《全编》本、文明书局本作“惟心”。

③ “于”，国民报社本、文明书局本作“于其”。

④ “也”，国民报社本、文明书局本作“者”。

⑤ “久而不息”，国民报社本、文明书局本作“久生不息”。

而已矣。非一非异①，非断非常，旋生旋灭，即灭即生。生与灭相授之际，微之又微，至于无可微；密之又密，至于无可密。夫是以融化为一，而成乎不生不灭。成乎不生不灭，而所以成之之微生灭②，固不容掩焉矣。

---

① “非一非异”，国民报社本、《全编》本、文明书局本作“非一非二”。

② “成之之微生灭”，国民报社本、文明书局本脱一“之”字。

一六

生灭与无我。不仅年岁与时间分秒逝去，人之体魄亦由无数质点组成，且时刻处于生长变换、新陈代谢、吐故纳新之中，人无一日同，此即为人之瞬息生灭，并非只以活为生，以死为灭，故无需贪恋生死荣辱，因为人的状态即是生生灭灭，即为“无我”。

今夫我何以知有今日也？比于过去未来而知之。然而去者则已去，来者又未来，又何以知有今日？迨乎我知有今日，则固已逝之今日也。过去独无今日乎？乃谓之曰过去。未来独无今日乎？乃谓之曰未来。今日宜为今日矣，乃阅明日，则不谓今日为今日。阅又明日，又不谓明日为今日。日析为时，时析为刻，刻析为分，分析为秒忽，秒忽随生而随灭，确指某秒某忽为今日，某秒某忽为今日之秒忽，不能也。昨日之天地，物我据之以为生，今日则皆灭；今日之天地，物我据之以为生，明日则又灭。不得据今日为生，即不得据今日为灭，故曰：生灭即不生不灭也。抑尝有悟于梦矣，一夕而已，而梦中所阅历者，或数日，或数月，或数年，或数十年。夫一夕而已，何以能容此？此而能容，当不复醒矣①。及其既醒，而数日、数月、数年、数十年者，即又何往？庸讵知千万年前之今日，非今日之今日？庸讵知千万年后之今日，非今日之今日？佛故名之曰“三世一时”。三世一时，则无可知也。自以为知有今日，逝者而已矣。今夫我又何以知有我也？比于非我而知之。然而非我既已非我矣，又何以知有我？迨乎我知有我，则固已逝之我也。一身而有四体五官之分，四体五官而有筋骨血肉之分，筋骨血肉又各有无数之分，每分之质点又各有无数之分，穷其数可由一而万万也。今试言某者是我，谓有一是我，余皆非我，则我当分裂；谓皆是我，则有万万我，而我又当分裂。由胚胎以至老死，由气质、流质以成定质，由肤寸之形以抵七尺之干，又由体魄以终于溃烂朽化，转辗②变为他物，其数亦由一而万万也。试言某者是我，谓有一是我，余皆非我，则我当分裂；谓皆是我，则有万万我，而我又当分裂。我之往来奔走也，昨日南而今日北，谓我在北，则昨南之我何往？谓我去南，则今北之我又非终于不去。确指南者是我、北者是我，不能也。我之饮食呼吸也，将取乎精英以补我之气与血。然养气也旋化而为炭气，红血也旋变而为紫血；或由九窍而出之，为气，为唾涕，为泗洟，为矢溺，为凝结之物；或由毛孔而出之，为热气，为湿气，为汗，为油，为垢腻；或为须发之脱，或为爪甲之断落。方气血之为用也，曾不容秒忽而旋即谢去，确指某气缕之出入为我、某血轮之流动为我，不能也。以生为我，而我倏灭；以灭为我，而我固生。可云我在生中，亦可云我在灭中。故曰：不

① “矣”，国民报社本、文明书局本脱。

② “辗”，国民报社本、文明书局本作“朽”。

生不灭，即生灭也。抑尝有悟于思矣，谓思在脑，脑之形有量而思无量，或一世界，或数世界，或恒河沙数世界，莫不朗悬目前，了了可辨。夫以无量入有量，有量何往？及所思既倦，而无量又何往？一切众生，并而为我，我不加大；我遍而为一切众生，我不减小。故名之曰“一多相容”。一多相容，则无可知也。自以为知有我，逝者而已矣。王船山亦有言：“以为德之已得，功之已成，皆其逝焉者也。”夫目能视色，迨色之至乎目，而色既逝矣；耳能听声，迨声之至乎耳，而声既逝矣；惟鼻舌身亦复如是。体貌颜色，日日代变，晨起而观，人无一日同也。骨肉之亲，聚处数十年，不觉其异，然回忆数十年前之情景，宛若两人也。则日日生者，实日日死也。天曰生生，性曰存存，继继承承，运以不停。孰不欲攀援而从之哉？而势终处于不及[①]。世人妄逐既逝之荣辱得丧，执之以为哀乐。过驹不留，而堕甑犹顾；前者未忘，而后者沓至。终其身[②]接应不暇，而卒于无一所应[③]，不亦悲乎！

① “及”，《全编》本作“反”。

② “终其身”，《全编》本作“终至于”，国民报社本、文明书局本作“终至”。

③ “无一所应”，国民报社本、《全编》本、文明书局本作“无一能应”。

一七

破对待。“对待”是造成人我分别之根源。大小、真幻、庸奇之别皆生于“对待”。学习格致乃“破对待”之途径。世间万物皆非绝对，眼、耳、鼻、舌、身所感知的色声香味触亦皆非真实与真理，只有用辩证眼光来“破对待”，转识成智，方可接近真理，“对待”不破而破。

“一多相容”也，“三世一时”也，此下士所大笑不信也，乌知为天地万物自然而固然之真理乎！真理之不知，乃①缘历劫之业力障翳深厚。执妄为真，认贼为子，自扰自乱，自愚自惑，遂为对待所瞒耳。对待生于彼此，彼此生于有我。我为一，对我者为人，则生二；人我之交，则生三。参之伍之，错之综之，朝三而暮四，朝四而暮三，名实未亏，而喜怒②因之。由是大小多寡，长短久暂，一切对待之名，一切对待之分别，淆然哄然。其瞒也，其自瞒也，不可以解矣。然而有瞒之不尽者，偶露端

① “乃”，国民报社本、《全编》本作“反”。

② “喜怒”，国民报社本、文明书局本作“爱恶”。

倪，所以示学人以路也。一梦而数十年月也，一思而无量世界也。尺寸之镜，无形不纳焉；铢两之脑，无物不志焉。西域之技，吐火而吞刀；真人之行，火不热而水不濡。水为流质，则相浮游泳；若处于空地为圆体，则倒竖横斜，皆可以立。同一空气，忽传声忽传光而不淆也；同一电浪，或传热或传力而不舛也。虚空有无量之星日，星日有无量之虚空，可谓大矣。非彼大也，以我小也。有人不能见之微生物，有微生物不能见之微生物，可谓小矣。非彼小也，以我大也。何以有大？比例于我小而得之。何以有小？比例于我大而得之。然则但有我见，世间果无大小矣。多寡长短久暂，亦复如是。疑以为幻，虽我亦幻也。何幻非真？何真非幻？真幻亦对待之词，不足疑，对待也。惊以为奇，而我之能言能动能食能思，不更奇乎？何奇非庸？何庸非奇？庸奇又对待之词，不足惊，对待也。凡此皆瞒之不尽者，而尤以西人格致之学为能毕发其覆。涨也缩之，微也显之，亡也存之，尽也衍之。声光虚也，可贮而实之；形质阻也，可鉴而洞之。声光化电气重之说盛，对待或几几乎破矣。欲破对待，必先明格致；欲明格致，又必先辨对待。有此则有彼，无独有偶焉，不待问而知之，辨对待之说也。无彼复无此，此即彼、彼即此焉，不必知亦无可知，破对待之说也。辨对待者，西人所谓辨学也，公孙龙、惠施之徒时术之，"坚白异同"之辩[1]曲达之，学者之始基也。由辨学而算学，算学实辨学之演[2]于形者也；由算学而格致，格致实辨学、算学同致于用

① "辩"，国民报社本、文明书局本作"辨"。

② "演"，国民报社本、文明书局本作"衍"。

者也，学者之中成也。格致明而对待破，学者之极诣也。孔子[①]曰："下学而上达。"未有可以躐等而蹴几，亦何可以中止而自画也。故尝谓西学皆源于佛学，亦惟有[②]西学而佛学乃复明于世。彼其大笑而不信，抑[③]又何据而然乎？岂不以眼耳鼻舌身所不及接也？此其愚惑也滋甚。眼耳鼻舌身所及接者，曰色声香味触五而已。以法界虚空界众生界之无量无边，其间所有，必不止五也明矣。仅凭我所有之五，以妄度无量无边，而臆断其有无，奚可哉？是故同为眼也，有肉眼，有天眼，有慧眼，有法眼，有佛眼。肉眼见为国土为虚空，天眼或见为海水为地狱：无所见而不异焉。慧眼以上，又各有异。奈何以肉眼所见为可据也！耳鼻舌身亦复如是。即以肉眼肉耳论，有远镜显微镜所见，而眼不及见者焉，又有远镜显微镜亦不及见者焉；有电筒德律风所闻，而耳不及闻者焉，又有电筒德律风亦不及闻者焉。且眼耳所见闻，又非真能见闻也。眼有帘焉，形入而绘其影，由帘达脑而[④]觉为见，则见者见眼帘之影耳，其真形实万古不能见也。岂惟形不得见，影既缘绘而有是，必点点线线而缀之，枝枝节节而累之，惟其甚速，所以不觉其劳倦，迨成为影，彼其形之逝也亦已久矣；影又待脑而知，则影一已逝之影，并真影不得而见也。故至远之恒星，有毁已千万年，而光始达于地者。推光行之速率，至于密迩，亦何莫不然。耳有鼓焉，声入而肖其响，由鼓传脑而觉为闻，则闻者闻

① "孔子"，他本作"孔"。

② "惟有"，国民报社本、文明书局本脱"有"字。

③ "抑"，《全编》本误作"仰"。

④ "而"，原误作"面"，据他本改。

耳鼓之响耳，其真声实万古不能闻也。岂惟声不得闻，响既缘肖而有是，必彼之既终，而此方以为始，惟其甚捷，所以不觉其断续，迨成为响，彼其声之逝也亦已久矣；响又待脑而知，则响一已逝之响，并真响不得而闻也。故雷炮之远发，山谷之徐应，有逾时而声始往返者。推声浪之速率，至于切近，亦何莫不然。悬虱久视，大如车轮；床下蚁动，有如牛斗。眼耳之果足恃耶否耶？鼻依香之逝，舌依味之逝，身依触之逝，其不足恃，均也。恃五以接五，犹不足以尽五，况无量无边之不止五？彼其大笑而不信，乃欲恃五以接不止五乎？恃五则五寡矣，然恃五又多此五矣。苟不以眼见，不以耳闻，不以鼻嗅，不以舌尝，不以身触，乃至不以心思，转业识而成智慧，然后“一多相容”、“三世一时”之真理乃日见乎前，任逝者之逝而我不逝，任我之逝而逝者卒未尝逝。真理出，斯对待不破以自破。

一八

贬古扬新。首次提出“日新”，以日月、四时、草木、血气、以太分证日新之义，以儒、佛、耶佐证其对日新之赞礼，证明“新”为群教之公理。反证“好古”之大谬，以孔子废古改制作《春秋》入手，引康有为之言而破刘歆篡改孔子著作枉添“好古”于其中，是为伪经。且各文字增“古”于其中皆非佳义。日新则国盛，好古而国衰。本篇首度提及“变法”，并逐步阐发其重要性。

反乎逝而观，则名之曰“日新”，孔曰：“革去故，鼎取新。”又曰：“日新之谓盛德。”夫善至于日新而止矣，夫恶亦至于不日新而止矣。天不新，何以生？地不新，何以运行？日月不新，何以光明？四时不新，何以寒燠[①]发敛之迭更？草木不新，丰缛者歇矣；血气不新，经络者绝矣；以太不新，三界万法皆灭矣。孔曰“改过”，佛曰“忏悔”，耶曰“认罪“，新之谓也。孔曰“不已”，佛曰“精进”，耶曰“上帝国近尔矣”，新而又新之谓

① “寒燠”，国民报社本、文明书局本作“寒暑”。

也。则新也者，夫亦群教之公理已。德之宜新也，世容知之，独何以居今之世，犹有守旧之鄙生，断断然曰不当变法，何哉？是将挟其茶敝惰怯之私，而窒天之生，而尼[①]地之运行，而蔽日月之光明，而乱四时之迭更，而一猕百产万灵之芸芸，不恤亡学亡政亡教，以拗戾乎不生不灭者也。虽然，彼之力又何足以云尔哉？毋亦自断其方生之化机，而与于不仁之甚，则终成为极旧极敝一残朽不灵之废物而已矣。乃彼方诩于人曰“好古”者[②]，是又大惑[③]也已。古而可好，又何必为今之人哉？所贵乎读书者，在得其精意以充其所未逮焉耳；苟以其迹而已，则不问理之是非，而但援事之有无，枭獍四凶，何代蔑有，殆将一一则之效之乎？郑玄笺《诗》“言从之边”，谓当自杀以从古人，则[④]尝笑其愚。今之自矜好古者，奚不自杀以从古人，而漫鼓其辅颊舌以争乎今也？夫孔子则不然，删《书》则断自唐、虞，存《诗》则止乎三百，然犹早岁从周之制作也。晚而道不行，掩涕于获麟[⑤]，默知非变法不可，于是发愤作《春秋》，悉废古学而改今制，复何尝有好古之云云也。□□□曰：“《论语》第七篇，当是《默而》第七，刘歆私改‘默’为‘述’，窜入‘述而不作，信而好古，窃比于我老彭’十四字以申其古学，篇名遂号《述而》矣。”“我非生而知之者，敏以求之者也。”“生知”与“敏求”相反相对，文义自足，无俟旁助；而忽中梗“好古”二字，语意都不连贯，是亦歆窜矣。世岂甘为莽、歆之奴隶也乎？

① “尼”，国民报社本、《全编》本、文明书局本作“扼”。

② “者”，国民报社本、《全编》本、文明书局本脱。

③ “惑”，国民报社本、《全编》本、文明书局本误作“感”。

④ “则”，国民报社本、文明书局本作“而”。

⑤ “麟”，原误作“鳞”，据他本改。

则好古亦其宜也。□□□曰:“于文从古,皆非佳义。从艸则苦,从木则枯,从艸木则楛,从网则罟,从辛则辜,从支[①]则故,从囗则固,从歹则殆,从疒则痁[②],从监则盬[③],从牛则牯,从疒囗则痼,从水囗则涸。且从人则估,估客非上流也。从水为沽,孔子所不食也。从女为姑,姑息之谓细人。吾不知好古者何去何从也。”欧、美二洲,以好新而兴;日本效之,至变其衣食嗜好。亚、非、澳三洲,以好古而亡。中国辄动援古制,死亡之在眉睫,犹栖心于榛狉未化之世,若于今熟视无睹也者。庄曰:“莫悲于心死,而身死次之。”谥曰至愚,可不谓[④]大哀!

① “支”,国民报社本、文明书局本作“文”。

② “痁”,原作“痁”,据《清议报》本、《全编》本改。

③ “盬”,原作“監”,据《清议报》本、《全编》本、文明书局本改。国民报社本作“鹽”。

④ “谓”,国民报社本、文明书局本作“谓之”。

一九

贬静扬动。借雷电云雨而致时和年丰佐证日新的本质在于以太的运动变化,并引此为"仁"之发端。以王船山《周易内传》中涉及雷电的"屯"、"豫"、"大壮"、"无妄"、"复"、"震"六卦阐述其动易之道,为变法维新提出学理依据。嘉许船山之佘而贬斥老子之"言静戒动",反变法言论自古即有。西人自文士而妇女皆崇动,国人则冥顽不灵厌恶变法,直至坚船利炮炸开国门。又借佛学中"威力"、"勇猛"、"大无畏"等旁证"动易"与变革("力"为物体运动之原因),并抨击将佛教与老子混为一谈者,大乘佛教在于以"动"而普度众生,以奋厉刚猛而破"对待之名"。

日新乌乎本?曰:以太之动机而已矣。独不见夫雷乎?虚空洞杳,都无一物,忽有云雨相值,则合[1]两电,两则有正有

① "合",国民报社本、文明书局本作"含"。

负，正负则有异有同，异则相攻，同则相取，而奔崩轰碕[①]发焉。宇宙为之掀鼓，山川为之战撼，居者愕眙，行者道仆，懦夫孺子[②]，掩耳而良久不怡，夫亦可谓暴矣。然而继之以甘雨，扇之以和风，雾豁天醒，霾敛气苏，霄宇轩昭，大地澄涤，三辰晶英于上，百昌[③]孚甲振奋于下，蜎飞蠕动，雍容任运而自得，因之而时和，因之而年丰，因之而品汇亨通，以生以成，夫孰非以太之一动，而绵绵[④]以无极也。斯可谓仁之端也已。王船山邃于《易》，于有雷之卦，说必加精，明而益微。至"屯"之所以满盈也，"豫"之所以奋也，"大壮"之所以壮也，"无妄"之所以无妄也，"复"之所以见天心也，"震"之所以不丧匕鬯而再则泥也，罔不由于动。天行健，自动也。天鼓万物，鼓其动也。辅相裁成，奉天动也。君子之学，恒其动也。吉凶悔吝，贞夫动也。谓地不动，昧于历算者也。《易》抑阴而扶阳，则柔静之与刚动异也。夫善治天下者，亦岂不由斯道矣！夫鼎之革之，先之劳之，作之兴之，废者举之，敝者易之，饱食暖衣而逸居，则惧其沦于禽兽。乌知乎有李耳者出，言静而戒动，言柔而毁刚。乡曲之士，给馇粥，察鸡豚，而长养子孙，以之自遁而苟视息焉，固亦术之工者矣。乌知乎学子术焉，士大夫术焉，诸侯王术焉，浸淫而天子亦术焉，卒使数千年来成乎似忠信似廉洁、一无刺无非之乡愿天下。言学术则曰"宁静"，言治术则曰"安静"。处事不计是非，而首禁更张，躁妄喜事之名立，百端由是

① "碕"，原作"殉"，据国民报社本、《全编》本改。

② "孺子"，国民报社本、文明书局本作"懦子"。

③ "百昌"，国民报社本、《全编》本、文明书局本作"百汇"。

④ "绵绵"，国民报社本、文明书局本作"由之"。

废弛矣；用人不问贤不肖，而多方遏抑，少年意气之论起，柄权则颓暮矣。陈言者则命之曰“希望恩泽”，程功者则命之曰“露才扬己”。既为糊名以取之，而复隘其途；既为年资以用之，而复严其等。财则惮辟利源，兵则不贵朝气。统政府台谏六部九卿督抚司道之所朝夕孜孜不已者，不过力制四万万人之动，絷其手足，涂塞其耳目，尽驱以入契乎一定不移之乡愿格式。夫群四万万[①]乡愿以为国，教安得不亡，种类安得而可保也？呜呼，吾且为西人悲矣！西人以喜动而霸五大洲，驯至文士亦尚体操，妇女亦侈游历，此其崛兴为何如矣。顾哀中国[②]亡于静，辄曰此不痛不痒顽钝而无耻者也，为危词以怵之，为巽语以诱之，为大声疾呼以警[③]之，为通商以招之，为传教以聒之，为报馆为译书以诲之，为学堂为医院以拯之，至不得已而为兵戈枪炮水雷铁舰以大创之，然而中国则冥然而罔觉，悍然而不顾，自初至终未尝一动也。夫掘冢中枯骨与数百年之陈死人而强之使动，乌可得乎哉？西人方拳拳焉不以自阻，可谓愚矣，故足为悲也。西人之喜动，其坚忍不挠，以救世为心之耶教使然也。又岂惟耶教，孔教固然矣，佛教尤甚。曰“威力”，曰“奋迅”，曰“勇猛”，曰“大无畏”，曰“大雄”，括此数义，至取象于师子[④]。言密必济之以显，修止必偕之以观。以太之动机，以成乎日新之变化，夫固未有能遏之者也。论者暗于佛、老之辨，混而同之，以谓山林习静而已，此正佛所诋为顽

① “四万万”，国民报社本、文明书局本后有“之”字。

② “中国”，他本后有“之”字。

③ “警”，国民报社本、文明书局本作“寤”。

④ “师子”，国民报社本、《全编》本、文明书局本作“狮子”。

空、为断灭、为九十六种外道，而佛岂其然哉？乃若佛[1]之静也，则将以善其动，而遍度一切众生[2]。更精而言之，动即静，静即动，尤不必有此对待之名，故[3]夫善学佛者，未有不震动奋厉而雄强刚猛者也。

① “佛”，国民报社本、文明书局本作“物”。

② “众生”，原误作“众主”，据他本改。

③ “故”，原脱，据国民报社本、《全编》本、文明书局本补。

二〇

贬俭扬奢。俭与奢为相对而论，当辩证视之。以表象看待，佛奢而兽俭，勿因简单的用度多寡来定奢俭之名。若一味废奢倡俭，则蚕桑、金银、通商皆应被废。以剥削平民为务而冠名曰“俭为美德”者，皆是为富不仁、欺世盗名的乡愿。久之则成为奴役乡人之罪魁，终由俭致贫，贫民沦为流寇，天下乱矣，国将至贫至窘，各国败亡皆由此而来。故俭与静之所谓“美德”皆当摒弃。

李耳[1]之术之乱中国也，柔静其易知矣。若夫力足以杀尽地球含生之类，胥天地鬼神以沦陷于不仁，而卒无一人能少知其非者，则曰“俭”。俭，从人，佥声；凡俭皆佥人也。且夫俭之与奢也，吾又不知果何所据而得其比较，差其等第，以定厥名，曰某为奢、某为俭也。今使日用千金，俗所谓奢矣，然而有倍蓰者焉，有什伯千万者焉。奢至于极，莫如佛。金刚以为地，

① “李耳”，国民报社本误作“孛耳”。

摩尼以为坐，种种缨络[①]帝网，种种宝幢宝盖，种种香花衣云，种种饮食胜味。以视世人，谁能奢者？则奢之名不得而定也。今使日用百钱，俗所谓俭矣，然而流氓乞丐，有日用数钱者焉，有掘草根、屑树皮，苟食以待尽，而不名一钱者焉。俭至于极，莫如禽兽，穴土栖木以为居，而无宫室；毛羽蒙茸以为暖，而无衣裘[②]；恃爪牙以求食，而无耕作贩运之劳。以视世人，谁能俭者？则俭之名不得而定也。本无所谓奢俭，而妄生分别以为之名，又为之教曰黜奢崇俭。虽唐、虞三代之盛，不能辨去此惑，是何异抟[③]虚空以为质、扪飘风而不释者矣。虽然，无能限多寡以定奢俭，则试量出入以定奢俭。俗以日用千金为奢，使入万金焉，则固不名之奢而名之俭，以其尚储九千于无用之地也。俗以日用百钱为俭，使入不逮百钱，则不名之俭而名之奢，以其聪明才力仅足以及此也。溢则倾之，歉而纳焉，是俭自有天然之度，无待崇也。且所谓崇俭，抑又矛盾之说也。衣布枲足矣，而遣使劝蚕桑胡为者？岂非导之奢乎？则蚕桑宜禁矣。通有无足矣，而开矿取金银胡为者？岂非示之汰乎？则金银宜禁矣。此[④]虽日胶离朱之目，攦工倕之指，犹患不给。凡开物成务，利用前民，励材奖能，通商惠工，一切制度文为，经营区画，皆当废绝。嗟乎！金玉货币与夫六府百产之饶，诚何足撄豪杰之心胸，然而历代圣君贤相贵之重之，何哉？以其为生民之大命也。持筹握算，铢积寸累，力遏生民之大命而不

---

① “缨络”，国民报社本作“宝络”，文明书局本误作“宝给”。

② “衣裘”，国民报社本、《全编》本、文明书局本作“衣裳”。

③ “抟”，各本皆作“搏”，盖“摶”、“搏”形近致误，径改。

④ “此”，国民报社本、文明书局本作“推此”。

使之流通。今日节一食，天下必有受其饥者；明日缩一衣，天下必有受其寒者。家累巨万，无异穷人，坐视羸瘠盈沟壑、饿殍蔽道路，一无所动于中，而独室家子孙之为计。天下且翕然归之曰：俭者美德也。是以奸猾桀黠之资，凭藉高位，尊齿重望，阴行豪强兼并之术，以之欺世盗名焉。此乡愿之所以贼德，而见[1]为佥人之尤矣。向以为米盐凌杂[2]，鸡豚诟谇，特老媪灶婢之所用心，及泛览于今之士大夫，乃莫不然。宁使粟红贯朽，珍异腐败，终不以分于人；一闻兴作工役，罔[3]不动色相戒惧，以为家之索也。其教诫子弟，必以俭为莫大之教训[4]，而子弟卒以狂荡破家闻。抑尝观于乡矣，千家之聚，必有所谓富室焉，左右比邻以及附近之困顿不自聊者，所仰而以为生也。乃其刻谿琐啬，弥甚于人，自苦其身，以剥削贫民为务。放债则子巨于母而先取质，粜籴则阴伺其急而厚取利，扼之持之，使不得出。及其[5]箝络久之，胥一乡皆为所并吞，遂不得不供其奴役而入租税于一家。《周礼》有保富之文，富而若此，岂堪更保之耶？居无何，乡里日益贫，则流而为盗贼，伺衅劫夺焚杀，富室乃随之煨烬。即幸而不至此，愈俭则愈陋，民智不兴，物产凋窳，所与皆窭人也，己亦不能更有所取，且暗受其销铄。一传而后，产析而薄，食指加繁，又将转而被他人之剥削并吞，与所加乎人者无或异也。转辗相苦，转辗相累，驯至人人俭而

① “见”，国民报社本、《全编》本、文明书局本作“允”。

② “凌杂”，原作“凌维”，据他本改。

③ “罔”，国民报社本、文明书局本作“莫”。

④ “教训”，他本作“宝训”。

⑤ “及其”，原作“其”，据国民报社本、《全编》本、文明书局本补。

人人贫。天下大势，遂乃不可以支。《葛屦》、《园桃》[①]之刺，诗人有远忧焉。盖坐此寂寂然一乡，而一县，而一省，而遁毒于四海，而二万里之地，而四万万之人，而二十六万种之物，遂成为至贫极窘之中国。不惟中国，彼非洲、澳洲[②]及中亚之回族，美洲之土番，印度、巫来由之杂色人，越南、缅甸、高丽、琉球之藩邦，其败亡之由，咸此而已矣。言静者，惰归之暮气，鬼道也；言俭者，龌龊之昏心，禽道也。率天下而为鬼为禽，且犹美之曰“静德俭德”，夫果何取也？

---

① “园桃”，原作“桃园”，据他本改。

② “澳洲”，原作“奥洲”，据《全编》本改。

二一

倡导机械化。由倡奢而倡兴机器，从而发扬民族资本主义。无论矿、农、工皆当广泛利用机器生产，由此贫民可富、经济可兴。且于理财而言，开源致富，而节流致贫。机器并不夺民之利，造物日丰、效率取代人力、时间成本节省只会增进国民富裕，而节省之成本又可投入加大机器投入之后的其他产业，则无失业之忧患。物价上涨亦非夺民之利，而使小民收入更丰。机器运用亦可解放生产力，使人力成本上涨、人民受益。静、俭致惰致愚，久之将破国亡种。

夫岂不知奢之为害烈也，然害止于一身家，而利十百矣。锦绣珠玉栋宇车马歌舞宴会之所集，是固农工商贾从而取赢，而转移执事者所奔走而趋附也。楚人遗弓，楚人得之，孔子犹叹其小。刘蓍而遗簪，田妇方且不惜。奈何思[①]垄断天下之财，惄不一散以沾润于国之人也？即使流弊所极，利不胜害，

① “思”，国民报社本、文明书局本作“私”。

不犹愈于坚握生民之大命,死之于鄙吝猥陋之小夫哉?然欲求百利而无一害,抑岂无道以处此?必令于富者曰:“而瘁而形,而劬而力,而以而有[①]之积蓄,而悉以散诸贫无赀者”,则为人情所大难。夫[②]亦孰为必使之散之哉?且将大聚之,在流注灌输之间焉耳。有矿焉,建学兴机器以开之,凡[③]辟山、通道、浚川、凿险咸视此。有田焉,建学兴机器以耕之,凡材木、水利、畜牧、蚕织咸视此。有工焉,建学兴机器以代之,凡攻金、攻木、造纸、造糖[④]咸视此。大富则为大厂,中富附焉,或别为分厂。富而能设机器厂,穷民赖以食[⑤],物产赖以盈,钱币赖以流通,己之富亦赖以扩充而愈厚。不惟无所用俭也,亦无所用其施济;第就天地自有之利,假吾力焉以发其覆,遂至充溢溥遍而收博施济众之功。故理财者慎毋言节流也,开源而已。源日开而日亨,流日节而日困。始之以困人,终必困乎己。犹大旱之岁,土山焦,金石流,惟画守蹄涔之涓涓,谓可私于己,果可私[⑥]于己乎?则孰若浚清渠,激洪波,引稽天之泽,苏渺莽之原,人皆蒙惠,而己固在其中乎。然而昧者闻之,又将反其实,曰:“机器夺民之利。”噫!何不观于欧、美诸洲而一绳其得失也。今且诘之曰:“民之贫也,贫于物产之饶乎?抑贫于物产之绌乎?求富民者,将丰其物产以富之乎?抑耗其物产以

---

① “而有”,原作“有而”,据国民报社本、《全编》本、文明书局本改。

② “夫”,国民报社本、文明书局本作“如”。

③ “凡”,国民报社本、文明书局本脱。

④ “糖”,国民报社本、文明书局本作“糠”。

⑤ “食”,国民报社本、文明书局本作“养”。

⑥ “私”,《清议报》本作“施”。

富之乎?”彼必曰:“饶富而耗贫。”又诘之曰:“百人耕[①]而养一人,与一人耕而养百人,孰为饶?孰为耗?”彼必曰:“耕一养百者耗,耕百养一者饶。”然则机器果[②]不容缓矣。用货之生齿,远繁于昔;而出货[③]之疆土,无辟于今。其差数无异百之于一也。假而有货焉,百人为之不足,用机器则一人为之有余,是货百饶于人也。一人百日为之不足,用机器则一人一日为之有余,是货百饶于日也。日愈益省,货愈益饶,民愈益富。饶十则富十倍,饶百则富百倍。虽不识九九之人,不待布算之劳,可定其比例矣。人特[④]患不能多造货物以广民利耳。或造矣而力未逮,或逮矣而时不给。今用机器,则举无虑焉,其为功于民何如哉!称天之德,不过曰造物而已,而曰夺民利,何耶?且所省之人工日工,又将他有所兴造,利源必推行日广,岂有失业坐废之虞。譬之一家焉,伯制器,仲贩运[⑤],叔耕以供养,季织以供衣。若用机器助力,伯所制器必加多;用机器运物,仲又舍其贩运而增制器[⑥];机器无衣食之费,叔、季初不加其供亿,益将委耕织于机器而增制器,以视向者所获,不既多乎?难者又曰:“机器兴,物产饶,物价宜廉矣,而欧、美反贵者[⑦],何也?”曰:此机器之所以利民也。小民穷岁月之力,拮

① “耕”,《全编》本误作“耗”。
② “果”,国民报社本、文明书局本作“固”。
③ “货”,《全编》本作“资”。
④ “特”,原作“恃”,据他本改。
⑤ “贩运”,文明书局本作“运贩”。
⑥ “器”,国民报社本、文明书局本作“机器”。
⑦ “者”,原作“矣”,据他本改。

据辛劳[①]，以成一物，岂不欲器[②]多得值哉？而价止于此，此其可哀甚矣。盖物价之贵贱，隐视民命之重轻以为衡。治化隆美之世，民皆丰乐充裕，爱惜生命，不肯多用人力，人亦从而爱惜之焉[③]，故创造一物，即因其力之可贵而贵之。苟或不贵，固不急于[④]求售，亦将不复造。且民皆富矣，虽多出值复何吝？然非机器，又何由皆富厚若此？机器用[⑤]而物价贵，又以见机器果[⑥]非夺民利矣。中国之民，至鬻其身以为奴隶，驱使若犬羊，系役类重囚，然尚为美国、南洋所迫逐，而不遑得食。身且如此，更何论所造之物？此所以虽贱极犹莫能售也。乃今之策士又曰："中国醇俗庞风，为不可及也。工价之廉，用度之俭，足以制胜于欧、美。"转若重为欧、美忧者。嗟乎，此何足异！中国守此不变，不数十年，其醇其庞，其廉其俭，将有食槁壤[⑦]，饮黄泉，人皆饿殍，而人类灭亡之一日。何则？生计绝，则势必至于此也。惟静故惰，惰则愚；惟俭故陋，陋又愚。兼此两愚，固将杀尽含生之类而无不足。故静与俭，皆愚黔首之惨术，而挤之于死也。夫以欧、美治化之隆，犹有均贫富之党，轻身命以与富室为难，毋亦坐拥厚资者，时有褊之心以召之欤？则俭之为祸，视静弥酷矣。

① "辛劳"，国民报社本、文明书局本作"卒劳"。
② "器"，国民报社本、文明书局本脱。
③ "之焉"二字，国民报社本、文明书局本作"生命"。
④ "于"，国民报社本、文明书局本脱。
⑤ "用"，国民报社本、文明书局本作"兴"。
⑥ "果"，国民报社本、《全编》本、文明书局本作"固"。
⑦ "槁壤"，原作"稿壤"，据《全编》本改。

二二[①]

机械化可致国富民饶。机器的最大意义在于惜时，可使一年之获利变为一日之获利，时间成本减少而民可致富。时间久而物价跌，创新物而价值涨。国贫则民喜廉价物品，根源还在不懂惜时和无机器生产，尚俭之根源在于物资匮乏。封建社会君权盛、物资匮而盘剥黎民；资本主义社会民权兴、国富饶而利益平均。治平之世人人皆有奢之资本，进而发扬人之天性，追求更好生活。终因物产极大丰富、见多识广而淡泊物质名利，而物资贫乏则会导致人欲横流、盗匪猖獗。

假资于人而岁责子金百之一，世必谓之薄息矣；易以月则厚，易以日则愈[②]厚，是犹一与十二与三百六十之比也。执业[③]于肆，岁成一器，虽获利百之十，世犹谓之贱工矣。易岁以

① 本篇国民报社本、文明书局本接排于前文。

② “愈”，《全编》本脱。

③ “业”，他本作“艺”。

日，富莫大焉，犹十与三百六十之比也。稗贩于千里之外，岁一往还，虽获利十之二，世犹谓之窘贾矣。岁百往还，则猗顿[1]莫尚焉，犹二与百之比也。故[2]货财之生，生于时也。时縻[3]货财歉，时啬货财丰，其事相反，适以相成。机器之制与运也，岂有他哉？惜时而已。惜时与不惜时，其利害相去，或百倍，或千倍，此又机器之不容缓者也。时积而成物，物积而值必落，于是变去旧法，别创新物。以新而救积，童子入市，知所决择焉，而值自上；又有新者，值又上。人巧奋，地力尽，程度谨于国，苦窳绝于市，游惰知所警，精良遍于用。西人售物于中国，则以其脆敝者，云中国喜贱值也。喜贱值由于国贫，国贫由于不得惜时之道，不得惜时之道由于无机器。然则机器兴而物价贵，斯乃治平之一效矣。治平进而不已，物价亦进而不已。衰国之民，饔飧不给，短褐不完，虽有精物，无能承受。而不解事之腐儒，乃曰天地生财，止有此数，强抑天下之人，使拂性之本然，而相率出于俭。物价自不能违其俭，而孤以腾踊。其初以人谋之不臧，而诿过于天；其继[4]窒天生之富有，而以制人[5]。自俭之名立，然后君权日以尊，而货弃于地，亦相因之势然也。一旦衔勒去，民权兴，得以从容谋议，各遂其生，各均其利，杼轴繁而悬鹑之衣绝，工作盛而仰屋之叹消。矿禁弛，谁不轻其金钱；旅行速，谁不乐乎游览？复何有俭之可言哉？且

---

① “猗顿”，原作“倚赖”，《清议报》本同，《全编》本作“倚顿”。据国民报社本、文明书局本改。

② “故”，他本作“故夫”。

③ “縻”，文明书局本作“糜”。

④ “继”，国民报社本、文明书局本作“继以”。

⑤ “而以制人”，国民报社本、文明书局本作“而挟以制人”。

验之币政①，又有然矣。上古之时，以有易无，无所谓币也。风化渐开，始有用贝代币者。今美洲土番，犹有螺壳钱，即中国古时之贝，可为风化初开之证。久之，民智愈启，始易以铜；又久之，易以银；今西国又进而用金。使风化更开，必将舍金而益进于上。夫治平至于人人皆可奢，则人之性尽；物物皆可贵，则物之性亦尽。然治平至于人人可奢，物物可贵，即无所用其歆羡畔援，相与两忘，而咸归于淡泊。不惟奢无所眩耀，而奢亦俭，不待勉强而俭，岂必遏之塞之，积疲苦之②极，反使人欲横流，一发不可止，终酿为盗贼凶叛、攘夺篡弑之祸哉。故私天下者尚俭，其财偏以壅，壅故乱；公天下者尚奢，其财均以流，流故平。

① “币政”，国民报社本、文明书局本误作“弊政”。

② “之”，国民报社本、文明书局本作“反”。

二三[1]

通商与仁通。一国人口愈多则本国物力负担愈重，故通商为各国间“相仁之道”与“两利之道”。彼时中国工艺落后不善制造，虽矿产丰富但金银并不如货物实用，通商实为两利。重税拒通商实乃阻塞“仁通”之道，久之必亡国。通商仅为“仁通”之一端，通与仁紧密相扣。

夫财均矣，有外国焉，不互相均，不足言均也。通商之义，缘斯起焉。西人初亦未达此故，以谓通商足以墟人之国，恐刮取其膏血[2]以去，则柴立而毙也。于是有所谓保护税者，重税外人之货，以阴[3]拒其来。邻国不睦，或故苛其税，藉以相苦，因谓税务亦足以亡人国也。而其实皆非也。一父有数子，数

① 本篇原接排于前文，据他本另起。

② “膏血”，国民报社本、文明书局本作“脂膏”。

③ “阴”，原作“除”，据国民报社本、《全编》本、文明书局本改。

传之后，将成巨族。西人详稽夫家之登耗[①]，每一岁中，生死相抵，百人可多一人，使无水旱札[②]疠兵戈及诸灾眚，不数十年，本国之物产必不能支。将他辟新土，而势处于无可辟，则幸而有外国之货物输入而弥缝之，不啻为吾之外府，而岁效其土贡，且又无辟地之劳费。自然之大利，无便于此者。故通商者，相仁之道也，两利之道也，客固利，主尤利也。西人商于中国，以其货物仁我，亦欲购我之货物以仁彼也，则所易之金银将不复持去；然辄持去者，谁令我之工艺不兴，商贾不恤，而货物不与匹敌乎？即令中国长此黖黯，无工艺，无商贾，无货物，又未尝不益蒙通商之厚利也。己既不善制造，愈不能不仰给于人，此其一利矣。彼所得者金银而已，我所得者千百种之货物；货物必皆周于用，金银则饥不可食而寒不可衣。以无用之金银，易有用之货物，不啻[③]佣彼而为我服役也，此又一利也。或以为金银即货物，金银竭，货物亦亡。是无矿之国，则可云尔矣。中国之矿，富甲地球，夫谁掣其肘，攦其指，不使其民采之取之，而仅恃已出之支流，以塞无当之玉卮[④]乎？此之不明，而曰[⑤]以通商致贫，蓄怨毒于外国，不自振奋而偏巧于推咎，惰者固莫不然[⑥]也。夫彼以通商仁我，我无以仁彼，既足愧焉；曾

① “详稽夫家之登耗”，《全编》本作“详稽夫家之丰耗”，国民报社本、文明书局本作“因详稽家之丰耗”。

② “札”，国民报社本、《全编》本、文明书局本作“沴”。

③ “不啻”，国民报社本、《全编》本、文明书局本下有“出货”二字。

④ “无当之玉卮”，国民报社本、《全编》本作“无当之漏卮”，文明书局本作“无穷之漏卮”。

⑤ “曰”，原作“日”，据国民报社本、《全编》本、文明书局本改。

⑥ “然”，《全编》本作“为”。

不之愧而转欲绝之，是以不仁绝人之仁。且绝人之仁于我，先即自不仁于我矣。绝之不得，又欲重税以绝之。税固有可重者，徒重税亦乌能绝之哉？英人尝重税麦入矣，卒以大困，旋去其税，惟重税其不切民用者。故凡谓以商务、税务取人之国，皆西人之旧学也。彼亡国者，别有致亡之道，即非商与税，亦必亡也。印度、南洋群岛，岂有一可不亡之政哉？阅历久而利害审，今且悉变其说焉。且夫绝其通商，匪惟理不可也，势亦不行。今之吴、楚，古之蛮夷也，自河南、山东视之，俨然一中外①。骤使画江而守，南不至北，北不至南，日用饮食各取于其地，毋②一往来焉，能乎不能乎？况轮船铁路电线德律风之属，几缩千程于咫尺，玩地球若股掌，梯山航海，如履户阈，初无所谓中外之限，若古之夷夏，更乌从而绝之乎？为今之策，上焉者，奖工艺，惠商贾，速制造，蕃货物，而尤扼重于开矿。庶彼仁我，而我亦有以仁彼。能仁人，斯财均，而己亦不困矣。次之，力不足③仁彼，而先求自仁，亦省彼之仁我。不甘受人仁者，如能仁人④，既省彼之仁我，即以⑤舒彼仁我之力，而以舒之者仁之矣。不然，日受人之仁，安坐不一报，游惰⑥困穷，至于为人翦灭屠割，揆之上天报施之理，亦有宜然焉耳。夫仁者，通人我之谓也；通商仅通之一端，其得失已较然明白若此。故莫仁于通，莫不仁于不通。

---

① “中外”，国民报社本、文明书局本后有“也”字。

② “毋”，国民报社本、文明书局本作“不”。

③ “不足”，国民报社本、文明书局本作“即不足”。

④ “如能仁人”，国民报社本、《全编》本、文明书局本作“始能仁人”。

⑤ “以”，国民报社本、文明书局本作“已”。

⑥ “游惰”，原作“割惰”，盖涉下“屠割”而误。据他本改。

二四[①]

科技可延年。轮船铁道有惜时延年之功，先进科技在一定程度上延长人之寿命；相反累月行程、经年途耗皆是浪费光阴之因。对于科技之运用则可使时间成本缩短，成就翻倍。西人广用机器，中国则繁文缛节、冗余名目，故造成差距。

惜时之义大矣哉！禹惜寸阴，陶侃惜分阴。自[②]天子之万机，以至于庶人之一技，自圣贤之功用，以至于庸众之衣食，咸自惜时而有也。自西人机器之学出，以制以运，而惜时之具乃备。今第即运言之，执途人而语之曰："轮船铁道，可以延年永命，无则短祚促龄。"鲜不笑其妄矣，而非妄也。有万里之程焉，轮船十日可达，铁道则三四日。苟无二者，动需累月经年，犹不可必至。此累月经年中[③]，仕宦废其政[④]，工商滞其货殖，

① 本篇原接排于前文，据他本改。
② "自"，底本、《清议报》本上衍"除"字。
③ "中"，他本作"之中"。
④ "政"，国民报社本、文明书局本作"政事"。

学子荒其艺文,佣走隳其生计,劳人伤于行役,思妇叹于室庭。缅山川之履綦,邈音书而飞越,寒暑异候,盗发不时,此父母兄弟骨肉朋友之亲、死生契阔离别忧悲之什所由作焉。坐此仆仆无所事事之气体,虽生而无所裨生人之业,则生不异于死,是此经年累月之命短焉矣。由此类推,无往而非玩时愒日,即幸而得至百年,无形中已耗其强半。又况军务之不可迟而迟,赈务之不容缓而缓。豪杰散处,而无以萃其群;百产弃置,而无以发其采:固明明有杀人杀物之患害者乎[①]。有轮船铁路,则举无虑此。一日可兼十数日之程,则一年可办十数年之事。加以电线邮政机器制造,工作之简易,文字之便捷,合而计之,一世所成就,可抵数十世,一生之岁月,恍阅数十年。志气发舒,才智奋起,境象宽衍,和乐充畅,谓之延年永命,岂为诬乎?故西国之治,一旦轶三代而上之,非有他术,惜时而时无不给,犹一人并数十人之力耳。《记》曰:"为之者疾。"惟机器足以当之。夫惜时之效若此,不惜时之害若彼。语曰:"化世之日舒以长,乱世之日促以短。"有具以惜之,与无具以惜之,治乱之大闲,闲于此也。若夫微生灭之倏过乎前,与不生不灭相纬而成世界,因而有时之名。于此而不惜,乾坤或几乎息矣。今不惟不惜,反从而促之,取士则累其科目,用人则困以年资,任官则拘于轮委,治事则繁为簿书,关吏则故多留难,盐纲则抑使轮销,皆使天下惟恐时之不疾驰以去也。嗟乎!时去则岂惟亡其国,将并其种而亡之,抑岂惟存亡为然哉?宣尼大智,至七十而从心;善财凡夫,乃一生而证果。然则惜时之义,极之成佛成圣而莫能外。

---

① "乎",国民报社本、文明书局本作"矣"。

二五

佛教八识孰内孰外。不生不灭是天地万物之本相，是“仁之体”。本篇由追溯“天地万物之始”，由“一泡”而“圆体”，进而万物条理、微生物草虫，猩猿人类。借唯识宗将世界誉为阿赖耶识之显现，生灭为人之妄见；借华严宗论证人与万物“非内非外”，相互涵摄、圆融无碍。将“不生不灭”从佛学“八不”中提炼而出，色相、爱憎均非本心，生灭即为不生不灭，世界万物皆应“融化为一”，最终指向第十六篇中的“无我”。

微生灭乌乎始？曰：是难言也。无明起处，惟佛能知。毛道不定，曷克语此？虽然，吾试言天地万物之始，洞然窅然，恍兮忽兮，其内无物，亦无内外。知其为无，则有无矣；知其有无，是亦有矣。俄而有动机焉，譬之于云，两两相遇，阴极阳极，是生两电，两有异同，异同攻取，有声有光，厥名曰雷。振微明玄，参伍错综，而有有矣。有有之生也，其惟异同攻取乎？其成也，其惟参伍错综乎？天地万物之始，一泡焉耳。泡分万泡，如镕金汁，因风旋转，卒成圆体。日又再分，遂得此土。遇冷而缩，由缩而干；缩不齐度，凸凹其状，枣暴果暵，或[①]乃有纹，纹亦有理，如山如河。缩疾干迟，溢为洚水[②]；干更加缩，水始归墟。沮洳郁蒸，草蕃虫蜎，璧[③]他利亚，微植微生，螺蛤蛇龟，渐具禽形。禽至猩猿，得人七八。人之聪秀，后亦胜前。恩怨纷结，万生万灭[④]，息息生灭，实未尝生灭，见生灭者，适成唯识。即彼藏识，亦无生灭，佛与众生，同其不断。忽被七识所执，转为我相。执生意识，所见成相。眼耳鼻舌身，又各有见，一一成相。相实无枉受薰习，此生所造，还入藏识，为来生因。因又成果，颠倒循环，无始沦滔。沦滔不已，乃灼然谓天地万物矣。天地乎，万物乎，夫孰知其在内而不在外乎？虽然，亦可反言之曰：心在外而不在内。是何故乎？心之生也[⑤]，必有缘，必有所缘。缘与所缘，相续不断。强不令缘，亦必缘空。但有彼此迭代，竟无脱然两释。或缘真，或缘妄，或缘过去，或缘未来。非皆[⑥]依于真天地万物乎，妄天地万物乎，过去之天地万物乎，未来之天地万物乎？世则既名为外矣，故心亦在外，非在内也。将以眼识为在内乎？眼识幻而色，故好色之心，非在内也。心栖泊于外，流转不停，寖至无所栖泊，执为大苦。偶于色而一驻焉，方以得所栖泊为乐。其令栖泊偶久者，诧以为美，亦愈以为乐。然而既名之栖

---

① “或”，原在“枣暴果暵”之前，据国民报社本、《全编》本、文明书局本改。

② “洚水”，国民报社本、《全编》本、文明书局本作“洪水”。

③ “璧”，《全编》本作“壁”。

④ “万生万灭”，国民报社本、《全编》本、文明书局本作“方生方灭”。

⑤ “心之生也”，国民报社本、文明书局本前有“曰”字。

⑥ “皆”，国民报社本、文明书局本作“比”，盖因坏字而误。

泊矣，无能终久也。栖泊既厌，又转而为[①]之他。凡好色若子女玉帛，若书画，若山水，及一切有形，皆未有焉[②]。好其一而念念不息者，以皆非本心也，代之心也。何以知为代？以心所本无也。推之耳鼻舌身，亦复如是。吾大脑之所在，藏识之所在也。其前有圆洼焉，吾意以为镜，天地万物毕现影于中焉。继又以天地万物为镜，吾现影于中焉。两镜相涵，互为容纳，光影重重，非内非外。

---

① “为”，国民报社本、文明书局本脱。

② “焉”，国民报社本、文明书局本脱。

二六

转识成智。认识的途径为转识成智(《界说》第九将灵魂归属智慧,体魄归属业识),其过程为:前五识转为成所作智,第六识转为妙观察智,第七识转为平等性智,第八识转为大圆镜智,仁遂得以实现,终破除我执以达无我。《大学》(格物、致知、诚意、正心、修身、齐家、治国、平天下)与唯识宗八识(眼、耳、鼻、舌、身、意、意根、阿赖耶)亦可对应,不仅六经与四智对应,人之年岁累加亦是转识成智之过程,由此儒、佛理同可通也。

其谓有始者,乃即此器。世间一日一地球云尔,若乃日、地未生之前,必仍为日、地,无始也;日、地既灭之后,必仍为日、地,无终也:以以太固无始终也。以太者,亦唯识之相分,谓无以太可也。既托言以太矣,谓以太有始终不可也。然则识亦无终乎?曰:识①,无始也,有终也。业识转为智慧,是识之终矣。吾闻□□之讲《大学》,《大学》盖唯识之宗也。唯识

① “识”,国民报社本、《全编》本、文明书局本作“识者”。

之前五识，无能独也，必先转第八识；第八识无能自转也，必先转第七识；第七识无能遽转也，必先转第六识；第六识转而为妙观察智，《大学》所谓致知而知至[①]也。佛之所谓知，意识转然后执识可转，故曰："欲诚其意者，必先致其知。"致知藉乎格物；致知[②]者，万事之母。孔曰："下学而上达也。"朱紫阳补格致传，实用《华严》之五教。《华严》，小教小学也，非《大学》所用。其四教者，"《大学》始教，必使学者即天下之物，莫不因其已知之理而益穷之"，始教也；"以求至乎其极"，终教也；"至于用力之久，而一旦豁然贯通焉"，顿教也；"则众物之表里精粗无不到，而吾心之全体大用无不明矣"，圆教也。无论何事，要必自格致始，此之谓妙观察智。第七识转而为平等性智，《大学》所谓诚意而意诚也。佛之所谓执，孔之所谓意。执识转然后藏识可转，故曰："欲正其心，必先诚其意。"执者，执以为我也，意之所以不诚，亦以有我也。惟平等然后无我，无我然后无所执而名为诚。"所谓诚其意者，毋自欺也。"以我欺我也。"如恶恶臭，如好好色。"当其好恶之，诚不知有我也。"小人闲居为不善，无所不至，见君子而后厌然，掩其不善而著其善。"不惟有我，且有二我也。"人之视己，如见其肺肝然。"灼然见其有我也。欲其无我，必修止观。"君子必慎其独"，孔门之止也。曾子"十目所视，十手所指，其严乎"，孔门之观也。十手十目，佛所谓之千手千眼。千之与十，又何别焉？又以见人十能之己千之也。此之谓平等性智。第八识转而为大圆镜智，《大学》所谓正心而心正也。佛之所谓藏，孔之所谓心。藏识转然后前五识不待转而自

---

① "知至"，原作"至知"，据国民报社本、《全编》本、文明书局本改。

② "致知"，国民报社本、文明书局本上有"格物"二字。

转。故曰:“欲修其身者,必先正其心。”心一有所,即不得其正,亦即有不在焉。藏识所以为无覆无记。心正者无心,亦无心所,无在而无不在,此之谓大圆镜智。前五识转而为成所作智,《大学》所谓修身而身修也。佛之所谓眼耳鼻舌身,孔皆谓之身。孔告颜以四勿,第就视听言动言之,其直截了当如是,可知颜之藏识已转也。藏识转,始足以为仁。三月不违,不违大圆镜智也。曰三月者,孔自计观颜之时,至于三月之久也。观之三月之久,不见其违,可信其终不违也。“其余日月至焉”,第七识之我执犹未断也。至若前五识皆转,无所往而非仁,齐家治国平天下不足言也,故“壹是皆以修身为本”。此之谓成所作智。夫孔子大圣,所谓初发心时即成正果,本无功夫次第之可言。若乃现身说法,自述历历,亦诚有不可诬者。十五志学也者,亦自意诚入手也;三十而立,意已一而不纷矣,然犹未断也;四十不惑,意诚转为妙观察智矣;五十知天命,我执断矣,然犹有天命之见存,法执犹未断也;六十耳顺,法执亦断,为平等性智矣;七十从心所欲不逾矩,藏识转为大圆镜智矣。转识成智,盖圣凡之所同也。智慧者,孔谓之道心;业识者,孔谓之人心。人心外无道心,即无业识,亦无由转成智慧。王船山曰:天理即在人欲之中,无人欲则天理亦无从发见,最与《大学》之功夫次第合,非如紫阳人欲净尽之误于离、姚江满街圣人之误于混也。且[①]《大学》又与四法界合也:格物,事法界也;致知,理法界也;诚意正心修身,理事无碍法界也;齐家治国平天下,事事无碍法界也。夫惟好学深思,六经未有不与佛经合者也,即未有能外佛经者也。

① “且”,他本作“且夫”。

二七[1]

三教皆由变而求平等。上篇至本篇，由"平等性智"正式提及"平等"。以天压制人，故生不平等。三教出，次序为佛教大于孔教大于耶教。借儒教首次抨击礼教三纲中之君为臣纲，讽喻代表不平等的单方面忠义而彰民主；借耶教人人皆为天父之子而彰人权；以佛教改变人等划分而彰平等。三教共通之原则为变不平等为平等，最终由变教引申至变法。

□□□曰："三教其犹行星[2]轨道乎？"佛生最先，孔次之，耶又次之。乃今耶教则既昌明矣，孔教亦将引厥绪焉，而佛教仍晦盲[3]如故。先生之教主，教反后行；后生之教主，教反先行，此何故欤？岂不以轨道有大小、程途有远近，故[4]运行有久暂而出见有迟速哉？佛教大矣，孔次大，耶为小。小者先行，

① 本篇他本皆未另起一篇而接排于前文。

② "行星"，他本后有"之"字。

③ "晦盲"，原作"晦肓"，据国民报社本、《清议报》本改。

④ "故"，他本作"即"。

次宜及孔，卒乃及佛，此其序矣。□□□曰："佛其大哉，列天于六道[①]，而层累于其上。孔其大哉，立元以统天。耶自命为天已耳，小之，其自为也。"虽然，其差如此，而其变不平等教为平等则同，三教殆皆源于婆罗门乎？以同一言天，而同受压于天也。天与人不平等，斯人与人愈不平等。中国自绝地天通，惟天子始得祭天。天子既挟一天以压制天下，天下遂望天子俨然一天，虽胥天下而残贼之，犹以为天之所命，不敢不受。民至此乃愚入膏肓[②]，至不平等矣。孔出而变之，删《诗》、《书》，订《礼》、《乐》，考文字，改制度，而一寓其权于《春秋》。《春秋》恶君之专也，称天以治之，故天子诸侯，皆得施其褒贬，而自立为素王。又恶天之专也，称元以治之，故《易》、《春秋》皆以元统天。《春秋》授之公羊，故《公羊传》多微旨，然旨微犹或弗彰也；至于佛肸、公山之召而欲往，孔子之心见矣。后儒狃于君主暴乱之法，几疑孔为从逆，而辍遗经大[③]义而不讲，彼乌知君者公位也。庄子曰："时为帝。"又曰："递相为君臣[④]。"人人可以居之。彼君之不善，人人得而戮之，初无所谓叛逆也。叛逆者，君主创之以恫喝天下之名。不然，彼君主未有不自叛逆来者也。不为君主，即詈以叛逆；偶为君主，又谄以帝天。中国人犹自以忠义相夸示，真不知世间有羞耻事矣。夫佛肸、公山之召而欲往，犹民主之义之仅存者也，此孔之变教也。泰西自摩西造律，所谓十诫者，偏倚于等威名分，言[⑤]天

① "列天于六道"，文明书局本作"列天下六道"。

② "膏肓"，《全编》本误作"膏盲"。

③ "大"，原脱，据他本补。

④ "君臣"，国民报社本、文明书局本后衍一"国"字。

⑤ "言"，原作"之"，盖草书形误，据他本改。

则私之曰以色列之上帝，而若屏环球于不足道，至不平等矣。耶出而变之，大声疾呼，使人人皆为天父之子，使人人皆为天之一小分，使人人皆有自主之权，破有国有家者之私，而纠合同志以别立天国，此耶之变教也。印度自喀私德①之名立，分人为四等，上等者世为君卿大夫士，下等者世为贱庶奴虏，至不平等矣。佛出而变之，世法则曰平等，出世法竟愈出天之上矣，此佛之变教也。三教不同，同于变；变不同，同干平等。

① "喀私德"，原作"喀私法"，《清议报》本作"喀秋德"，皆误。据国民报社本、《全编》本改。

二八

> **三教与三世说。** 以公羊三世说衡量三教，则儒教为据乱世之君统，耶教为升平世之天统，佛教为太平世之元统。三教教主并无等级，法身实则为一，拜其一则皆拜之。

由前之说，佛其至矣；由后之说，孔、佛皆至矣。然而举不足以定其等级也。何也？凡教主之生也，要皆际其时，因其势，量众生之根器，而为之现身说法。故教主之不同，非教主之有等级也。众生所见者，教主之化身也，其法身实一矣。今试断章取义，则《景教流行中国碑》之"强名言兮演三一"，可为三教之判语。乃夫本三[①]而卒不一，则众生之为之，而教主亦会有不幸也。以《公羊传》三世之说衡之，孔最为不幸。孔之时，君主之法度既已甚密而且[②]繁，所谓伦常礼义，一切束缚箝制之名，既已浸渍于人人之心，而猝不可与革，既已为据乱

① "三"，国民报社本、《全编》本、文明书局本作"一"。
② "且"，国民报社本、文明书局本作"孔"。

之世,孔无如之何也。其于微言大义,仅得托诸既[1]晦之辞,而宛曲虚渺,以著其旨。其见于雅言,仍不能不牵率于君主之旧[2],亦止据乱之世之法已耳。据乱之世,君统也,后之学者不善求其指归,则辨上下,陈高卑,懔天泽,定名位,只见其为独夫民贼之专资耳矣[3]。耶次不幸。彼其时亦君主横恣之时也,然而礼仪等差之相去,无若中国之悬绝,有升平之象焉,故耶得伸其天治之说于升平之世而为天统也。然亦为其旧教所囿,尢能更出于天之上者也。由今观之,其称阿罗诃天主,则《成唯识论》执一大自在,天之法执也;称灵魂永生,又近外道之神教也。惟佛独幸,其国土本无所称历代神圣之主,及摩西、约翰、禹、汤、文、武、周公[4]之属,琢其天真,漓其本朴,而佛又自为世外出家之人,于世间无所避就,故得毕伸其大同之说于太平之世而为元统也。夫大同之治,不独父其父,不独子其子;父子平等[5],更何有于君臣?举凡独夫民贼[6]所为一切[7]箝制束缚之名,皆无得而加诸,而佛遂以独高于群教之上。时然也,势不得不然也,要非可以揣测教主之法身也。教主之法身,一而已矣。□□□曰:"三教教主一也,吾[8]拜其一,则皆拜之矣。"斯言也,吾取之。

---

① "既",他本作"隐"。

② "旧",他本作"旧制"。

③ "专资耳矣",他本作"资焉矣"。

④ "禹、汤、文、武、周公"六字,原无,据他本补。

⑤ "父子平等",国民报社本、文明书局本作"父子且无"。

⑥ "民贼",原作"民族",据他本改。

⑦ "一切",他本作"一相"。

⑧ "吾",原作"共",据他本改。

二九

大盗与乡愿。本篇剖析君统历史来由，并首次激烈抨击三纲中之君为臣纲。孔子伸张民主，庄子诋毁君统，却不幸被荀学掺杂。荀败孔之道而尊君统，后又传之李斯。君主皆上下控制臣民，汉高祖、叔孙通、王莽、刘歆、汉光武帝、桓荣皆从之。君主专制终导致割据纷争局势，至唐宋虽达小康，又有唐太宗、韩愈、宋太宗、孙复继而术之，尊君卑民、割绝上下，孔教终无以再得真传。秦政为大盗，荀学乃乡愿，二者相互利用工媚、欺世盗名，共同以三纲压迫人性。

孔之不幸，又不宁惟是。孔虽当据乱之世，而黜古学，改①今制，托词寄义于升平、太平，未尝不三致意焉。今第观其据乱之雅言，既不足以尽孔教矣，况其学数传而绝，乃并至粗极贱者，亦为荀学搀杂，而变本加厉、胥失其真乎。孔学衍为两

① “改”，国民报社本、文明书局本作“考”。

大支:一为曾子传子思而至孟子[①],孟故畅宣民主之理,以竟孔之志;一由子夏传田子方而至庄子,庄故痛诋君主,自尧、舜以下[②],莫或免焉。不幸此两支者[③]皆绝不传,荀[④]乃乘间冒孔之名,以败孔之道。曰:“法后王,尊君统。”以倾孔学也。曰:“有治人,无治法。”阴防后人之变其法也。又喜言礼乐政刑之属,惟恐箝制束缚之兴之不至繁也[⑤]。一传而为李斯,而其为祸亦暴著于世矣。然而其为学也,在下者术[⑥]之,又[⑦]疾遂其苟富贵取容悦之心,公然[⑧]为卑谄侧媚奴颜婢膝而无伤于臣节,反以其助纣为虐者名之曰“忠义”;在上者术之,尤利取以尊君卑臣愚黔首,自放纵横暴而涂锢天下之人心。故秦亡而汉高帝术之于上:“从吾游者吾能尊显之”,君主之潜施其饵也。叔孙通术之于下:“今而后知皇帝之贵”,绵蕞[⑨]之导君于恶也。汉衰而[⑩]王莽术之于上,竟以经学行篡弑矣;刘歆术[⑪]之于下,又窜易古经以煽之矣。新蹶而汉光武术之于上:“吾以柔道治天下”,盖渐令其驯扰,而己得长踞之焉。桓荣术之于下:“车服,稽古之力也”,挟《尚书》以为稗贩[⑫],无所用耻

---

① “孟子”,原脱,据他本改。
② “下”,国民报社本、文明书局本作“上”。
③ “者”,国民报社本、文明书局本脱。
④ “荀”,原作“苟”,据他本改。
⑤ “兴之不至繁也”,他本作“具之不繁也”。
⑥ “术”,原作“述”,据国民报社本、《全编》本、文明书局本改。
⑦ “又”,原作“可”,据他本改。
⑧ “公然”,原作“公”,据他本补。
⑨ “绵蕞”,国民报社本、文明书局本作“绵蕝”。
⑩ “而”,原衍“生”,据他本删。
⑪ “术”,原作“述”,据他本改。
⑫ “稗贩”,原作“裨贩”,据他本改。

焉。如是者四百年，安得不召三国虎争，五胡[①]汤沸，南北分割之乱哉？至唐一小康矣，而太宗术之于上：“天下英雄，皆入吾彀中矣。”此其猜忌为何如耶[②]？韩愈术之于下：“君者出令者也，臣者行君之令而致之民者也，民[③]者出粟米麻丝作器皿通货财以事其上者也。”竟不达何所为而立君，显背民贵君轻之理，而谄一人，以犬马土芥乎天下。至于“臣罪当诛，天王圣明”，乃敢倡邪说以诬往圣，逞一时之谀悦[④]，而坏万世之心术，罪尤不可逭矣。至宋又一小康，而太宗术之于上，修《太平御览》之书，以消磨当世之豪杰。孙复术之于下，造《春秋尊王发微》，以割绝上下之分，严立中外之防，惨鸷刻核，尽窒生民之灵思，使[⑤]不可复动，遂开两宋南北诸大儒之学派，而诸大儒亦卒莫能脱此牢笼，且弥酷而加厉焉。呜呼，自生民以来，迄宋而中国乃真亡矣！天乎，人乎，独不可以深思而得其故乎？至明而益不堪问，等诸自郐以下可也，虑[⑥]皆转相授受，自成统绪，无能稍出宋儒之胯下，而一睹孔教之大者。其在上者，亦莫不极崇宋儒，号为洙泗之正传，意岂不曰宋儒有私德大利于己乎？悲夫，悲夫！民生之厄，宁有已时耶？故常[⑦]以为二千年来之政，秦政也，皆大盗也；二千年来之学，荀学也，皆乡愿

---

① “五胡”，原作“五湖”，据他本改。

② “耶”，他本作“邪”。

③ “民”，原作“政”，据他本改。

④ “悦”，他本作“说”。

⑤ “使”，原作“佚”，据他本改。

⑥ “虑”，他本作“类”。

⑦ “常”，文明书局本作“當”。

也。惟大盗利用乡愿，惟乡愿工媚大盗，二者交相资[1]，而罔不托之于孔。被[2]托者之大盗乡愿，而责所托之孔，又乌能知孔哉？

---

① “交相资”，他本衍作“相交相资”。

② “被”，他本作“执”。

三〇

正式批判君为臣纲。荀学提倡君权，并赋予无限权力，又明创三纲等不平等之法。三纲中君臣最为黑暗，异类窃国，孔教不复存在。耶教初立，以人权平等为要义，却被罗马教皇破坏之，后马丁·路德复兴耶教。儒教却尚无人复兴。

方孔之初立教也，黜古学，改今制，废君统，倡民主，变不平等为平等，亦汲汲然勤矣。岂谓为荀学者乃尽亡其精意而泥其粗迹，反授君主以莫大无限之权，使得挟持一孔教以制天下。彼荀学者，必以伦常二字诬为孔教之精诣，不悟其为据乱世之法也。且即以据乱之世而论，言伦常不[①]临之以天，已为偏而不全，其积重之弊，将不可计矣；况又妄益之以三纲，明创不平等之法，轩轾凿枘，以苦父天母地之人。无惑乎西人辄诋中国君权太重、父权太重、夫权太重[②]，而亟劝其称天以挽救

① "不"，他本作"而不"。

② "夫权太重"，他本脱。

之,至目孔教为偏畸不行之教也。由是二千年来[1]君臣一伦,尤为黑暗否塞,无复人理,沿及今兹[2],方愈剧矣。夫彼君主犹是耳目手足,非有两头[3]四目,而智力出于人人[4]也,亦果何所恃以虐四万万[5]之众哉?则赖乎早有三纲五伦字样,能制人之身者,兼能制人之心[6],如庄[7]所谓“窃钩者诛,窃国者侯”,田子成窃齐国,举仁义礼[8]智之法而并窃之也。窃之而同为中国之人,同为孔教[9]之人,不可有而可有也[10];奈何使素不知中国,素不识孔教之奇渥温、爱新觉罗[11]诸贱类异种[12],亦得凭陵乎蛮野凶杀之性气以窃中国。及既窃之,即以所从窃之法还制其主人,亦得从容腼颜,挟持所素不识之孔教,以压制所素不[13]知之中国矣,而中国犹奉之如天,而不知其罪。焚《诗》、《书》以愚黔首,不如即以《诗》、《书》愚黔首,嬴政犹钝[14]汉矣

---

① “来”,《清议报》本脱。

② “今兹”,原作“□□”,据他本补。

③ “头”,他本作“鼻”。

④ “人人”,他本脱一“人”字。

⑤ “四万万”,原作“□□□”,据他本补。

⑥ 此二句原脱“能制人之身者,兼”七字,据他本补。

⑦ “庄”,他本作“庄子”。

⑧ “礼”,他本作“圣”。

⑨ “孔教”,原作“乱教”,据他本改。

⑩ “不可有而可有”,他本作“不可言而犹可言”。

⑪ “奇渥温、爱新觉罗”,原无,《清议报》本作“□□□□□□□”,据国民报社本、《全编》本、文明书局本补,唯文明书局本“新”误作“親”。

⑫ “种”,《清议报》本作“类”。

⑬ “不”,原误作“所”,据他本改。

⑭ “犹钝”,原作“□□”,据他本补。

乎！彼为荀学而授君主以权，而愚黔首于死[①]，虽万被戮，岂能赎其卖孔[②]之辜[③]哉？孔为所卖，在天之灵，宜何如[④]太息痛恨；凡为孔徒者，又宜如何太息痛恨，而憖[⑤]不一扫荡[⑥]廓清之耶！且耶教之初亦犹是也，其立天国，其[⑦]予人以自主之权，变去诸不平等者以归于平等，犹孔之称天而治也。教未及行，不意罗马教皇者出，即藉耶之说，而私天于己，以制其人。虽国王之尊，任其废立，至舐手吮足以媚之；因教而兴兵者数百，战死数千百万人：犹孔以后君主之祸也。迄路德之党盛，而教皇始蹶，人始睹耶教之真矣。故耶教之亡，教皇亡之也；其复之也，路德之力也。孔教之亡，君主及有[⑧]君统之伪学亡之也；复之者尚无其人也，吾甚[⑨]祝孔教之有路德也。

---

① “而愚黔首于死”，《清议报》本、《全编》本脱“于死”，国民报社本、文明书局本脱“而”。

② “卖孔”，原作“□孔”，据他本补。

③ “辜”，他本作“罪”。

④ “何如”，他本作“如何”。

⑤ “憖”，他本作“竟”。

⑥ “扫荡”，原衍作“扫荡荡”，据他本删。

⑦ “其”，国民报社本、文明书局本作“即”。

⑧ “有”，他本作“言。”

⑨ “甚”，原作“正”，从他本。

卷　下[1]

① 按谭氏《自叙》称“分为二卷”,《亚东时报》本版心有“卷上”字样而无“卷下”,殆刊发时之误。又《亚东时报》本于此处接排,今从他本于此处分卷。

三一

君权非神授，死事不死节。 颠覆、解构君权存在的权威性与正当性。以黄宗羲、王船山直指君主存在之合理性，君权并非神授，最初为人民选举而出，故应为民办事；如若职责履行不力则应罢免换人；君主骄奢淫逸还让臣民誓死效忠之更为悖理。于臣民而言，应死事而非死节，不应被君主奴役。

君统盛而唐、虞后无可观之政矣，孔教亡而三代下无可读之书矣。乃若区玉检于尘编，拾火齐于瓦砾，以靳[①]万一有当于孔[②]，则黄梨洲《明夷待访录》其庶几乎。其次为王船山之遗书，皆于君民之际有隐恫[③]焉。黄出于陆、王，陆、王

① “靳”，他本作“冀”。

② “孔”，他本作“孔教者”。

③ “隐恫”，原作“□恫”，据他本补。

将缵蒙庄[①]之仿佛;王出于周、张,周、张亦掇邹峄之坠遗[②]。辄有一二闻于孔之徒,非偶然也。若夫与黄、王齐称,而名实相反、得失背驰者,则为顾炎武。顾出于程、朱,程、朱则荀[③]之云礽也,君统而已,岂足骂哉?夫君统亦[④]有何幽邃之义,而可深耽熟玩,至变易降衷之恒性,变易隆古之学术,至杀其身家,杀其种类,以宛转攀恋于数千年之久,而不思脱其轭耶?呜呼,盍亦反其本矣!生民之初,本无所谓君臣,则皆民也。民不能相[⑤]治,亦不暇治,于是共举一民为君。夫曰共举之,则非君择民,而民择君也。夫曰共举之,则其分际又非甚远于民,而不下侪于民也。夫曰共举之,则因有民而后有君,君末也,民本也。天下无有因末而累及本者,亦岂可因君而累及民哉?夫曰共举之,则且必可共废之[⑥]。君也者,为民办事者也;臣也者,助办民事者也。赋税之取于民,所以办[⑦]民事之资也。如此而事犹不[⑧]办,事不办而易其人,亦天下之通义也。观夫乡社赛会,必择举一长,使治会事,用人、理财之权咸隶焉。长不足以长则易之,虽愚夫愿农[⑨],犹知其然矣;何独于君而不然?岂谓举之戴之,乃以

---

① “缵蒙庄”,原脱“缵”字,据他本补。然他本脱“蒙”字。

② “掇邹峄之坠遗”,后原衍一“绪”字,据他本删。“掇邹峄”,他本作“缀孟”。

③ “荀”,他本作“荀学”。

④ “亦”,他本脱。

⑤ “相”,原作“於”,据他本改。

⑥ 此句原作“且必可共废之君”,据他本改。

⑦ “办”,他本作“为办”。

⑧ “犹不”,原作“不犹”,据他本改。

⑨ 此句《清议报》本、《全编》本作“虽愿农愚妇”。

竭天下之身命膏血，供其盘乐怠傲[①]，骄奢而淫杀乎？供一身之不足，又滥纵其百官，又欲传之世世万代[②]子孙，一切酷毒不可思议之法，由此其繁兴矣。民之俯耳帖尾[③]，恬然坐受其鼎镬刀锯，不以为怪，固已[④]大可怪矣，而君之亡犹欲[⑤]为之死节。故夫死节之说，未有若[⑥]是之大悖者矣。君亦一民也，且较之寻常之民而更为末也。民之于民，无相为死之理；本之与末，尤[⑦]无相为死之理。然则古之死节者，乃皆不然乎？请为一大占[⑧]断之曰："止有死事的道理，决无死君的道理。"死君者[⑨]，宦官宫妾之为爱，匹夫匹妇之为谅也。人之甘为宦官宫妾，而未免[⑩]于匹夫匹妇，又何诛焉？夫曰共举之，犹得曰吾死吾所举[⑪]，非死君也；独何以解于后世之君，皆以兵强马大力征经营而夺取之，本非自然共戴者乎？况又有满、汉种类[⑫]之见，奴役[⑬]天下者乎？夫彼奴役天下者，固甚乐民之为其死节矣。

---

① "傲"，《清议报》本作"敖"。

② "代"，原脱，据他本补。

③ "俯耳帖尾"，他本作"俯首帖耳"。

④ "已"，国民报社本、文明书局本作"曰"。

⑤ "欲"，《全编》本作"愿"，《清议报》本、国民报社本、文明书局本作"顾"。

⑥ "若"，他本作"如"。

⑦ "尤"，他本作"更"。

⑧ "大占"，他本作"大言"。

⑨ "死君者"，《清议报》本脱。

⑩ "未免"，他本作"不免"。

⑪ "举"，他本作"共举"。

⑫ "满、汉种类"，底本、《清议报》本作"□□□□"，据《全编》本、国民报社本、文明书局本补。

⑬ "奴役"，原作"收役"，据他本改。下一"奴役"同。

三二

忠诚。古来君王均以忠诚之名强行要求臣民。然而忠的真正含义当为真实、真诚、心无偏袒、中正不倚；忠诚应为相互关系，而非臣民单方面忠诚君主；若君主为独夫民贼戕害天下，臣民忠诚等同于助纣为虐；专制君主视国家为私产，将国与民一分为二，民众更难生爱国之热忱。

一姓之兴亡，渺渺乎小哉，民何与焉？乃为死节者，或数万而未已也。本末倒置，宁有加于此者？伯夷、叔齐之死，非死纣也，固自言以暴易暴矣，则亦不忍复睹君主之祸，遂一瞑而万世不视耳。且夫彼之为前主死也，固后主之所心恶[①]也，而事甫定，则又祷之祠之，俎豆之，尸祝之，岂不亦欲后之人之为我死，犹古之娶妻者，取其为我詈人也。若夫山林幽贞之士，固犹在室之处女也，而必胁之出仕，不出仕则诛，是挟兵刃搂处女而乱之也。既乱之，又诟其不贞、暴其失节，至为贰臣

① “心恶”，他本作“深恶”。

传以辱之；岂[①]惟辱其人哉，又[②]阴以吓天下后世，使不敢背去。以[③]不贞而失节于人也，淫凶无赖子之于娼妓，则有然矣。始则强奸之，继又防其奸于人也，而幽锢之，终知奸之不胜防，则标著其不当从己之罪，以威其余。夫在弱女子，亦诚无如之[④]何，而不能不任其所为耳；奈何几亿兆[⑤]智勇材力之人，彼乃娼妓畜之，不第不敢微不平于心，益且诩诩然曰："忠臣！忠臣！"古之所谓忠乃尔愚乎？古之所谓忠，以实之谓忠也。下之事上当以实，上之待下乃不当以实乎？则忠[⑥]，共辞也，交尽之道也，岂可[⑦]专责之臣下乎？孔子曰："君君臣臣。"又曰："父父子子，兄兄弟弟，夫夫妇妇。"教主言[⑧]未有不平等者。古之所谓忠，中心之谓[⑨]也。抚我则后，虐我则仇，应物平施[⑩]，心无偏袒，可谓中矣，亦可谓忠矣。君为独夫民贼，而犹以忠事之，是辅桀也，是助纣也。其心中乎，不中乎？呜呼，三代以下之忠臣，其不为辅桀助纣者几希！况又为之掊克聚敛，竭泽而渔，自命为理财、为报国，如今之言节流者，至分为国为[⑪]民为二事乎？国与民已分为二，吾不知除

---

① "岂"，他本前有"是"字。
② "又"，他本作"实"。
③ "以"，国民报社本、《全编》本、文明书局本前有"夫"字。
④ "之"，原脱，据他本补。
⑤ "几亿兆"，他本作"四万万"。
⑥ "忠"，他本后有"者"字。
⑦ "可"，他本作"又"。
⑧ "言"，他本脱。
⑨ "中心之谓"，他本后衍"忠"字。
⑩ "施"，原作"旋"，据他本改。
⑪ "为"，国民报社本、文明书局本作"与"。

民之外，国果何有？无惑乎君主视天下为其囊橐中[1]私产，而犬马土芥乎天下之民也。民既摈斥于国外，又安得少有爱国之忱。何也？于我无与也。继自今，即微吾说，吾知其必无死节者矣。

① “中”，国民报社本、《全编》本、文明书局本后有“之”字。

三三

> **排满反清。**满人通过繁礼仪、控言论以愚国民，因垂涎中原而入主，之后横征暴敛、骄奢淫掳、滥杀无辜、强行剃发。因而号召民众毋要臣服而应反抗自救。

天下为君主囊橐之[①]私产，不始今日，固数千年以来矣。然而有如[②]辽、金、元之罪浮于前此之君主者乎？其土则秽壤也，其人则膻种也，其心则禽心也，其俗则毳俗也。一旦逞其凶残淫杀之威，以攫取中国[③]之子女玉帛，砺猰貐之巨齿，效盗跖之肝人[④]。马足蹴中原，中原墟矣；锋刃拟华人，华人靡矣。乃彼[⑤]犹以为未餍，峻死灰复然之防，为盗憎主人之计，锢其耳

---

① “之”，《清议报》本、《全编》本作“中”，国民报社本、文明书局本作“中之”。

② “如”，他本作“知”。

③ “攫取中国”，《清议报》本、国民报社本、《全编》本作“攖取中原”，文明书局本作“攫取中原”。

④ “肝人”，文明书局本作“奸人”，误。

⑤ “彼”，他本脱。

目，桎其手足，压制其心思，绝其利源，窘其生计，塞蔽其智术。繁拜跪之仪以挫其气节，而士大夫之才窘矣；立著书之禁以缄其口说，而文字之祸烈矣。且即挟此土所崇之孔教，缘饰皮傅[①]，以愚其人，而为藏身之固。悲夫悲夫！王道圣教典章文物之亡也，此而已矣！与彼愈相近[②]者，受祸亦愈烈。故夫江淮大河以北，古所称天府膏腴，入相出将，衣冠耆献[③]之薮泽，诗书藻翰之津涂也，而今北五省何如哉？夫古之暴君，以天下为其[④]私产止矣，彼起于游牧部落，直以中国为其牧场耳，苟见水草肥美，将尽驱其禽畜，横来吞噬。所谓驻防，所谓名粮，所谓厘捐[⑤]，及一切诛求之无厌、刑狱之酷滥，其明验矣。且其授官也，明明托人以事，而转使为[⑥]之谢恩，又薄其禄入焉。何谢乎？岂非默使其剥蚀小民以为利乎？虽然，成吉思之乱也，西国犹能言之；忽必烈之虐也，郑所南《心史》纪之；有茹痛数百年不敢言不敢纪者，不愈益悲乎！《明季稗史》中之《扬州十日记》、《嘉定屠城纪略》[⑦]，不过略举一二事，当时既纵焚掠之军，又严薙发[⑧]之令，所至屠杀虏掠，莫不如是[⑨]。即彼准部[⑩]，

① “缘饰皮傅”，他本作“为缘饰史传”。

② “相近”，他本作“切近”。

③ “耆献”，他本作“文物”。

④ “其”，国民报社本、文明书局本作“己之”。

⑤ “驻防”、“名粮”、“厘捐”，原并作“□□”，据他本补。

⑥ “为”，国民报社本、文明书局本脱。

⑦ 《明季稗史》、《扬州十日记》、《嘉定屠城纪略》，原并作缺文符□，据他本补。

⑧ “薙发”，原作“□□”，据他本补。

⑨ 此两句原作“所至屠杀，虑莫不如此”，据他本改。

⑩ 此句原作“去彼准部”，据他本改。

方数千里,一大种族也,遂无复乾隆[1]以前之旧籍,其残暴为何如矣。亦有号为令主者焉,及观《南巡录》[2]所载淫掳无赖,与隋炀[3]、明武不少异,不徒鸟兽行者之显著《大义觉迷录》[4]也。台湾[5]者,东海之孤岛,于中原非有害也。郑氏据之,亦足存前明之空号[6],乃无故贪其土地,攘为己有。攘为己有[7],犹之可也,乃既竭其二百余年之民力,一旦苟以自救,则举而赠之于人。其视华人[8]之身家,曾弄具之不若。噫!以若所为,台湾固无伤耳,尚有十八省之华人[9],宛转于刀砧之下,瑟缩于贩卖之手,方命之曰:此食毛践土者[10]之分然也。夫果谁食谁之毛?谁践谁之土?久假不归,乌知非有。人纵不言,己宁不愧于心乎?吾愿华人勿复梦梦谬引以为同类也。夫自西人视之,则早歧而为二矣,故俄报有云:"华人苦到尽头处者,不下数兆,我当灭其朝而救其民。"凡欧、美诸国,无不为是言,皆将藉仗义之美名,阴以渔猎其资产。华人不自为之,其祸可胜言哉?

---

① "乾隆",原作"□□",据他本补。

② "《南巡录》",原作"□□□",据他本补。

③ "隋炀",《全编》本误作"隋场"。

④ "《大义觉迷录》",原作"《大□□□录》",据他本补。

⑤ "台湾",原作"□□",据他本补。

⑥ 此二句中"郑氏"、"前明",原作"□氏"、"前□",据他本补。

⑦ 两句"攘为",国民报社本、《全编》本、文明书局本作"据为"。

⑧ "华人",原作"□人",据他本补;下同。

⑨ "十八省之华人",原作"□□□□□人",据他本补。

⑩ "者",国民报社本、文明书局本脱。

三四

君权践民众，变法反专制。正式提及“变法”，唯变法可救国、教、种。文明如法国、愚暗如朝鲜皆知君主专制之祸。清廷抵制变法，防民智、民富、民强、民生，而成愚民、贫民、弱民、死民。控制言论、思想，兴文字狱、颁禁书令以便统治，其命必衰。追溯历史，前有商汤、武王，后有陈涉、杨玄感，外有华盛顿、拿破仑，皆为反帝志士。西汉重民而治，日本变法而强，皆堪垂范。

法人之改民主也，其言曰：“誓杀尽天下君主，使流血满地球，以泄万民之恨。”朝鲜人亦有言曰：“地球上不论何国，但读宋、明腐儒之书，而自命为礼义之邦者，即是人间地狱。”夫[①]法人之学问，冠绝地球，故能唱民主之义，未为奇也。朝鲜乃地球上最愚暗之国，而亦为是言，岂非君主之祸至于无可复加，非生人所能任受耶？夫其祸为前朝所有之祸，则前代之人

① “夫”，《清议报》本、《全编》本作“其”。

既已顺受，今之人或可不较；无如外患深矣[①]，海军熸矣，要害扼矣，堂奥入矣，利权夺矣，财源竭矣，分割兆矣，民倒悬矣，国与教与种将偕亡矣。惟[②]变法可以救之，而卒坚持不变。岂不以方将愚民，变法则民智；方将贫民，变法则民富；方将弱民，变法则民强；方将死民，变法则民生；方将私其智其富其强其生于一己，而以愚贫弱死归诸民，变法则与己争智争富争强争生，故坚持不变也。究之智与富与强与生，决非独夫之所任为，彼岂不知之？则又以华人比[③]牧场之水草，宁与之同为齑粉，而贻其利于人，终不令我所咀嚼者还抗乎我。此非深刻之言也。试征之数百年之行事与近今政治[④]及交涉，若禁强学会，若订俄国密约[⑤]，皆毅然行之而[⑥]不疑，其迹已若雪中之飞鸿、泥中之斗兽，较然不可以掩。况东事[⑦]亟时，决不肯假民以自为战守之权，且曰："宁为怀、愍、徽、钦，而决不令汉人[⑧]得志。"固明明宣之语言，华人宁不闻而知之耶？乃犹道路以目，相顾而莫敢先发，曰畏祸也。彼其文字之冤狱，凡数十起，死数千百人；违碍干禁书目，凡数千百种，并前数代若宋、明[⑨]之

---

① 此二句中，"今之人"原作"□之人"，"无如"原作"其知"，此据他本。

② "惟"，国民报社本、文明书局本作"唯"。

③ "比"，原作"彼"，据他本改。

④ "政治"，原作"自治"，据他本改。

⑤ 此二句中"强学会"、"俄国密约"，原作"□□□"、"□国密约"，据他本补。

⑥ "而"，他本脱。

⑦ "东事"，原作"□事"，据他本补。

⑧ "汉人"，原作"□人"，据他本改。

⑨ "宋、明"，原作"□□"，据他本补。

书，亦在禁列。文网可谓至[①]密矣，而今则莫敢谁何。故天命去则虐焰自衰，无可畏也。《诗》曰："上帝临汝，无贰尔心。"武王、周公之呼吸，直通帝座矣。《易》明言："汤、武革命，顺乎天而应乎人。"而苏轼犹曰："孔子不称汤、武"，真诬说也。至谓汤、武[②]未尽善者，自指家天下者言之，非谓其不当诛独夫也。以时考之，华人固可以奋矣。且举一事而必其事之有大利，非能利其事者也。故华人慎毋言华盛顿、拿破仑矣，志士仁人求为陈涉、杨玄感，以供圣人之驱除，死无憾焉。若其机无可乘，则莫若为任侠，亦足以伸民气，倡勇敢之风，是亦拨乱之具也。西汉民情易上达而守令莫敢肆，匈奴数犯边而终驱之于漠北，内和外威，号称一治。彼吏士之顾忌者谁欤？未必非游侠之力也。与中国至近而亟当效法者，莫如日本。其变法自强之效，亦由其俗好带剑行游，悲歌叱咤，挟其杀人报仇之气概[③]，出而鼓更化之机也。儒者轻诋游侠，比之匪人[④]，乌知困于君权之世，非此益无以自振拔，民乃益弱愚[⑤]而窳败，言治者不可不察也。

---

① "至"，《清议报》本、《全编》本脱。

② "至谓汤、武"，原作"至于谓武"，据国民报社本改。《清议报》本、《全编》本作"至谓武"，文明书局本作"至为汤、武"。

③ "气概"，国民报社本、文明书局本作"气侠"。

④ "比之匪人"，国民报社本前有"使"字，文明书局本"使"作"便"。

⑤ "弱愚"，他本作"愚弱"。

三五

君权践反抗者。清廷守旧拒新、不施仁政，杜绝中外相通，致使文明退化。同为谋反，西方知其根源在政法不善，君者自省，遇反者归为公罪，向来轻判；而清廷镇压太平天国起义之湘军却极尽残暴杀戮，且以为功，引得竞相效法，故顽固守旧不变法皆由湘人而起。西方、日本侵略，矛头在君主，并不穷追杀戮，反而使清军战守不坚。

幸而中国之兵不强也，向使海军如英、法，陆军如俄、德，恃以逞其残贼，岂直君主之祸愈不可思议，而彼白人焉，红人焉，黑人焉，棕色人焉，将为准噶尔，欲尚存噍类焉得乎①？故东西各国之压制中国，天实使之，所以曲用其仁爱，至于极致也。中国不知感，乃欲以挟忿寻仇为务，多见其不量，而自窒其生矣。又令如策者之意见，竟驱彼于海外，绝不往来。前此

① 此句原作"尚有噍类焉得乎"，《清议报》本作"尚存噍类焉得乎"。据国民报社本、《全编》本、文明书局本改。

本未尝相通，仍守中国之旧政。伈伈伣伣，如[①]大盗乡愿吞剥愚弄，绵延长夜，丰蔀万劫，不闻一新理，不睹一新法，则二千年由三代之文化降而今日之土番野蛮者，再二千年，将由今日土番野蛮降而猿狖、而犬豕、而蛙蚌、而生理殄绝，惟余荒荒大陆，若未始生人生物之沙漠而已。夫焉得不感天之仁爱，阴使中外和会，救黄人将亡之种以脱独夫民贼[②]之鞅轭乎？远者吾弗具论，湘军[③]之平定东南，此宛宛犹在耳目者矣。洪、杨[④]之徒见苦于[⑤]君官，铤[⑥]而走险，其情良足悯焉。在[⑦]西国刑律，非无[⑧]死刑，独于谋反，虽其已成，亦仅轻系数月而已。非故纵之也，彼其律意若曰，谋反公罪也，非一人数人所能为也。事不出于一人数人，故名公罪。公[⑨]则必有不得已之故，不可任国君以其私而重刑之也。且民而谋反，其政法之不善可知，为之君者尤当自反。藉曰重刑之，则请自君始。此其为罪，直公之上下耳。奈何湘军乃戮民为义耶？虽洪、杨所至颇纵杀，然于既据之城邑，亦未尝尽戮之也。乃一经湘军之所谓克复，借搜缉逋[⑩]匪为名，无良莠皆膏之于锋刃，乘势淫掳焚掠，无所不

---

① “如”，他本作“为”。

② “独夫民贼”，原作“□□□□”，据他本补。

③ “湘军”，原作“□军”，据他本补；下同。

④ “洪、杨”，原作“□□”，据他本补；下同。

⑤ “见苦于”，他本作“苦于”。

⑥ “铤”，国民报社本、《全编》本、文明书局本作“挺”。

⑦ “在”，国民报社本、文明书局本作“至”。

⑧ “非无”，《全编》本作“无非”。

⑨ “公”，他本作“公罪”。

⑩ “逋”，国民报社本、文明书局本作“捕”。

至。卷东南数省之精髓，悉数入于湘军，或至逾三十年①无能休复②元气，若金陵其尤凋惨者矣。中兴诸公，正孟子所谓"服上刑者"，乃不以为罪、反以为功，湘人既挟以自骄，各省遂争慕之，以为可长恃以无败。苟非牛庄一溃，中国之昏梦将终天地无少苏。夫西字③之入中国，前此三百年矣，三百年不骇诧以为奇，独湘军既兴，天下始从而痛绝之；故湘人守旧不化，中外仇视，交涉愈益棘手，动召奇祸。又法令久不变，至今为梗，亦湘军之由也。善夫《东方商埠述要》之言曰："英人助中国荡平洪、杨，而有识之士佥④谓当日不若纵其大乱，或有人出而整顿政纪，中国犹可焕然⑤一新，不至如今日之因循不振。盖我西国维新之政，无不从民变而起"云云。是则湘军助纣为虐⑥之罪，英人且分任之矣。奈何今之政治家犹嚣然侈言兵事，岂其肤革坚厚，乃逾二尺⑦之钢甲，虽日本以全力创之，曾不少觉辛痛耶？若夫日本之胜，则以善效⑧西国仁义之师，恪遵公法，与君为仇，非与民为敌，故无取乎多杀。敌军被伤者，为红十字会以医之；其被虏者，待和议成而归之。辽东大饥，

① "三十年"，他本作"三四十年"。

② "休复"，他本作"恢复其"。

③ "字"，他本作"人"。

④ "佥"，国民报社本、文明书局本作"愈"。

⑤ "焕然"，《清议报》本、国民报社本、文明书局本作"涣然"。

⑥ "助纣为虐"，原作"助□为□"，据他本补。

⑦ "二尺"，国民报社本、文明书局本作"三尺"。

⑧ "效"，《清议报》本误作"政效"，国民报社本、《全编》本、文明书局本作"仿效"。

中国不之恤，而彼反糜[①]巨金泛粟以救[②]之。且也摧败中国之军，从不穷追，追亦不过鸣空炮慑之而已，是尤有精义焉。盖追奔逐北，能毙敌之十五六[③]，为至众矣，而其未死者，必鉴于奔败之不免于死，再遇战事，将愤而苦斗以求生；是败卒皆化为精兵，不啻代敌操练矣。惟败之而不杀，使[④]知走与禽皆求生之道。由是战者知不战不死，战必不勇；守者知不守不死，守必不坚。民知非与己为敌[⑤]，必无固志，且日希彼之惠泽。当日本去辽东时，民皆号泣从之，其明征也。嗟乎！仁义之师，所以无敌于天下者，夫何恃？恃我之不杀而已矣。《易》曰："神武不杀。"不杀即其所以神武也。佳兵者[⑥]，盍图之哉！

① "糜"，他本作"縻"。
② "救"，他本作"赈"。
③ "之十五六"，国民报社本、文明书局本作"十之五六"。
④ "使"，原作"侦"，据他本改。
⑤ "敌"，原脱，据他本补。
⑥ "者"，他本作"不祥"。

三六

君权践士卒。清廷中以湘军尤擅自屠国民。且兵士薪饷微薄、辗转南北、饥寒艰苦，遣散不得归而沦落异乡之游勇，常被就地正法以为功。结会之兵勇又以会匪之名遭到屠杀，杀人之“名”甚多。钳制、盘剥、压迫底层，上层为君者方觉高枕无忧。最终直指“君主之祸”。批判三纲之君为臣纲由第二十九篇至此结束。

中国之兵，固不足以御外侮，而自屠割其民则有余。自屠割其民，而方受大爵、膺大赏、享大名，瞷然骄居，自以为大功者[1]，此吾所以至耻恶湘军不须臾忘也。虽然，彼为兵者，亦可谓大愚矣。月得饷银三两余，营官又从而减蚀之，所余无几，内不足以赡其室家，外仅足以殖其生命，而且饥疲劳辱无所不至，寒凝北征，往往[2]冻毙于道，莫或收恤。其无所赖于为兵如此也。然而一遇寇警，则驱使就死。养之如彼其薄，责之如此

① “者”，他本皆脱。

② “往往”，原脱一“往”字，据他本补。

其厚，自非丧心病狂、生而大愚者，孰能任为兵矣[①]？迨闻牛庄一役，一战而溃，为之奇喜，以为吾民之智，此其猛进乎？至于所谓制兵，养虽愈薄，然本不足以备战守，又不足论。且其召募皆集于临事，非素教之也。敌既压境，始起而夺其农民之耒耜，强易以未尝[②]闻之后膛枪械[③]，使执以御敌，不聚歼其兵而馈械于敌，夫将焉往？及其死绥也，则委之而去，视为罪所应得。旌恤之典尽属具[④]文，妻子哀望莫之过问。即或幸而不死，且尝立功矣，而兵难稍解，遽遣归农，扶伤裹创，生计乏绝，或散于数千里外，欲归不得，沦为乞丐，而杀游勇之令，又特严酷。吾初以为游勇者，必其[⑤]兵勇之逃亡为盗贼者，然不得为盗贼之证也。既乃知不然，即其遣散不得归者也。今制：获游民，先问其曾充营勇否，曾充营勇，即就地正法，而报上官曰“杀游勇若干人”，上官即遽[⑥]以为功。所谓游勇，此[⑦]而已矣。鸣呼，吾今乃知曾充营勇为入于死罪之名！上既召之，乃即以其[⑧]应召者为入于死罪之名，是上以死罪召之也。设陷阱以诱民，从而掩[⑨]之杀之，以遇禽兽或尚不忍矣，奈何虐吾华民，果决乃尔耶[⑩]？杀游勇之不

---

① 此句他本作“孰肯愿为兵矣”。

② “未尝”，“尝”字原与下文“执以御敌”之“执”字误乙，据他本改。

③ “枪械”，他本作“枪炮”。

④ “具”，他本作“虚”。

⑤ “其”，原衍作“其为”，据他本删。

⑥ “遽”，《清议报》本、《全编》本作“據”。

⑦ “此”，原作“者”，据他本改。

⑧ “其”，国民报社本、文明书局本脱。

⑨ “掩”，他本作“扼”。

⑩ “耶”，他本作“乎”。

足，又济之以杀“会匪”。原“会匪”之兴，亦兵勇互相联结，互相扶助，以同患难耳。此上所当嘉予赞叹者[①]。且会也者，生人[②]之公理，不可无也。今则不许其公；不许其公，则必出于私，亦公理也[③]。遂乃横被以“匪”之名，株连搜杀，死者岁辄[④]以万计。往年梅生[⑤]、李洪同谋反之案，梅生照西律监禁七月，期满仍逍遥上海[⑥]，而中国长江一带，则血流殆遍。徒自虐民，不平孰甚！况官吏贪于高擢，贱勇[⑦]涎于厚赏，于是诬陷良民，枉杀不辜，蔑所不有矣。凡此皆所谓阱也。彼其治天下也，于差役亦斯类也。既召而役使之矣，复贱辱之、蹴踏[⑧]之，三代不得[⑨]为良民，著于[⑩]令甲。且又不惟[⑪]兵与役之为阱也，其所以待官待士待农待工待商者，繁其条例，降其等衰[⑫]，多为之网罟，故侵其利权，使其前跋后踕，牵掣[⑬]万状，力倦筋疲，末由自振，卒老死于奔走艰蹇，而生人之气索然俱尽。然后彼君主[⑭]者始坦然高枕曰：“莫予

---

① “者”，原作“若”，据他本改。

② “生人”，国民报社本、文明书局本作“在生人”。

③ 此四句原作“上则不许其公，不许其必出于私，亦公理也”，据国民报社本、《全编》本、文明书局本改。《清议报》本“今则”作“一则”。

④ “辄”，他本脱。

⑤ “梅生”，原作“按生”，据他本改。下一“梅生”同。

⑥ “上海”，国民报社本、文明书局本作“海上”。

⑦ “贱勇”，《清议报》本、《全编》本作“线勇”。

⑧ “蹴踏”，国民报社本、文明书局本作“蹴蹈”。

⑨ “得”，原作“同”，据他本改。

⑩ “于”，原作“有”，据他本改。

⑪ “惟”，国民报社本、文明书局本作“唯”。

⑫ “等衰”，他本作“等差”。

⑬ “牵掣”，国民报社本、文明书局本作“牵制”。

⑭ “君主”，原作“□□”，据他本补。

毒也已。”此其阱天下之故，庄所谓“游于羿之彀中”。中央者地也，然而不中者命也，今也不中者谁欤？君主①之祸，所以烈矣。

① “君主”，原作“□□”，据他本补。

三七

批父为子纲、夫为妻纲。三纲五常为统治者所制定。父子皆为天之子，忘却父子伦常之“名”才可平等；夫妻关系并非两情相愿而为强制结合，丈夫必不应以夫妻伦常之“名”压制妻子，“名节”亦当摒弃。为君者自纳数嫔妃，却以阉割、幽闭之刑而绝他人婚嫁之可能。国人不重教养却只重子嗣，代代囿于三纲难弃。

君臣之祸亟，而父子、夫妇之伦遂各①以名势相制为当然矣。此皆三纲之名之为害也。名之所在，不惟关其口使不敢昌言，乃并锢其心使不敢涉想。愚黔首之术，故莫以繁其名为尚焉。君臣之名，或以②人合而破之。至于父子之名，则真以为天之所合③，卷舌而不④敢议。不知天合⑤者，泥于体魄之言

---

① “各”，原作“非”，据他本改。

② “以”，他本作“尚以”。

③ “天之所合”，原作“天之所命”，据《清议报》本、《全编》本改。

④ “不”，原作“其”，据他本改。

⑤ “天合”，国民报社本、文明书局本作“天命”；下同。

也，不见灵魂者[①]也。子为天之子，父亦为天之子[②]，父非人所得而袭取[③]也，平等也。且天又以元统之，人亦非天[④]所得而陵压也，平等也。庄曰："相忘为上，孝为次焉。"相忘则平等[⑤]。詹詹小儒，乌足以语此哉？虽然，又非谓相忘者遂不有孝也。法尚当舍[⑥]，何况非法；孝且不可，何况不孝哉？夫彼之言天合者，于父子固有体魄之可据矣，若夫姑之于妇，显为体魄之说所不得行，抑何相待[⑦]之暴也？古者舅[⑧]姑飨妇，行一献之礼[⑨]，送爵荐脯，直用主宾相酬酢者处之。诚以付托之重，莫敢不敬也。今则虏役之而已矣，鞭笞之而已矣。至计无复之，辄自引决。村女里妇，见戕[⑩]于姑恶，何可胜道？父母兄弟，终身茹痛[⑪]，无术以援之，而卒不闻有人焉攘臂而出，昌言[⑫]以正其义。又况后母之于前子[⑬]、庶妾之于嫡子、主人之于奴婢，其于体魄皆无关，而黑暗或[⑭]过此者乎？三纲之慑人，足以破其胆而杀其灵魂有如此矣。《记》曰："婚姻之礼废，夫

---

① "者"，他本脱。

② 此二句原作"子为子天子，父尔为天之子"，据他本改。

③ "袭取"，《清议报》本、《全编》本作"袭取者"。

④ "亦非天"，原作"尔非"，据他本改。

⑤ "平等"，他本后有"矣"字。

⑥ "尚当舍"，原作"当废舍尚"，据他本改。

⑦ "相待"，《清议报》本作"待"。

⑧ "舅"，原作"舊"，据他本改。

⑨ "一献之礼"，原作"一献献礼"，盖误释"之"为叠字符所致，据他本改。

⑩ "戕"，《清议报》本作"贼"。

⑪ "终身茹痛"，原作"菇终身之痛"，据他本改。

⑫ "昌言"，原作"颂言"，据他本改。

⑬ "前子"，原脱"前"字，据他本补。

⑭ "或"，他本作"或有"。

妇之道苦[1]。”本非两情相愿，而强合漠不相关[2]之人，絷[3]之终身，以为夫妇，夫果何恃以伸[4]偏权而相苦哉？实亦三纲之说苦之也。夫既自命为纲，则所以遇其妇者将不以人类[5]。于古有下堂求去者，尚不失自主之权也。自秦垂暴法于会稽刻石，宋儒炀之，妄为“饿死事小，失节事大”之瞽说，直于室家施[6]申、韩，闺阃为岸狱，是何不幸而为妇人，乃为人申、韩之，岸狱之！此在常人，或犹有所忌而不能肆；彼君主者，独专三纲而据其上[7]，父子夫妇之间，视为推[8]刃地耳。书史[9]所记，更仆难终。今制伯叔父若[10]从祖、祖父，虽朝夕燕见，不能无拜跪，甚至于[11]本生父母，臣之妾之，而无答礼。中国动以伦常自矜异，而疾视外人；而为之君[12]者乃真无复伦常，天下转相习不知怪，独何欤？尤可愤者，己则渎乱夫妇之伦，妃御[13]多至不可

① “苦”，原作“若”，据他本改。下文“相苦”同。

② “漠不相关”，他本作“渺不相闻”。

③ “絷”，原作“挚”，据他本改。

④ “伸”，他本作“伸其”。

⑤ “不以人类”，他本后有“齿”字。

⑥ “施”，原脱，据他本补。

⑦ “彼君主者”二句，原“彼”字后皆为“□”，据《清议报》本补。国民报社本、《全编》本、文明书局本“专”作“兼”。

⑧ “推”，国民报社本、《全编》本、文明书局本作“锥”。

⑨ “书史”，他本作“青史”。

⑩ “若”，《清议报》本、《全编》本脱。

⑪ “于”，他本脱。

⑫ “君”，原作“□”，据他本补。

⑬ “妃御”，原作“□□”，据他本补。

计，而[1]偏喜绝人之夫妇，如所谓割势之阉寺与[2]幽闭之宫人，其残暴无人理，虽禽兽不逮焉。而工于献媚者又曲为广嗣续之说以文其恶，然则阉寺、宫人之嗣续固当殄绝之耶？且广嗣续之说施于常人且犹不可矣，中国百务不讲，无以养，无以教，独于嗣续，自长老以至弱幼，自都邑以至村僻，莫不视为绝重大之事，急急焉[3]图之，何其惑也。徒泥于体魄，而不知有灵魂，其愚而惑，势必至此。向[4]使伊古以来人人皆有嗣续，地球上早无容人之地矣，而何以为存耶？又况天下者，天下之天下，徒广独夫民贼[5]之嗣续，复奚为也？独夫民贼，固甚乐三纲之名，一切刑律制度皆依此为率，取便己故也。

---

① "而"，原衍一"而"字，据他本删。

② "阉寺与"，原作"阉寺也"，据国民报社本、文明书局本改。《清议报》本作"阉寺"，《全编》本作"阉守"。

③ "焉"，国民报社本、文明书局本作"以"。

④ "向"，《清议报》本作"而"。

⑤ "独夫民贼"，原作"□□□□"，据他本补。本则下同。

三八

五伦之中唯朋友。五伦（君臣、父子、夫妻、兄弟、朋友）中，唯朋友一伦因其建立在平等、自由、节宣惟意之上而无弊有益，兄弟一伦次之。借孔教倡结会联群、耶教同归天国之说、佛教说法而千万人俱往三者，阐述朋友一伦之重要。又三教中，其余四伦皆可以朋友之道待之而平等为友，此四伦则废，国、家、身皆可相通。

五伦中于人生最无弊而有益，无纤毫之苦，有淡水之乐，其惟朋友乎？顾择交何如耳，所以者何？一曰“平等”，二曰“自由[①]”，三曰“节宣惟意”。总括其义，曰不失自主之权而已矣。兄弟于朋友之道差近，可为其次。余皆为三纲所蒙蔀[②]，如地狱矣。上观天文，下察地理，远取诸物，近取诸身[③]，能自主者兴，不能者败，公理昭然，罔不率此。伦有五，而全具自主

① “自由”，原作“有由”，据他本改。

② “蒙蔀”，他本作“蒙蔽”。

③ “远取诸物，近取诸身”，《清议报》本、《全编》本、文明书局本作“远观诸物，近取之身”。国民报社本“近取”误作“近败”。

之权者[①]一，夫安得不矜重[②]之乎？且夫朋友者，固统住世[③]出世所不得废也。自孔、耶以来，先儒牧师所以为教[④]，所以为学，莫不唱[⑤]学会，联大群，动辄合数千万人以为朋友。盖匪是即不有教、不有学，亦即不有国、不有人。凡吾所谓仁，要不能不恃[⑥]乎此。为孔者知之，故背其井里，捐弃其君臣父子夫妇兄弟之伦而从孔游。其或干禄为宰，离群索居，孔必斥之，甚至[⑦]罪为贼夫人之子，而称吾与点也以诱之；及至终不可[⑧]留，睽迸四出，犹咨叹曰："从我[⑨]于陈、蔡者，皆不及门也。"其[⑩]惋惜也如此。为耶者知之，故背其井里，捐弃其君臣父子夫妇兄弟之伦而从耶游。甚至税吏渔师，皆舍其素业，而同归[⑪]于天国。虽亲死归葬，耶犹不许曰[⑫]："听其死人葬死人。"其固结也又如此。然此犹世法也。若夫释迦文佛，诚超[⑬]出矣，君臣父子夫妇兄弟之伦，皆空诸所有，弃之如无[⑭]，而独于朋友，则出定入定，无须臾离。说法必与几万几千人[⑮]俱，必有十方诸

---

① "者"，原脱，据他本补。
② "矜重"，原作"矜悉"，据他本改。
③ "住世"，原脱"住"字，据他本补。
④ "所以为教"句，他本并脱。
⑤ "唱"，他本作"倡"。
⑥ "恃"，原作"特"，据他本改。
⑦ "甚至"，原作"甚为"，据他本改。
⑧ "可"，他本脱。
⑨ "我"，原作"吾"，据他本及《论语·先进》改。
⑩ "其"字下，他本衍"晚而"二字。
⑪ "归"，他本作"嬉"。
⑫ "虽"、"曰"，原脱，据他本补。
⑬ "超"，原脱，据他本补。
⑭ "弃之如无"，《清议报》本作"弃之为无"。
⑮ "几万几千人"，他本作"几万千人"。

佛诸菩萨来会，而己亦不离狮子座，现身一切处，遍往无量[①]无边恒河沙数世界与诸佛诸菩萨会，往来问答[②]，曾[③]无休息。甚至如《华严经》所说："虽暂住胎中，而往来聚会说法如故。"此其于朋友何如矣[④]？世俗泥于体魄，妄生分别，为亲疏远近[⑤]之名，而末[⑥]视朋友。夫朋友岂直[⑦]贵于余四伦而已，将为四伦之圭臬，而四伦咸以朋友之道贯之，是四伦可废也。此非谰言也。其在孔教，臣哉邻哉，与国人交，君臣朋友也；不独父其父，不独子其子，父子朋友也；夫妇者，嗣为兄弟，可合可离，故孔氏不讳出妻，夫妇朋友也；至兄弟之为友于，更无论矣。其在耶教，明标其旨曰："视敌如友。"故民主者，天国之义也，君臣朋友也；父子异宫异财，父子朋友也；夫妇择偶判妻，皆由两情自愿[⑧]，而成婚于教堂，夫妇朋友也；至于兄弟，更无论矣。其在佛教，则尽率其君若臣与夫父母妻子兄弟眷属天亲，一一出家受戒，会于法会，是又普化彼四伦者，同为朋友矣。无所谓国，若一国[⑨]；无所谓家，若一家；无所谓身，若一身。夫惟朋友之伦独尊[⑩]，然后彼四伦不废自废。亦惟明四伦之当废，然

---

① "无量"，国民报社本、文明书局本作"无酬"。
② "问答"，他本作"酬答"。
③ "曾"，原作"为"，据他本改。
④ "矣"，文明书局本作"也"。
⑤ "远近"，他本作"远迩"。
⑥ "末"，原作"未"，据他本改。
⑦ "直"，原作"真"，据《清议报》本改。
⑧ "自愿"，他本作"相愿"。
⑨ "若一国"，他本作"如一国"。以下"若一家"、"若一身"同。
⑩ "独尊"，原作"独等"，据他本改。

后朋友之权力始大。今中外皆侈谈变法，而五伦不变，则举凡[1]至理要道，悉无从起点，又况于三纲哉[2]？

① “举凡”，《清议报》本、《全编》本脱“凡”字。

② “哉”，原作“又况于三纲”，据他本改。

三九

三教之中唯佛教。 三教中孔教不广、耶教不纯，唯佛教纯广兼容，英、法、美、日等各国学者均推崇备至。地球之教（佛教大可治日月宇宙，小可治微尘世界）、政（以井田法行民主）、学（改象形字为谐声）皆可合而为一，真正以“通”实现世界主义。

西人悯中国之愚于三纲也，亟劝中国称天而治[①]：以天纲人，世法平等，则人人不失自主之权，可扫除三纲畸重畸轻[②]之弊矣。固[③]秘天为耶教所独有，转议孔教之不免阙漏[④]，不知皆孔教之所已有。大《易》之义，天下地“泰”，反之“否”；火下水“既济”，反之“未济”。凡阳下阴、男下女吉，反之凶且吝，是早矫其不平等之弊矣。且《易》曰“统天”，曰“先天而天弗违”，殆与佛同乎？是又出于耶教之上。特此土众生根器太

① “而治”，原衍“而治”二字，据他本删。

② “畸重畸轻”，国民报社本、文明书局本作“畸轻畸重”。

③ “固”，他本作“因”。

④ “不免阙漏”，“不”字原脱，据他本补。他本“阙漏”前有“有”字。

劣，不皆闻大同之教。今所流布者，言小康十居七八，犹佛之有小乘，有权教，而又窜乱[①]淆夺于乡愿之学派，是以动为彼所持[②]也。今将笼众教而合之，则为孔教者鄙外教之不纯[③]，为外教者即笑孔教之不广，二者必无相从之势也。二者不相从，斯教之大权，必终授诸佛教。佛教纯者极纯、广者极广，不可为典要。惟变[④]所适，极地球上所有群教群经诸子百家，虚如名理，实如格致，以及希夷不可闻见，为人思力所仅能到乃至思力所必不能到，无不异量而兼容、殊条而共贯。佛教虽倡[⑤]于印度，而为婆罗门及回教所厄，卒未得遍行，故印度之亡，佛无与焉。据佛书，释迦文佛尝娶三妻，诸大菩萨亦多有妻者，出家乃其一法耳，何尝尽似今日之僧流乎？英士韦廉臣著《古教汇参》，遍诋群教，独于佛教则叹曰："佛真圣人也。"美士阿尔格特尝纠同志创佛学会于西印度[⑥]，不数年，欧、美各国遂皆立分会，凡得[⑦]四十余处，法国信者尤众，且翕然称之曰："地球上最兴盛之教，无若[⑧]耶者；他日耶教衰歇，足以代兴者，其佛乎！"英士李提摩太尝翻译《大乘起信论》，传于其国，其为各教折服如此。日本素以佛教名于亚东，几无不通其说者。近日南条文雄诸人至分诣绝域，遍搜梵文古经，成梵文会，以

---

① "窜乱"，原作"窜教"，据他本改。
② "持"，原作"特"，据他本改。
③ "不纯"，原作"不绝"，据他本改。
④ "变"，他本作"教"。
⑤ "倡"，他本作"创"。
⑥ "西印度"，他本脱"西"字。
⑦ "得"，国民报社本、文明书局本脱。
⑧ "若"，国民报社本、文明书局本作"如"。

治佛学。故日本变法之易，繄惟[①]佛教隐为助力，使变动不居，以无胶固执着之见存也。总之[②]，佛教能治无量无边不可说不可说之日球星球尽虚空界，无量无边不可说不可说之微尘世界尽虚空界，何况此区区之一地球。故言佛教，则地球之教可合而为一。由合一之说推之，西人深赞中国井田之法，为能御天灾[③]，尽地利，安土著，平道路，限戎马，均贫富。其治河为纵横方罫之堤，实阴[④]用之而收奇效。故尽改民主以行井田之法[⑤]，则地球之政可合而为一。又其不易合一之故，由语言文字万有不齐，越国即不相通，愚贱尤难遍晓，更若中国之象形字，尤为之梗也。故尽改象形字为谐声，各[⑥]用土语，互译其意，朝授而夕解，彼作而此述，则地球之学可合而为一。

---

① “繄惟”，他本作“亦因”。

② “总之”，原作“统之”，据《清议报》、《全编》本改。

③ “天灾”，《全编》本作“天炎”。

④ “阴”，国民报社本、《全编》本、文明书局本作“隐”。

⑤ “之法”，他本脱。

⑥ “各”，原作“如”，据他本改。

四〇

儒教受压难治全球。各教皆悬教主于一尊，且凡事皆归功教主，故可凝结人心道统。中国仅官家学者祀孔，民众难闻其详，又横加剥削曲解，致儒教无可立足，异教丛生，为佛、耶取代。儒教因与统治者压制思想背离而遭禁，后虽解禁，却仅尊为虚礼。天津在理教虽杂糅各教无甚创新，却势力不容小觑，故而教者，益于民生者也。

孔教何尝不可遍治地球哉？然教则是，而所以行其教者则非也。无论何等教，无不严事其教主，俾定于一尊，而牢笼万有，故求智者往焉，求财者往焉，求子者往①焉，求寿者往焉，求医者往焉。由日用饮食之身，而成家人父子之天下，寤寐寝兴，靡纤靡巨，人人悬一教主于心目②之前，而不敢纷驰于无定，道德所以一、风俗所以同也。中国则不然。府厅州县，虽

① “求财”、“求子”，他本互乙。

② “心目”上原有“日用”二字，当系衍文，据他本删。

立孔子庙，惟官中学中人，乃同[①]祀之；至不堪，亦必纳数十金鬻一国子监生，始赖以骏奔执事于其间。农夫野老，徘徊观望于门墙之外，既不睹礼乐[②]声容，复不识何所为而祭之，而己独不得一与其盛，其心岂不曰：孔子庙，一势利场而已矣。如此，又安望其教之行哉？且西人之尊耶稣[③]也，不问何种学问，必归功于耶稣，甚至疗一病、赢一钱，亦必报谢曰："此耶稣之赐也。"附会归美，故耶稣庞然而日大，彼西人乃尔愚哉？事教主之道，固应如此也。中国之谓[④]儒，不过孔氏教[⑤]中之一端而已。司马迁论六家要指，其微意可知之[⑥]。而为儒者乃欲[⑦]以儒蔽孔教，遂专以剥削孔子为务。于治[⑧]功则曰："五尺羞称也。"于学问则曰："玩物丧志也。"于刑名又以为申、韩刻核，于兵阵又以为孙、吴惨黩，于果报轮回又以为异端邪说，皆所不容。孔子之道[⑨]，日削日小，几无措足[⑩]之地。小民无所归命，心好一事祀一神，甚且[⑪]一人祀一神，泉石尸祭，草木神丛[⑫]，而异教乃真起矣。为孔者终不思行其教于民也，汉以后佛遂代为教之，至今日耶又代为教之。为耶者曰："中国既不

① "同"，他本作"得"。
② "礼乐"，他本后有"之"字。
③ "耶稣"，《清议报》本、《全编》本作"耶苏"。
④ "谓"，国民报社本、文明书局本作"所谓"。
⑤ "孔氏教"，他本作"孔教"。
⑥ "之"，他本作"也"。
⑦ "欲"，他本作"始"。
⑧ "治"，国民报社本、文明书局本作"事"。
⑨ "孔子之道"，前衍"于"字，据国民报社本、文明书局本删。
⑩ "措足"，原作"指足"，据他本改。
⑪ "甚且"，国民报社本、文明书局本作"甚至"。
⑫ "神丛"，原作"神业"，据《清议报》本、文明书局本改。

自教其民，即不能禁我之代为教。”彼得[①]托于一视同仁，我转无词以拒。岂惟无词以拒，往者诸君子抱亡教之忧，哀号[②]求友，相约建孔子之教堂[③]，仿西人传教之法，遍传于[④]愚贱，某西人闻之曰：“信能如是[⑤]，吾属教士皆可归国[⑥]矣。”不悟斯举适与愚黔首之旨背戾，故[⑦]遭禁锢。后虽名为开禁，实则止设一空无所有之官书局，亦[⑧]徒增一势利场而已矣。于力不能拒之耶教，则听之，且保护之；于衰微易制之孔教，则禁之，且严绝之。痛哉痛哉！先圣何辜[⑨]，生民何辜，乃胥[⑩]遭夭阏于独夫民贼之手。其始思压制其人，则谬为崇奉孔教之虚礼，以安反侧；终度积威所劫已不复能转动，则竟放胆绝其孔教。此其狠毒，虽蝮蛇鸩鸟，奚以逮此。生其间者，反不如汪洋恣肆于异教，转可以行其志矣。天津有在理教者，最新而又最小。其书浮浅，了无精义，乃剌取佛教、耶教、回教之粗者而为之[⑪]；然别有秘传，誓不为外人道。吾尝入其教以求之，盖攘佛教唵、

---

① “得”，他本作“日”。

② “哀号”，他本作“哀痛”。

③ 此句他本作“约建孔子教堂”。

④ “于”，国民报社本、文明书局本作“诸”。

⑤ “信能如是”，《全编》本作“信乃如是”，国民报社本、文明书局本作“信能为是”。

⑥ “归国”，《清议报》本、《全编》本脱“国”字。

⑦ “故”，他本作“竟”。

⑧ “亦”，国民报社本、文明书局本脱。

⑨ “痛哉痛哉先圣何辜”，原脱后一“哉”字与“圣”字，据他本补。

⑩ “胥”，国民报社本、《全编》本、文明书局本作“横”。

⑪ 此句国民报社本、《全编》本、文明书局本作“乃剥孔、佛、耶、回之粗者而为之”。

嘛、呢、叭、𠺁、吽六字，借为服气口诀而已，非有他奥巧也。然且[①]从其教者几遍直隶，非其教主[②]力能尔也，赖有果报轮回诸说，愚夫愚妇辄易听从；又严断烟酒，亦能隐为穷民节不急之费。故不论其教如何，皆能有益于民生[③]，总愈于中国摈弃愚贱于教外，乃至全无教也。原夫世间所以[④]有教，与教之所以得行，皆缘民生自有动而必静[⑤]、倦而思息之性，然后始得迎其机而利导之。人即至野悍，迨于前尘之既谢、往迹之就湮，循所遭遇，未尝不恋之[⑥]拳拳。相彼禽族，犹有啁啾之顷者，此也。此而无教以慰藉而启悟[⑦]之，则可哀孰甚[⑧]。《传》曰："饥者易为食，渴者易为饮。"岂为政为然哉？生无教之时，民苦无所系属，任取谁何[⑨]一妄人所倡[⑩]至僻陋之教，皆将匍匐往从，不尤可哀乎！虽然，又岂惟愚贱之不教乎！

---

① "且"，国民报社本、文明书局本脱。

② "教主"，原脱"教"字，据他本补。

③ 此二句原作"故不论其教，皆能有益民"，据他本改。

④ "所以"，国民报社本、文明书局本作"之所以"。

⑤ "动而必静"，《清议报》本、《全编》本作"动即必舒"，国民报社本作"动而必舒"，文明书局本作"动而必倦"。

⑥ "恋之"，国民报社本、《全编》本、文明书局本作"恋恋"。

⑦ "启悟"，国民报社本、文明书局本作"启发"。

⑧ "可哀孰甚"，他本后有"焉"字。

⑨ "任取谁何"，原脱，据他本补。

⑩ "倡"，他本作"谈"。

四一

学可保国救亡。教、政、学三端缺一不可。学为救国之捷径，普法战争法人虽败却因善学而免遭灭国，中国亦当效法。学之涨力可除旧，学之挤力以布新，民有学而不惧亡国，君主亦无敢虐民者。世界一体，古有《春秋》之天下一家说，今有各联邦政府，国之权当在学者手中。

谈者至不一矣，约而言之，凡三端：曰学，曰政，曰教。学不一，精格致乃为实际；政不一，兴民权乃为实际；至于教则最难言，中外各[①]有所囿，莫折于衷[②]，殆非佛无能统一之矣。言进学之次第，则[③]格致为下学之始基，次及[④]政务，次始可窥见教务之精微。以言其衰也，则教不行而政敝，政敝而学亡。故言政言学，苟不言教，则等于无用，其政术学术，亦或反为杀人

① “各”，原作“非”，据他本改。

② “莫折于衷”，他本作“莫能折衷”。

③ “则”，国民报社本、文明书局本作“则以”。

④ “及”，《清议报》本作“乃”。

之具。然而[①]求保国之急效，又莫捷于学矣。法之败于普也，师熸君禽，已无存理，普之力非不能径灭之，然卒与言和者，毕士马克稔知德民之学远不逮法，各有疆域，犹可拒守，若灭之，则浑为[②]一国，形见势绌，莫可遁逃，普其终为法奴役，若安以一女子复其国，夫[③]固法之已事矣。故破其国而不敢有，法人之学为之也。故曰："保国莫捷于学也。"万国公法，两国开战之时，于学堂、学会、书院、藏书楼、博物院、天文台、医院等，皆视同局外，为炮弹枪子所不到[④]，且应妥[⑤]为保护。然则其朝廷即不兴学，民间亦当自为之，所以自保也。且朝廷无论如何横暴，终不能禁民使不学，中国之民，惟此权尚能自主，则由此充之，凡已失之权，无不可因此而胥复也。锢[⑥]水于锅炉，勿谓水弱也，烈火燔其下，虽缄[⑦]铁百重，而锅炉必为汽裂，涨力之谓也。豫章之木，勾萌于石罅，勿虑无所容也，日以长大，将渐据石所据之地，石且为之崩离，挤力之谓也。惟学亦具此二力。才智日聪，谋虑日宏，声气日通，生计日丰，进无求于人，退无困于己，上而在朝，下而在野，济济盈廷，穆穆布列，皆同于学，即皆为学之所摄。发政施令，直举而措之可也。某某所谓变亦变，不变亦变；某某所谓通亦通，不通亦通。犹意大利[⑧]

---

① "然而"，《全编》本脱"然"字。

② "浑为"，国民报社本、文明书局本作"浑然"。

③ "夫"，国民报社本作"安"。

④ "到"，他本作"至"。

⑤ "妥"，原作"要"，据他本改。

⑥ "锢"，原作"涸"，据他本改。

⑦ "缄"，国民报社本、文明书局本作"鍼"。

⑧ "意大利"，原作"喜大里"，据他本改。

之取罗马城也，初不烦兵刃，直置教皇[①]于不闻不睹，任其自生自死焉耳。闵焉则存之[②]，否则去之，无不在我，彼何能为哉[③]！涨力以除旧，挤力以布新，猗欤休哉，而有学也！是以揖让为征诛，易[④]揭竿斩木为受箓膺图也。而睊睊思逞，期一泄怨毒于其上者，复何为乎？且民而有学，国虽亡亦可也。无论易何人为之君，必无[⑤]敢虐之。直君亡耳。视君亡犹易臧获[⑥]，于民宁有害焉？故泰西诸国，有此国偶乏其君，乃聘请彼[⑦]国渺不相涉之人以为之君，或竟[⑧]并数国为一国，如古之英伦三岛，瑞典之于挪威，以及所谓联邦，皆是也。《春秋》之义，天下一家，有分土，无分民。同生地球上，本无所谓国，谁复能此疆尔界，靡[⑨]躯命以保国君之私产，而国遂以无权。国无权，权奚属？学也者，权之尾闾而归墟也。

---

① “教皇”，他本作“教堂”。

② “闵焉则存之”，《清议报》本、《全编》本脱“之”，国民报社本、文明书局本作“间焉则存”。

③ 此二句，原作“无不我而彼何能为哉”，据《清议报》本、《全编》本改。

④ “易”，他本脱。

⑤ “无”，《清议报》本、《全编》本作“不”。

⑥ “臧获”，原作“藏获”，据他本改。

⑦ “彼”，国民报社本、文明书局本作“别”。

⑧ “竟”，《清议报》本、《全编》本作“竞”。

⑨ “靡”，《清议报》本作“縻”，国民报社本、《全编》本、文明书局本作“糜”。

四二

以心挽劫。 国人之机心将制造劫运。是非好恶不分，徒以党争、攻讦、毁誉、疑忌、巧诈为务，内讧不断。且体貌亦多萎靡佝偻，绝少秀伟威仪者，暗疾盖由内心而致。世乱祸患唯心可挽劫，以心力化解机心乃中国之不二出路。

以言乎大一统之义，天地间不当有国也，更何所[①]于保？然此非可以一蹴几也。世乱不几[②]，亦末由拨乱反之正。故审其国之终不治也，则莫若速使其乱，犹冀万一有[③]能治之者也。且其间亦有劫运焉，虽独夫民贼之罪，要由众生无量生中之业力所感召而纠结。吾观于[④]中国，知大劫行至矣，不然，何人心之多机械也。西人以在外之机械，制造货物；中国以在内之机械，制造劫运。今之人莫不尚机心，其根皆由于疑忌。乍见一

① "所"，国民报社本、文明书局本作"有"。

② "几"，国民报社本、《全编》本、文明书局本作"极"。

③ "犹冀万一有"，原脱"冀"、"有"，据他本补。

④ "于"，他本脱。

人，其目灼灼然，其口缄[①]，其舌挢挢[②]欲鼓，其体能卑屈，而其股肱将欲翔[③]而攫搏[④]，伺人之瑕隙而蹈[⑤]焉。吁，可畏也！谈人之恶则大乐，闻人之善则厌而怒。以谩骂为高节、为奇士，其始渐失其好恶，终则胥天下而无是非。故今之人[⑥]论人，鲜不失真[⑦]焉。京朝官[⑧]益以攻击为事，初尚分君子小人之党，旋并君子小人而两攻[⑨]之。党之中又有党，又有党党之党，又有相攻[⑩]，一人而前后歧出，一时而毁誉矛盾。如釜中虾蟹，嚣然以讧[⑪]，火益烈，水益热，而讧益甚。故知大劫不远矣。且观于[⑫]中国人之体貌，亦有劫象焉。试以拟诸西人，则见其委靡，见其猥鄙，见其粗俗，见其野悍。或瘠而黄，或肥而弛，或萎而伛偻，其光明秀伟有威仪者，千万不得一二。或曰：中国人劳困愁苦[⑬]，喧隘不洁，易生暗疾。向之所见，盖无无病者也，固也。然使既以遭遇攻其外，不更以疑忌巧诈自蠹其中，彼外来

① “缄”，他本作“缄默”。

② “挢挢”，他本作“矫矫”。

③ “翔”，国民报社本、文明书局本作“翱翔”。

④ “攫搏”，《清议报》本作“按搏”，国民报社本、《全编》本、文明书局本作“攖搏”。

⑤ “蹈”，国民报社本、《全编》本、文明书局本作“踏”。

⑥ “今之人”，他本作“今人之”。

⑦ “失真”，国民报社本、文明书局本作“失其真”。此句后原另为一则，据他本接排。

⑧ “京朝官”，他本作“京朝士官”。

⑨ “攻”，《清议报》本、《全编》本、文明书局本作“歧”，国民报社本作“岐”。

⑩ “又有党党之党，又有相攻”，他本作“党之中又自相攻”。

⑪ “讧”，国民报社本、文明书局本作“开”，盖繁体“鬨”“開”形近致误。

⑫ “于”，国民报社本、文明书局本脱。

⑬ “中国人劳困愁苦”，《清议报》本、《全编》本作“中人愁困劳苦”，国民报社本、文明书局本作“中国人愁困劳苦”。

之患害，犹可祛也。岂非机心之益其疾耶？无术以救之，亦惟以心救之[1]。缘劫运既由心造，自可以心解之。

① “救之”，文明书局本作“解之”。

四三①

焉忘机，焉慈悲无畏。世间万物愈进愈阻，却不因畏难不前，防害而不敢兴利。摒除机心之法在于己身慈悲之念，则天下机心皆可去除，亦可成之一学派或一教。慈悲为心力之实体，慈悲则人我平等、平等则无我、无我则生大无畏之心、无畏则无所用机。

夫心力最大②，无不可为。惟其大也，又适以召阻③：格致盛而愈多难穷之理，化电盛而愈多难分之质，医学盛而愈多难治之证④，算学盛而愈多难取之题，治理盛而愈多难防之弊。道高一尺，魔高一丈，愈进愈阻，永无止息。然反而观之，向使不进，乃并此阻而不可得。是阻者进之验，弊者治之效也。同消同长，道通为一，惟在不以此自阻焉耳。苟畏难而偷安，防害而不敢兴利，动援西国民党之不靖，而谓不当学西法，不知

---

① 本篇底本与文明书局本接排于前文，今据他本另为一篇。

② “最大”，他本后衍“者”字。

③ “阻”，他本后衍“险”字。

④ “证”，《清议报》本、《全编》本作“症”。

正其治化日进之凭据也。即有小乱，当统千万年之全局观之，徒童窥于一孔，谓头痛[①]当医头、腹痛当医腹，遂弃[②]置全局于不顾，此其心力，诚不足道矣。然而知心力之大[③]可恃，不审心力之所由发，直情径遂，壮趾横行，则持[④]以平机心之心力，转而化为机心。以机愈机，轴轮双转，助劫而已，焉能挽劫哉？然则如[⑤]之何？曰：盍于一人试之。见一用机之人，先平去[⑥]自己机心，重发一慈悲之念，自能不觉人之有机。人之机为我忘，亦必能自忘，无召之者，自不来也。此可试之一二人而立效，使心力骤增万万倍[⑦]，天下之机心不难泯也。心力不能[⑧]骤增，则莫若开一讲求心之学派，专治佛家所谓愿力，英士乌特亨立所谓治心免病法[⑨]。合众人之心力为之，亦勿虑学派之难开也。各教教主，皆自匹夫一意孤行而创之者也。盖心力之实体，莫大于慈悲。慈悲则我视人平等，而我以无畏；人视我平等，而人亦以无畏。无畏则无所用机矣。佛一名“大无畏[⑩]”，其度人也曰“施无畏”。无畏有五，曰：无死畏，无恶名畏，无不活畏，无恶道畏，乃至无大众威德畏。而非慈悲则无

---

① “头痛”，《全编》本作“头病”。

② “弃”，他本作“并”。

③ “大”，原作“不”，据国民报社本、《全编》本、文明书局本改。

④ “持”，他本作“将”。

⑤ “如”，原作“知”，据他本改。

⑥ “平去”，国民报社本、《全编》本、文明书局本作“去乎”。

⑦ “倍”，他本皆脱。

⑧ “不能”，《全编》本脱。

⑨ “法”，《清议报》本、《全编》本脱。

⑩ “大无畏”，原作“人无思”，据他本改。

以造[①]之。故慈悲为心力之实体。今夫向人涕泣陈诉,恻怛沉痛[②],则莫不暂释其机心而哀怜之。彼伪悲而不慈,奚足感人若此[③],又况以[④]天地民物为无量之大慈悲乎?

---

① “造”,他本作“度”。

② “沉痛”,原作“忧痛”,据国民报社本、《全编》本、文明书局本改。

③ 此二句,他本作“故仅悲而不慈矣,足感人若此”。

④ “以”,他本无。

四四

平视强弱万国，变法自强。 弱国致衰之道不一，然皆可染于强国，使背信义而行威诈。莫若代其革政，废君主而行民主。当今弱国位置如一贯，可携二十利而修大铁路以兴商务。中国则当反躬自责、专意变法自强，首宜变衣冠而去发辫。

以心挽劫者，不惟发愿救本国，并彼极强盛之西国，与夫含生之类，一切皆度之。心不公，则道力不进也。故凡教主教徒，不可自言是某国人，当如耶苏①之立天国，平视万国皆其国、皆其民，质言之，曰无国可也。立一法，不惟利于本国，必无损于各国，使皆有利；创一教，不惟可行于本国，必合万国之公理，使智愚皆可授法。以此为心②，始可言仁，言恕，言诚，言絜矩③，言参天地、赞化育。以感一二人而一二化，则以感天下

---

① “耶苏”，国民报社本、文明书局本作“耶稣”。

② “为心”，国民报社本、《全编》本、文明书局本乙作“心为”，则与下“始”字连读亦可通。

③ “絜矩”，原作“挈矩”，据他本改。

而劫运可挽也。今夫西国，岂非所谓极盛强者哉？然以衡诸地球万万年之全运，为人言思拟议所不能及之盛，则犹堆积盈野之茧，特微[①]引其绪耳，乌足为极。且致衰之道亦不一矣。中国、土耳其、阿富汗、波斯、朝鲜，海内所号为病夫者也。英、美、德、法诸国，不并力强革其弊政，以疗其病，则其病将传染于无病之人。而俄罗斯则故曲徇其守旧之意，虚为保护之貌，惟恐他国革其弊政，所以阴弱之。又以自固其君主国之势，又[②]使守旧者感其惠[③]，而守旧之国亦竟深相倚寄。中国则订密约矣，朝鲜寄居其使馆[④]，且授兵柄矣。乘渴而饮以鸩酒，乘饥而饱以漏脯。愚公之愚，固折入于俄而不足惜，彼旁观者，独不虑孙策坐大乎？中国又[⑤]虐杀回回[⑥]人，西宁有已降老弱妇女[⑦]万余人，镇将邓增[⑧]一夕尽杀之，而以克复三国关张皇入告。回回切齿，思归俄国。土耳其又虐杀[⑨]希腊教人、革雷得岛亚米尼亚人，兵连祸结，数年不息。希腊教人切齿，思归[⑩]俄国。呜呼！吾将见可杀克[⑪]之马兵蹂躏欧、亚两洲，而各国

---

① “微”，《清议报》本、《全编》本作“徵”。

② “又”，他本脱。

③ “惠”，原作“患”，据他本改。

④ “使馆”，原脱“使”字，据他本补。

⑤ “又”，他本作“官吏”。

⑥ “回回”，他本作“回教”。下一“回回”同。

⑦ “妇女”，他本作“妇孺”。

⑧ “邓增”，《清议报》本作“郰增”。

⑨ “虐杀”，原作“弱杀”，据国民报社本、文明书局本改。然国民报社本、文明书局本后衍一“害”字。

⑩ “归”，《清议报》本、《全编》本作“还”。

⑪ “可杀克”，《清议报》本、《全编》本作“可萨克”。

宁能无恙耶？即彼两国，亦宁能无[1]物极必反，俱伤而两败耶？地球战祸，殆于不可纪极矣。顾此犹其显而易见者也。若夫各国致衰之由，则不宁惟是。吾敢断[2]之曰：各国欺凌[3]远、近东病夫之道，即其所以致衰之道。何也？国于天地，必有与立，则信与义，其内治外交之胶粘物也。各国之强盛，罔不由于信义，天下既共闻而共见之矣。不幸独遇所谓病夫者，以信义待之，彼反冥然罔觉，悍然不顾。于是不得已而胁之以威，诈之以术。又不幸胁与诈而果得所欲，且逾其初志焉，将以为是果外交之妙用也已。相习成风，转视信义为迂缓。则以之待病夫者，旋不觉以施诸无病之人。无病之人不能忍受，别求所以相报，由是相诡相遁，外交之信义亡矣。又相习愈深，以待与国者，旋不觉以施诸国中之人。上下同虐[4]，相诡相遁，内治之信义又亡矣。信义不立，其不同为病者与有几？故夫[5]人与己，本非二致；而人心者，又可固不可撄者也。撄之以信义[6]，在有道者观之，犹以为其效必[7]极于不信不义，况撄之以不信不义，其祸胡可言哉！今将挽救之，而病夫者，非是则莫肯率从。甚矣病夫之累人，而各国遭遇之苦诚有不幸也。然

① “无”，原脱，据他本补。

② “断”，国民报社本、文明书局本作“明断”。

③ “欺凌”，他本作“欺陵”。

④ “虐”，他本作“列”。

⑤ “夫”，国民报社本、文明书局本作“本”。

⑥ 此二句，《清议报》本作“又不可撄者也。接之以信义”；《全编》本作“又不可撄者也。撄之以信义”；国民报社本作“反本不可撄者也。撄之以信义”；文明书局本作“反本不可攖者也。攖之以信义”。

⑦ “必”，他本脱。

为各国计，莫若明目张胆，代其革政①，废其所谓君主，而择其国之贤明者，为之民主，如墨子所谓“选天下之贤者，立为天子”，俾人人自主，有以图存，斯信义可复也。若虑俄国之扰也，则先修欧、亚两洲东西大铁路，东起朝鲜，贯中国、阿富汗、波斯、东土耳其，梁②肯士但丁③峡，达西土耳其，作为万国公路，皆不得侵犯之。按诸地图，此诸病夫者，同在北纬三十度至四十度之间，天若豫为位置，令其土壤成一直线。苟因天之巧，济以人力，以三万余里之钢轨④穿为一贯，如牛鼻之有雉⑤、鱼腮之有柳，诸病夫戢戢相依，托余生于⑥铁路，不致为大力者负之而走，其病亦自向苏，而各国所获铁路之利，抑孔厚矣。俄国西伯利亚⑦铁路成，则东西洋之商旅皆将出于其途。俄之厚，邻之薄也。今修此路，则彼为其弧，此为其弦；远之于近，其利一。彼路长则成功劳，此路短则成效速；难之于易，其利二。彼路长则行李稍淹，此路短则计日加捷；迟之于速，其利三。彼越乌拉岭之南北干山，与铁路正交，此循葱岭之东西干山，与铁路平行；险之于夷，其利四。彼近寒带，天时凛冽，此在温带，天时和煦；寒之于暖，其利五。彼荒寒枯瘠，物产萧寥，此农矿膏腴，物产充牣⑧；歉之于盈，其利六。彼工

① “革政”，后原衍“若荷”二字，据他本删。“政”字国民报社本误为“改”。

② “梁”，《清议报》本、《全编》本脱。

③ “肯士但丁”，他本作“君士但丁”。

④ “钢轨”，国民报社本、文明书局本作“铁轨”。

⑤ “雉”，国民报社本、《全编》本、文明书局本作“锥”。

⑥ “于”，原作“之”，据他本改。

⑦ “西伯利亚”，国民报社本、文明书局本作“西比利亚”，且后衍“之”字。

⑧ “充牣”，原作“充轫”，据《清议报》本、《全编》本改。国民报社本、文明书局本作“充足”。

艺制造寂然无闻，此商货灌输日不暇给；僻之于繁，其利七。彼人民野悍，驾驭难周，此人民柔顺，驱使易效；梗之于驯，其利八。彼人少工价昂[①]，此人多工价廉[②]；散之于聚，其利九。彼一国孤撑，此众擎共举[③]；重之于轻，其利十。彼专利于一方，此溥利于万国；私之于公，其利十一。彼以危人之安，此以安人之危；利之于义，其利十二。彼路为众心共疾，此路为群情争向；恶之于好，其利十三。彼路成，适以召天下之兵，此路成，足以定天下之乱[④]；失之于得，其利十四。总此十四利，则彼之借款难，此之招股易；背之于向，其利十五。总此十五利，则彼之偿息多，此之偿息少；疑之于信，其利十六。总此十六利，则彼之成本重，此之成本轻；耗之于省，其利十七。总此十七利，则彼之获利微，此之获利巨；啬之于丰，其利十八。总此十八利，则彼之铁路，十年积虑，尽掷黄金于虚牝，此之铁路，一旦出争，立致青云于顷刻；废之于兴，其利十九。总此十九利，则彼不能以铁路侵人国土，此转欲以铁路致其死命；败之于功，其利二十。且夫弭将发之兵端，保五洲之太平，仁政也；拯垂亡之弱国，植极困之遗黎，义举也；笼总汇之商务，收溢散之利源，智谋也；争棋劫之先着，杜横流之后患，勇功也。以言乎其实，则详于二十；以言乎其名，则略举有四。此盖矗天绝地之勋德，夫何惮而久不为也？英、法、德、意、奥、和、比、日、葡、瑞、挪、丹、日本皆以商为国，即皆宜肩此责。而英之商务

① “昂”，国民报社本、文明书局本作“日昂”。

② “廉”，国民报社本、文明书局本作“廉贱”。

③ “众擎共举”，国民报社本、文明书局本作“众擎易举”。

④ “乱”，国民报社本、文明书局本作“兵”。

尤大[①],尤宜倡首。英见美修万余里之大铁路,遂于坎拿大[②]效其所修而[③]与之平行。夫坎拿大不及美之土地富厚,犹欲与之争驰,有反乎此者,乃熟视而澹忘之欤[④]?美国固素守局外,然此于商务有关,亦何可甘居人后。且华盛顿创[⑤]民主于前,林肯[⑥]释黑奴于后,义闻宣昭,炳耀寰宇,乘此时攘臂而出,光烈可缵[⑦],鼎足成三,不必别[⑧]为弭兵之费,抑无俟于[⑨]公断之约,神武睿智,其有取诸!日本《国民杂志》称:由中部亚洲而出扬子江[⑩]畔为第一好路,不独中国之利,天下亦将享受其便。英伦《泰晤士报》[⑪]称:俄路既通之后,当通第二条华路,中国一切商务,可由波斯、土耳其而达欧洲,与俄路并行[⑫]。亦各粗著其端[⑬],惜乎未究厥旨。众生业力将消,中外必多同心者矣[⑭]。然则中国谋自强,益[⑮]不容缓矣。名之曰"自强",则其

① "尤大",他本脱。

② "坎拿大",国民报社本、文明书局本作"加拿大"。下一处同。

③ "效其所修而",他本作"效其所为,修路以"。

④ "欤",国民报社本、文明书局本作"与"。

⑤ "创",国民报社本、文明书局本作"倡"。

⑥ "林肯",国民报社本、文明书局本后衍一"复"字。

⑦ "光烈可缵",《清议报》本、《全编》本作"先烈可缵",国民报社本、文明书局本作"先烈可讚"。

⑧ "别",他本脱。

⑨ "于",文明书局本无。

⑩ "扬子江",原作"洋子江",据《清议报》本、文明书局本改。《全编》本、国民报社本作"杨子江"。

⑪ "《泰晤士报》",原作"《三者姆四报》",据他本改。

⑫ "并行",文明书局本作"平行"。

⑬ "端",他本作"效端"。

⑭ 此句后各本皆另为一则,唯文明书局本接排,今姑从之。

⑮ "益",《清议报》本、《全编》本作"盖"。

责在己而不在人，故慎毋为复仇雪耻之说，以自乱其本图[①]也。任彼之轻贱我、欺陵我，我当视为兼弱攻昧，取乱侮亡，彼分内所[②]应为，我不变法，即不应不受。反躬自责，发愤为雄，事在人为，怨尤胥泯，然后乃得一意督责，合并其心力，专求自强于一己。则诋毁我者，金玉我也；干戈我者，药石我也。无事不可借鉴，即随地皆可见功。耶曰："视敌如友"，亦诚有友之之益也[③]。管子之术，"人弃我取"，"因祸为福"，"转败为功"，斯亦天下之至巧者矣。盖心力之用，以专以一。佛教密宗，宏于咒力，咒非他，用心专耳。故梵咒不通翻译，恐一求其义，即纷而不专。然而必尚传授者，恐自我创造，又疑而不专。思之思之，鬼神通之。孔曰："民可使由之，不可使知之[④]。"殆谓此也。自强者，强自而已矣；知其为自，已[⑤]觉多此一知，况欲以加乎人哉？今夫自强之策，其为世俗常谈者，吾弗暇论；论其至要，亦惟求诸己而已矣。行之则王，否则亡。不俟蓍蔡，毅然可决，则曰变衣冠。文化之消长，每与[⑥]日用起居之繁简得同式之比例。人惟窳惰，不欲兴事，则必[⑦]无意于求简，而听其繁。苟民智大开，方将经纬天地[⑧]、酬酢万物之不暇，岂暇事此

---

① "本图"，《清议报》本、《全编》本作"本国"。

② "所"，他本作"可"。

③ 此句《清议报》本、《全编》本脱一"之"字，国民报社本、文明书局本作"亦诚有益于友也"。

④ 此二句，他本脱二"之"字。

⑤ "已"，他本脱。

⑥ "与"，文明书局本作"于"。

⑦ "必"，国民报社本、文明书局本作"心"。

⑧ "经纬天地"，他本作"经天纬地"。

繁缛之衣冠？繁必滞，简必灵。惟简而后[①]能驭繁，故繁于物者，必先简于己，一定之理，无可移易。吾闻西人之论方言矣：教化极盛之国，其言音[②]必简而轻灵，出于唇齿者为多，舌次之，牙又次之，喉为寡，深喉则几绝焉。发音甚便利，而成言也不劳；所操甚约，而错综可至于无极。教化之深浅，咸率是以为差。此亦繁简[③]之辨也。又闻之法律家矣[④]：头等教化之国，国律时时更改，以趋于便，而变通尽利，斯法为人用，人不至反为法用；其次则有一定之律矣。教化之深浅，咸率是以为差。此又灵滞之辨也。夫于衣冠，何独不然[⑤]？既非上衣下裳，而偏为长襜[⑥]博袖；既非席地屈坐，而偏为跪拜顿首。事之颠倒失理，宁或[⑦]过此？以士大夫而为此，则犹可言矣；顾农夫之于畎亩，工役之于机器，兵卒之于战阵，佣隶之于趋走，于今之衣冠礼节[⑧]有大不便者，而亦不闻异其制，何耶[⑨]？呜呼！君主之弱天下也，必为正[⑩]繁重之礼与俗，使竭毕生之精力[⑪]，仅足以胜其繁重，而保身[⑫]以不戾于时，则天下必无暇分其精力思与君主抗，积之既久，忘其本始，遂以为理之当然而事之

---

① “而后”，国民报社本、文明书局本作“然后”。
② “音”，他本作“者”。
③ “繁简”，原作“由简”，据他本改。
④ “矣”，原作“無”，据他本改。
⑤ “何独不然”，他本前有“又”字。
⑥ “襜”，《清议报》本、《全编》本作“裾”。
⑦ “或”，他本作“有”。
⑧ “礼节”，国民报社本、文明书局本作“礼范”。
⑨ “耶”，《清议报》本、《全编》本作“邪”。
⑩ “正”，他本作“甚”。
⑪ “精力”，国民报社本、文明书局本作“精神”。
⑫ “保身”，国民报社本、文明书局本作“保其身”。

固然，不恤役志于繁重，以自塞锢其聪明，虽祸患在眉睫，亦将不及顾，或语以简便，则反[①]诧为诡异。故中国士民之不欲变法，良以繁重之习，渐渍于骨髓；不变其至切近之衣冠，终无由耸其听闻、决其志虑而咸与新也。日本之强，则变自衣冠始[②]，可谓知所先务矣。乃若中国，尤有不可不亟变者，薙[③]发而垂发辫是也。姑无论其出于北狄鄙倍[④]之制，为生人之大不便；吾试举今古[⑤]中外所以处发之道，听人之自择焉。处发之道凡四，曰"全发"，中国之古制也是。发受于天，必有所以用之，盖保护脑气筋者也。全而不修[⑥]，此其所[⑦]长也；而其病则有重腿之累。曰"全薙"，僧制是也。洁清[⑧]无累，此其所[⑨]长也；而其病则无以护脑。曰"半剪"，西制是也。既足以护脑，而又轻其累，是得两利。曰"半薙"，蒙古、鞑靼之制是也。薙处适当大脑，既无以蔽护于前，而长发垂辫，又适足以重累于后，是得两害。孰得孰失，奚去奚从[⑩]，明者自能辨之，无俟烦言而解矣。

---

① "反"，原作"及"，据他本改。

② "则变自衣冠始"，文明书局本作"则自变衣冠始"。

③ "薙"，原作"剃"，据他本及下文"全薙"、"半薙"改。

④ "鄙倍"，文明书局本作"鄙俗"。

⑤ "今古"，他本作"古今"。

⑥ "修"，他本作"偏"。

⑦ "所"，他本衍作"所以"。

⑧ "洁清"，国民报社本、文明书局本作"清洁"。

⑨ "所"，国民报社本、文明书局本衍作"所以"。

⑩ "奚去奚从"，国民报社本、文明书局本作"奚舍奚从"。

四五

断识、破执与平等。借物理学赋心以力而成“心力”，建构仁、心、识之逻辑架构，使其相互印证涵摄。心力为办事之基，亦为相争之源，分“永、反、摄、拒、总、折、转、锐、速、韧、拧、超、钩、激、弹、决、偏、平”十八种。心力用于仁，则有上下通、中外通、男女内外通、人我通四道。不通是因脑气筋动法各异，断识（先意识后执识，先我执后法执）方为泯灭人我隔阂挂碍之法，最终通而平等。

心力可见否？曰：人之所赖以办事者是也。吾无以状之，以力学家凹凸力之状状之。愈能办事者，其凹凸力愈大；无是力，即不能办事，凹凸力一奋动，有挽强持满、不得不发之势，虽千万人，未或能遏之而改其方向者也。今略举十有八[①]。曰“永力”，性久不变，如张弓然。曰“反力”，忽然全变，如弛弓然。曰“摄力”，挽之使近，如右手控弦然。曰“拒力”，推之使远，如左手持弓然。曰“总力”，能任群重，如杠杆之倚点然。

① “今略举十有八”，《清议报》本、《全编》本作“今略举之，约十有八”。

曰“折力”，能分条段，如尖劈之斜面然。曰“转力”，互易不穷，如滑车然。曰“锐力”，曲而能入，如螺丝然。曰“速力”，往来飞疾，如鼓琴而弦颤然。曰“韧力”[①]，阻制驰散，如游丝之节动然。曰“拧力”，两矫相违，如绞网而成绳然。曰“超力”，一瞬即过，如屈钢条而使跃然。曰“钩力”，逆探至隐，如饵钩鱼[②]，时禽时纵然。曰“激力”，虽异争起，如风鼓浪，乍生乍灭然。曰“弹力”，骤起击压，无坚不摧，如弩括突矢，突矢贯札然。曰“决力”，临机立断，自残不恤，如剑锋直陷，剑身亦折然。曰“偏力”，不俯[③]即昂，不令相平，所以居己于重也，如碓杵然。曰“平力”，不低不昂，适剂其平，所以息物之争也，如悬衡然。此诸力者[④]，皆[⑤]能挽劫乎？不能也。此佛所谓生灭心也，不定聚也。自撄撄人，奇幻万变，流衍[⑥]无穷，愈以造劫[⑦]。吾哀夫世之所以有机械也，无一不缘此诸力而起。天赋人以美质，人假之以相斗，故才智愈大者争亦愈大，此凹凸力[⑧]之为害也。然苟无是力，即又不能办事。宜如之何？曰：何莫并凹凸力而用之于仁？仁之为通[⑨]也凡四：曰上下通，天地交泰、不

---

① “韧力”，他本作“动力”。

② “如饵钩鱼”，《清议报》本作“如弭钩鱼”，国民报社本、《全编》本、文明书局本作“如弭钓鱼”。

③ “俯”，《清议报》本、《全编》本、文明书局本作“低”，国民报社本误作“抵”。

④ 此句国民报社本、文明书局本作“此之所谓力者”。

⑤ “皆”，《清议报》本脱。

⑥ “衍”，原作“術”，据他本改。

⑦ “劫”，原脱，据他本补。

⑧ “凹凸力”，原作“凸凹力”，据前文及他本改。

⑨ “通”，他本作“道”。

交[1]否，损上益下、益反之损是也；曰中外通，子欲居九夷、《春秋》大黄池之会是也；曰男女内外通，“子见南子”是也。终括其义，曰“人我通”。此三教之公理，仁之所以[2]为仁也。原夫人我所以不通之故，脑气之动法各异也。吾每于静中自观，见脑气之动，其色甚白，其光灿烂，其微如丝，其体纡曲缭绕[3]。其动法：长短多寡有无，屡变不定，而疾速不可名言，如云中电[4]，无幾微之不肖。信乎脑即电也。吾初意以为无法之动，继乃知不然。当[5]其万念澄澈，静伏而不可[6]见；偶萌一念，电象即呈，念念不息，其动不止。易为他念，动亦大异，愈念愈异，积之至繁，即又淆浊不复成象矣。于其异念则异动，因知动法皆摹拟乎念，某念即某式，某念变某式，必为有法之动，且有一定之比例。惜其理至赜，牵涉万端，为时太暂，不容一瞬，虽欲详考，其道无由。昔天文家误以天王、海王二星为无法之动，久殆[7]察知其外摄力正[8]杂，运行易致参差。然统计众轨道之全体，仍可驭之入算，列之成图，非无法也。脑气之动，殆正类此。其动者[9]，意识也，大脑之用也；为大脑之体者，藏识也。其使有法之动者，执识也，小脑之体也；为小脑之用者，前

① “不交”，原作“不变”，据他本改。

② “仁之所以”，国民报社本、文明书局本作“仁民之所”。

③ “缭绕”，国民报社本、文明书局本作“纡绕”。

④ “如云中电”，原作“云中之电”，据他本改。

⑤ “当”，《清议报》本、《全编》本脱。

⑥ “可”，《清议报》本作“别”。

⑦ “殆”，他本作“始”。

⑧ “正”，他本作“甚”。

⑨ “者”，《清议报》本、《全编》本作“在”。

五识也。惟睡梦疯颠[①]，辄为无法之动，意识未断，而执识先断也。执识亦非断尽[②]，即[③]我执未断，而法执先断也；大脑明而小脑半昧也。唯识所谓昏沉掉[④]举，第七识暂断者也。夫断识本有定序[⑤]，先意识而后执识，先我执而后法执；今全倒其序，是以成为无法之动也。睡梦者，乃其平日前五识所受之染，深锲其体质品状于大脑之藏识，而小脑司其启闭，使布列井井，条理灿[⑥]备。法执苟断，是断其小脑之半，故梦中未尝不知有我，以我执[⑦]犹在也。意识渐从藏识中发露，一一复呈所染于[⑧]前五识，恍[⑨]犹前五识重与之接，因而成梦。其实前五识为小脑之用，小脑既断其半，是前五识已断矣[⑩]。然辄迷离谬悠，凑泊无理，几能别自创造[⑪]一世界，则以无次第整齐之之法执也。是以孩提无梦，意识[⑫]未盛也；愚人无梦，藏识不灵也；至人亦无梦，前五识不受染也。此睡梦之脑气动法也。推之疯颠[⑬]，亦应如是，惟前五识未断耳。夫脑气动法，既万有不齐，意识乘之，纷纭而起。人与人，地与地，时与时，事与事，无

---

① “疯颠”，国民报社本、文明书局本作“疯癫”。

② “尽”，原脱，据他本补。

③ “即”，他本无。

④ “掉”，国民报社本、文明书局本脱。

⑤ “定序”，他本作“实序”。

⑥ “灿”，国民报社本、文明书局本作“咸”。

⑦ “执”，原作“质”，据国民报社本、文明书局本改。

⑧ “于”，原作“所”，据他本改。

⑨ “恍”，国民报社本、文明书局本作“恍然”。

⑩ 此二句，他本作“小脑既断，则是前五识已断矣”。

⑪ “创造”，他本无“造”字。

⑫ “意识”，国民报社本、文明书局本作“智识”。

⑬ “疯颠”，文明书局本作“疯癫”。

所往而不异，则人我[①]安得有相通之理？凹凸力之为害，即意识之为害也。今求通之，必断意识；欲断意识，必自改其脑气之动法。外绝牵引，内归易简，简之又简，以至于无，斯意识断矣。意识断，则我相除；我相除，则异同泯；异同泯，则平等出；至于平等，则洞澈彼此，一尘不隔，为通人我之极致矣。佛氏之言云："何是山河大地？"孔氏之言曰："天下何思何虑[②]？"此其断意识之妙术，脑气所由不妄动，而心力所由显。仁矣夫！

① "人我"，原作"我人"，据他本改。

② 此句他本脱"天下"。

四六

> **灵魂代体魄，科技解人口。**农学为地球之本。人口激增隐患巨大，故西国殖民辟地，故遣散兵卒难于招募。可利用地理、水利、生物、化学、物理等科技辅助农学，重组原质而造物，以满足人口需求。甚至可造以灵魂代体魄之新人种，则无需依赖物质，地球虽毁而可不惧，是为度尽众生之别法。

天下皆善其心力也，治化之盛当至何等地步？曰：此未易一二言，吾试言其粗浅，则地球之治，必视农学为进退。孟子曰："天下之生久矣，一治一乱。"夫治而有乱，其必有大不得已之故，而保治之道未善也。大不得已之故，无过人满。地球之面积无可展拓，而人类之蕃衍代必倍增，所产不敷所用，此固必乱之道也。今幸轮船铁路，中外尽通，有余不足，互相[①]酌剂，总计荒地正多，即丁口再加百十倍，犹易生活。吾观西国辟地通

① "互相"，原作"互商"，据他本改。

商，汲汲为殖民政策，而叹其志虑宏深[1]矣。王船山尝恨两汉史官昧于政体，时承大乱之后，受降[2]动至百万数十万人，其用兵之数，当不下[3]此，皆不农不末[4]，无业游民也，一旦归休，如何安置，如何劳来，还定安集之，又操何术，使有执业，足自给而不为乱，当时至大至艰之事，宁有过于此者？而史官一字不及，真可谓无识焉耳。于古既无征[5]，后世遂百思不得其故。曾国藩深慨遣散兵卒之难甚于募练，至于无法以处[6]其后。散勇之溃叛，降人之反复，不一而足，至今为戒。试为思一[7]处置之法，则无若迁耕旷土之为得也。是以俄迁波兰人于西比利亚[8]，英迁罪徒于澳洲，各国或迁于非洲，美释[9]黑奴而封之于曲兰斯佛耳为民主国，皆以农政为消纳人口之计；而尤以美封黑奴，称[10]震古铄今之仁政焉。故人满之患，必生于他日[11]之土满，非真满也。土满之患，必生于居处之不均，垦辟之不讲，亦未能定为真满也。苟统五大洲人土两均[12]，而犹患人满，斯真满矣。斯农之所以贵有学也。地学审形势，水学御旱潦，动植学辨物性，化学察品质，汽机学济人力，光学论光色，电学助光热。有学之农，获数十倍

---

① “宏深”，他本作“宏远”。

② “受降”，国民报社本、文明书局本作“归降”。

③ “下”，他本作“止”。

④ “末”，原作“末”，据他本改。

⑤ “无征”，他本作“无所征”。

⑥ “处”，他本作“善”。

⑦ “一”，《清议报》本、《全编》本脱。

⑧ “西比利亚”，《清议报》本、《全编》本作“西伯利亚”。

⑨ “释”，《清议报》本作“择”。

⑩ “称”，原衍作“为称”，据他本删。

⑪ “他日”，原作“他处”，据他本改。

⑫ “人土两均”，他本作“人口两均”。

于无学之农。然竭尽地球之力，则尤不止于此数。使地球之力，竭尽无余，而犹不足[①]供人之食用，则必别有[②]他法，考食用之物，为某原质配成，将用各[③]原质化合为物，而不全恃乎农。使原质又不足以供，必将取于空气，配成质料，而不恃乎实物[④]。且将精其医学，详考人之脏腑支体所以必需食用之故，而渐改其性，求与空气合宜，如道家辟谷服气之法，直可不用世间之物，而无不给矣。又使人满至于极尽，即不用一物，而地球上骈肩重足犹不足以容，又必进思一法，如今之电学，能无线传力传热，能照见筋骨肝腑[⑤]，又能测验脑气体用，久之[⑥]必能去其重质，留其轻质，损其体魄，益其灵魂。兼讲进种之学，使一代胜于一代，万代[⑦]而不已；必别生种人，纯用智，不用力，纯有灵魂，不有体魄。犹太古初生，先有蠢物，后有灵物；物既日趋于灵，然后集众灵物[⑧]之灵而为人，今人灵于古人，人既日趋于灵，亦必集众灵人之灵，而为纯用智[⑨]纯用灵魂之人，可以住水，可以住火，可以住风，可以住空气[⑩]，可以飞行往来于诸星诸日，虽地球全毁，无所

① “不足”，国民报社本、文明书局本作“不足以”。

② “有”，他本作“为”。

③ “将用各”，原作“或将用水”，据他本改。

④ “恃乎实物”，《清议报》本作“恃乎物”，国民报社本、《全编》本、文明书局本作“全恃乎物”。

⑤ “肝腑”，他本作“肝肺”。

⑥ “久之”，他本作“久”。

⑦ “万代”，国民报社本、文明书局本作“万化”。

⑧ “灵物”，原作“物”，据他本补。

⑨ “为纯用智”，《清议报》本作“化为纯智”，国民报社本、《全编》本、文明书局本作“化为纯用智”。

⑩ “空气”，他本作“空”。

损害[①]，复何不能容之有！惟是众生之业力难消，地球之变局日甚：地球由热而冷，由涨而缩，由松而紧，由软而坚，由圆而扁；岁差数十秒[②]，七十余年而差一度，二万余年而复其始。复其始，又不能真复其原点；则积无量二万年，而地球之南北极，与天空之南北极，两相易位。其间之水火海陆，不知凡几经大变，而地球亦有终毁之时[③]。他日之治乱兴衰，诚非人之私意所能逆测[④]，然而极之弥勒下生，维摩病起，人民丰乐，山河如镜，真性如如[⑤]，充满法界，一切众生，普遍成佛；其未成佛者，舍此世界地球极治之时，必即在地球将毁之时矣。何者？众生之业力消，地球之业力亦消；众生之体魄去，地球之体魄亦去。夫地球亦众生也，亦一度众生[⑥]者也；地球之不得即毁，众生累之也。

---

① “无所损害”，他本前有“一”字。

② “杪”，原作“抄”，据《清议报》本、《全编》本改。文明书局本作“秒”。

③ “时”，文明书局本作“日”。

④ “测”，他本作“料”。

⑤ “如如”，原作“各各”，据他本改。

⑥ “众生”，原作“众等”，据他本改。

四七

大同之道。以世界主义视角提出无国界化、无君主可终达平等。"修身、齐家、治国、平天下"当为"平天下、治国、齐家、修身"。嫖娼无法杜绝是因体魄太为人重视，既不得禁，不如设官、限地、限数、洁所、避虐、供薪而经理之，施仁政胜于坐视不管。

地球之治也，以有天下而无国也。庄曰："闻在宥天下，不闻治天下。"治者，有国之义也；在宥者，无国之义也。□□□曰[①]"在宥"，盖"自由"之转音。旨哉言乎！人人[②]皆[③]能自由，是必[④]无国之民。无国则畛域化，战争息，猜忌绝，权谋[⑤]弃，彼我忘[⑥]，平等出；且虽有天下，若无天下矣。君主废，则贵

① "□□□曰"，国民报社本、文明书局本仅有"曰"字。
② "人人"，《清议报》本、《全编》本作"人之。"
③ "皆"，国民报社本、文明书局本脱。
④ "必"，他本后有"为"字。
⑤ "权谋"，《清议报》本作"机谋"。
⑥ "忘"，他本作"亡"。

贱泯[①];公理明,则贫富均。千里万里,一家一人。视其家,逆旅也;视其人,同胞也。父无所用其慈,子无所用其孝,兄弟忘其友恭,夫妇忘其倡[②]随。若西书中《百年一觉》者,殆仿佛《礼运》大同之象焉。盖治国[③]如此,而家始可言齐矣。然则《大学》言"家齐而后国治,国治而后天下平",非欤?曰:"非也。"□□□曰[④]:彼所言者,封建世[⑤]之言也。封建世,君臣上下,一以宗法统之。天子大宗也,诸侯、卿大夫皆世及,复各为其宗。民田受之于上[⑥],而上之制禄,亦以农夫所入为差。此龚定庵所以有《农宗[⑦]》之作也。宗法行而天下如一家。故必先齐其家,而后[⑧]能治国平天下。自秦以来,封建久废[⑨],宗法荡尽,国与家渺不相涉。家虽至齐,而国仍不治;家虽不齐,而国未尝不可治;而国之不治,则反能牵制其家,使不得齐。于是言治国者,转欲先平天下;言齐家者,亦必先治国矣。大抵经传所有,皆封建世之治,与今日事势[⑩],往往相反,明者决知其必不可行。而迂陋之僻儒,辄善[⑪]引经据典,侈[⑫]谈古制,

---

① "泯",国民报社本、文明书局本作"平"。
② "倡",《清议报》本、《全编》本作"唱"。
③ "盖治国",他本作"而国治"。
④ "□□□曰",国民报社本仅有"曰"字,文明书局本并"曰"字亦脱。
⑤ "封建世",原作"封建之世",据他本删。
⑥ 此句他本作"民受田于其上"。
⑦ "农宗",国民报社本、《全编》本作"农夫"。
⑧ "而后",国民报社本、《全编》本、文明书局本作"然后"。
⑨ "废",他本作"湮"。
⑩ "事势",国民报社本、文明书局本作"事务"。
⑪ "善",国民报社本、《全编》本、文明书局本作"喜"。
⑫ "侈",他本作"伪"。

妄[①]欲见诸施行，而不悟其不合，良足悼焉。或曰：”天下至平者无天下，国至治者无国，家至齐者无家，无他，轻减[②]体魄之事，使人[③]不困于伦常而已矣。然世有娼妓者，非伦常，非非伦常；非以困人[④]，非不以困人[⑤]。禁之欤，抑听之欤[⑥]？”曰：体魄之事尽，则自无娼妓，不待禁也。苟其不尽，虽禁不止。子不见西国乎？治化不为不盛，而娼妓日多，卒无术以禁止[⑦]，遂成[⑧]五大洲通行之风俗。然而既不能禁，即不能终听之矣。凡官之于民，如家人父子然，见有不善，力能禁之[⑨]固善；力不能禁，即当引为己任，而与之同其利害，非可闭塞耳目，置诸不理，以不闻不问，苟焉为自洁也。娼妓亦其一事焉。明知万不能绝[⑩]，则胡不专设一官，经理其事？限定地段，毋与良民杂处；限定名额，宁滥毋[⑪]隐；洁清其居，毋使致疾；整齐其法，毋使虐待；抽取费用，如保险之利，为在事诸人之薪俸；规条灿然，莫能欺遁，而陷溺者亦自有止境。岂非仁政之大者哉？虽

---

① “妄”，国民报社本、文明书局本作“实”。

② “减”，国民报社本、文明书局本作“滅”。

③ “人”，国民报社本、文明书局本作“人人”。

④ “非以困人”，他本脱。

⑤ “非不以困人”，《清议报》本作“亦困人”，国民报社本、《全编》本、文明书局本作“亦能困人”。

⑥ 两“欤”字，国民报社本、文明书局本作“乎”。

⑦ “以禁止”，《清议报》本、《全编》本作“禁止”，国民报社本、文明书局本作“以禁止之”。

⑧ “成”，他本作“成为”。

⑨ “禁之”，他本前多一“禁”字。

⑩ “绝”，国民报社本、文明书局本作“禁”。

⑪ “毋”，国民报社本、文明书局本作“勿”。

然[1],以论于中国民事,有更大于此者,尚且隔膜坐视,不加喜戚[2]于心,又况娼妓之区区者耶[3]!

---

① “虽然”,原作“然虽”,据他本乙。

② “喜戚”,“喜”字原脱,据他本补。

③ “者耶”,“者”字原脱,据他本补。

四八

三世达平等。灵魂高于体魄，知为灵魂行为体魄，故贵知不贵行。宗教为求知良方，在政与学之上。引孙宝瑄论《易经·乾卦》，推演和勾勒人类社会历史以及个体之变易历程，以此破译爻辞中平等密码：以“潜龙勿用”“见龙在田”、“君子终日乾乾”之内卦对应公羊三世说之元统太平世、天统升平世、君统据乱世，以为逆三世；以“或跃在渊，无咎”、“飞龙在天”、“亢龙有悔”之外卦对应君统据乱世、天统升平世、元统太平世，以为顺三世。达元统则可无教主、无君主、无地球而众生平等。

难者曰：“子陈义高矣，既已不能行，而滔滔然为空言，复奚益[①]？”曰：吾贵知，不贵行也。知者，灵魂之事也；行者，体魄之事也。孔[②]曰：“知之为知之，不知为不知，是知也。”知亦知，不知亦知。是行有限而知无限，行有穷而知无穷也。且行

---

① “复奚益”，国民报社本、《全编》本、文明书局本后有“乎”字。

② “孔”，国民报社本、《全编》本、文明书局本作“孔子”。

之不能及知，又无可如何之势也。手足之所接，必不及耳目之远；记性之所至[①]，必不及悟性之广；权尺之所量，必不及测算[②]之确；实事之所肇[③]，必不及空理之精：夫孰能强易之哉？僻儒所患能知而不能行者，皆[④]非真知也，真知则无不能行矣。教也者，求知之方也。故凡教主教徒，皆以空言垂世，而不克及身行之，且为后世诟詈戮辱而不顾也。耶杀身，其弟子十二人，皆不得其死。孔仅免于杀身[⑤]，其弟子七十人，达者盖寡。佛与弟子，皆饥困乞食，以苦行终。此其亡躯命，以先知觉后知，以先觉觉后觉，岂暇问其行不行哉！惟摩西、穆罕默德以权力行其教，君主而已矣，何足为教主？然则知之与行，孰为贵而孰为贱也？且夫诋行者斯不行已耳，诋知者岂能出于知外乎？亦犹诋教者无能出于教外也[⑥]。今之谈者辄曰"吾专言学"，是以学教也。否则曰"吾专言政"，是以政教也。或竟[⑦]明言曰"吾不言教"，是自成为不言教之教也。不言教之教，禅宗所谓不立文字，又谓运水搬柴，尽是神通妙用是也。盖教能包政、学，而政、学不能包教；教能包无教，而无教不能包教。彼诋教者，不知教之大，为天下所不能逃，而刻意欲趋

① "至"，他本作"含"。
② "测算"，他本作"测量"。
③ "肇"，他本作"丽"。
④ "皆"，他本脱。
⑤ "杀身"，国民报社本、文明书局本作"一身"。
⑥ "且夫"三句，他本脱。
⑦ "竟"，国民报社本、文明书局本作"并"。

教外[1]，实深堕[2]乎教中，则何其不知量之甚也。故佛说[3]："谤佛者即是信。"以其既已知有佛矣，不能以谤而自灭其知也。明乎此，复何疑于吾言？且吾言地球之变，非吾之言，而《易》之言也。《易》冒天下之道，故至啧[4]而不可恶，吾尝闻□□□[5]之论乾卦[6]矣，于《春秋》三世之说[7]之说有合也。《易》"兼三才而两之"，故有[8]两三世。内卦逆而外卦顺，"初九，潜龙勿用"，太平世也，元统也。无教主，亦无君主。于时为洪荒太古，氓之蚩蚩，互为酋长已耳。于人为初生。勿用者，无所可用者也。"九二[9]，见龙在田，利见大人"，升平世也，天统也。时则渐有教主君主矣，然去民尚未远也，故曰在田。于时为三王[10]五帝。于人为童稚。"九三，君子终日乾乾，夕惕若厉，无咎"，据乱世也，君统也。君主始横肆，教主乃不得不出而剂其平，故词多忧患[11]。于时为三代。于人为冠婚。此内卦之逆三世也。"九四，或跃在渊，无咎"，据乱世也，

---

① "趋教外"，他本作"居于教外"。

② "堕"，国民报社本、文明书局本作"入"。

③ "佛说"，他本后有"有云"二字。

④ "啧"，他本作"赜"。《易·系辞上》"圣人有以见天下之赜"，唐陆德明《释文》云："京作'啧'，情也。"

⑤ "□□□"，国民报社本、文明书局本少一"□"。

⑥ "乾卦"，原作"乾坤"，据他本改。

⑦ "三世之说"，原作"之世之说"，据《清议报》本、《全编》本改，国民报社本作"之世之义"，文明书局本作"三世之义"。

⑧ "有"，原脱，据他本补。

⑨ "九二"，原作"九九"，据他本改。

⑩ "王"，他本作"皇"。

⑪ "忧患"，他本作"忧虑"。

君统也。“上不在天，下不在田”，或者试词也。知其不可为[①]而为之者，孔子也。于时则自孔子之时至于今日，皆是也。于人则为壮年以往。“九五，飞龙在天，利见大人”，升平世也，天统也。地球群教，将同奉一教主；地球诸[②]国，将同奉一君主，于时为大一统。于人为知天命。“上九，亢龙有悔”，太平世也，元统也。合地球而一教主，一君主，势又孤矣。孤故亢，亢故悔。悔则人人可有教主之德，而教主废；人人可有君主之权，而君主废。于时为遍地民主[③]。于人为功夫纯熟，所谓[④]“从心所欲不逾矩”也。此外卦之顺三世也。然而犹有迹象也。至于“用九，见群龙无首，吉”，天德不可为首也。又曰：天下治也，则一切众生，普遍成佛。不惟无教主，乃至无教；不惟无君主，乃至无民主；不惟浑一地球，乃至无地球；不惟统天，乃[⑤]至无天：夫然后至矣尽矣，蔑以加矣。呜呼！尊教主者，宁教主之愿也哉？有恶劣之众生，而后有神圣之教主，不愿众生之终于恶劣，故亦不愿教主之长为神圣，此推穷治理，必以无教为极致矣。孔[⑥]曰：“天下有道，丘不与易也。”孟子曰：“予岂好辩[⑦]哉？予不得已也。”夫教主之出现，诚不幸而遇于不得已焉耳。悲夫，悲夫！

---

① “不可为”，原脱“可”字，据他本补。

② “诸”，他本作“群”。

③ “为遍地民主”，他本作“遍地为民主”。

④ “所谓”，他本作“可谓”。

⑤ “不惟统天，乃”，五字《清议报》本脱。

⑥ “孔”，他本作“孔子”。

⑦ “辩”，原作“辨”，据他本改。

四九

自度度人，人我一体。 自度即为度人，自我救赎即为任侠救世，己之心源纯净则众生皆纯净。度人者勿以善小而不为，锲而不舍则终致无量。通过弥合佛与众生、人与己而阐发“通天地万物人我为一体”，终可无我而平等。

救人之外无事功，即度众生之外无佛法。然度人不先度己，则己之智慧不堪敷用，而度人之术终穷；及求度己，又易遗弃众生，显与本旨相违，若佛所谓证于实际、堕落二乘矣。然则先度人乎？先度己乎？曰：此皆人己太分之过，谛听谛听，当如是：知人外无己，己外无人，度人即是度己，度己即是度人。譬诸一身，先度头乎？先度手乎？头亦身之头，手亦身之手，度即并度，无所先后也。若因世俗，强分彼此，则可[①]反言之曰：度己，非度己也，乃度人也；度人，非度人也[②]，乃度己也。

① “可”，国民报社本、文明书局本脱。

② “也”，原脱，据他本补。

何以言之？今夫空山修证，洁治心源，此世俗所谓度己者也。然心源非己之源也，一切众生之[①]源也。无边海印，万象森罗。心源一洁，众生皆洁。度人孰有大于此者？况四万八千尸虫[②]在己身，已有无数众生，安见己身果己身有耶？故曰："度己，非度己也，乃度人也。"今夫方便施舍，广行善事，此世俗所谓度人者[③]。然[④]仅能益众生之体魄，聊为小补，众生迷误，则如故也。虽法施广大，宏愿薰[⑤]习，不难资以他力，要视众生之自力何如，非可人人强之也。由是以谈，度人未能度到究竟，而己之功德则已不可量矣，故曰："度人，非度人也，乃度己也。"尝以此说质之□□，则曰："子前之说是也。后之说谓人[⑥]未能度到究竟，亦尚有未尽。今试予[⑦]人一钱，扶人一步，其为度也微矣。然而由此充[⑧]之，锲而不舍，极于无量劫[⑨]，终必度到究竟。以度到究竟之因缘，自此而结，度人者勿以善小而勿为矣[⑩]。"

---

① "之"，《清议报》本脱。

② "尸虫"，国民报社本、《全编》本、文明书局本误作"户虫"。

③ "者"，国民报社本、文明书局本作"者也"。

④ "然"，《清议报》本、《全编》本脱。

⑤ "薰"，国民报社本、文明书局本作"熏"。

⑥ "人"，他本作"度人"。

⑦ "予"，文明书局本作"与"。

⑧ "充"，国民报社本、文明书局本作"推"。

⑨ "劫"，国民报社本、《全编》本、文明书局本作"数"。

⑩ "勿为矣"，国民报社本作"不为可矣"。

五〇

万法唯识，人我皆通。世界取决于人心，万物为众生心力之幻相，意识不同故同一事物相去霄壤。个与群、己与人、众生与佛皆随处现身、增减无定、相互流转，度尽与度不尽皆无所异。本篇借佛法阐释人我通而平等作为全书收束。

众生度得尽否？当在何时度尽？曰：时时度尽，时时度不尽。自有众生以来，即各各自有世界；各各之意识所造不同，即各各之五①识所见不同。小而言之，同一明②日皓月，绪风晤雨，同一名山大川，长林幽谷，或把酒吟啸，触境皆虚③，或怀远伤离，成形即惨，所见无一同者。大而言之，同一文字语言，而仁者见仁，智者见智；同一天下国家，而治者自治，乱者自乱；智慧深，则山河大地，立成金色；罪孽重，则食到口边，都化

① “五”，原作“互”，据他本改。
② “明”，他本作“朗”。
③ “虚”，原作“灵”，据他本改。

猛火:所见更无一同者。三界惟心,万法[1]惟识,世界因众生而异,众生非因世界而异。然则众生[2]度尽度不尽,亦随众生所见何如耳。且即其实而言之,佛与众生,同一不增不减之量。谓众生度不尽[3],则众生将日增;谓众生度尽,则佛将日增。有所增亦必有所减,二者皆非理也。其实佛外无众生,众生外无佛。虽真性不动,依然随处现身;虽流转世间[4],依然遍满法界。往而未尝生,生而未尝往。一身无量身[5],一心无量心[6]。一切入一,一入一切。尚何尽不尽之可言哉?是故佛既说"有一小众生不得度者,我誓不成佛";又说"卒无有一众生得灭度"者,亦尽亦不尽也。《易》言:"天下同归而殊途,一致而百虑。"不言殊途同归、百虑一致者,殊则不复同,而不害其为同,固不得强[7]同之矣;百则不复一,而不害其为一,固不得强一之矣。噫嘻,天下之势,其犹川之决乎!一逝而万古不合,此《易》之所以始乾而终未济也。

① "法",原脱,据国民报社本、《全编》本、文明书局本补。《清议报》本作"化"。

② "众生",国民报社本作"世界众生"。

③ "度不尽",原作"不度尽",据他本改。

④ "世间",原作"五间",据他本改。

⑤ 他本脱后一"身"字。

⑥ 他本脱后一"心"字。

⑦ "强",他本作"强为"。下一"强"字同。

附　　录

校刻浏阳谭氏仁学序[①]

呜呼！此支那[②]为国流血第一烈士亡友浏阳谭君之遗著也。烈士之烈，人人知之。烈士之学，则罕有知之者；亦有自谓知之，而其实未能知者。余之识烈士，虽仅三年，然此三年之中，学问言论行事，无所不与共。其于学也，同服膺南海[③]，无所不言，无所不契。每共居，则促膝对坐一榻中，往复上下，穷天人之奥，或彻数日夜废寝食，论不休。每十日不相见，则论事论学之书盈一箧。呜呼！烈士之可以千古，尚有出乎烈之外者，余今不言，来者曷述焉！乃叙曰：

《仁学》何为而作也？将以光大南海之宗旨[④]，会通世界圣哲之心法，以救全世界之众生也。南海之教学者曰："以求仁为宗旨，以大同为条理，以救中国为下手，以杀身破家为究竟。"《仁学》者，即发挥此语之书也。而烈士者，即实行此语之人也。

---

① 此序始载《清议报》第二册（清光绪二十四年十一月二十一日出版）。亦见《全编》本和梁氏《饮冰室合集·文集》。以《清议报》本为底本，参校《全编》本、《合集》本。

② "支那"，《全编》本作"中国"。

③ "同服膺南海"句，《全编》本、《合集》本无。

④ "光大南海之宗旨"句，《全编》本、《合集》本无。

今夫众生之大蔽，莫甚乎有我之见存。有我之见存，则因私利而生计较，因计较而生罣碍，因罣碍而生恐怖，驯至一事不敢办、一言不敢发。充其极也，乃至见孺子入井而不怵惕，闻邻榻呻吟而不动心，视同胞国民之糜烂而不加怜，任同体众生之痛痒而不知觉，于是乎大不仁之事起焉。故孔子绝四，终以无我。佛说曰："无我相。"

今夫世界乃至恒河沙数之星界，如此其广大；我之一身，如此其藐小。自地球初有人类，初有生物，乃至前此无量劫，后此无量劫，如此其长；我之一身，数十寒暑，如此其短。世界物质，如此其复杂；我之一身，分合六十四原质①中之各质组织而成，如此其虚幻。然则我之一身，何可私之有？何可爱之有？既无可私，既无可爱，则毋宁舍其身以为众生之牺牲，以行吾心之所安。

盖大仁之极，而大勇生焉。顾婆罗门及其他旧教，往往有以身饲蛇虎，或断食，或卧车辙下求死，而孔、佛不尔者，则以吾固有不忍人之心。既曰不忍矣，而洁其身而不思救之，是亦忍也。故佛说："我不入地狱，谁入地狱？"孔子曰："天下有道，丘不与易也。"古之神圣哲人，无不现身于五浊恶世，经历千辛万苦者。此又佛所谓"乘本愿而出世"，孔子所谓"求仁而得仁，又何怨"也。

烈士发为众生流血之大愿也久矣。虽然，或为救全世界之人而流血焉，或为救一种之人而流血焉，或为救一国之人而流血焉，乃至或为救一人而流血焉。其大小之界，至不同也。

① "六十四原质"，《全编》本、《合集》本作"七十三原质"。

然自仁者视之,无不同也。何也?仁者,平等也,无差别相也,无拣择法也,故无大小之可言也。此烈士所以先众人而流血也。况有《仁学》一书,以公于天下,为法之灯,为众生之眼,则烈士亦可以无慊于全世界也夫!亦可以无慊于全世界也夫!

烈士流血后九十日,同学梁启超叙

《仁学》评论资料

宋恕致刘绍宽书

谭氏《仁学》，惟心派之哲学也，故其大处与衡不合，昔曾与面争屡矣，谭颇能虚心，惜天不假之年也。（胡珠生编《宋恕集》，中华书局 1993 年，第 652 页）

章太炎自定年谱

平子以浏阳谭嗣同《仁学》见示，余怪其杂糅，不甚许也。平子因问："君读佛典否？"余言，穗卿尝劝购览，略涉《法华》、《华严》、《涅槃》诸经，不能深也。平子言何不取三论读之。读竟，亦不甚好。时余所操儒术，以孙卿为宗，不熹持空论言捷径者。偶得《大乘起信论》，一见心悟，常讽诵之。（《章太炎年谱长编（增订本）》，中华书局 2013 年，第 22 页）

章太炎致宋恕书

复笙《仁学》，今见于《清议报》。其说以以脱为灵魂，不生不灭，故无生死；原质托始，故无尔我。其义可以振怯死之气而泯小智之私，诚桀骜矣。惜天末相思，汨罗不出，不能与辩于梦寐之中。使果有此,则仆将自裂其说。(光绪二十五年正月初十,《章太炎年谱长编(增订本)》,中华书局 2013 年,第 594 页)

孙宝瑄日记

向午,枚叔走谭,论谭甫生《仁说》,有云男女媾合事,因其所合之具生于隐曲处,故人以为羞;若生颅顶间,则虽朝会燕飨时,犹可一试。余谓此好为新说,而未潜思夫理也。(光绪二十四年戊戌六月初四日,《孙宝瑄日记》,中华书局 2015 年)

观谭壮飞《仁学》。《仁学》云:凡物小之至于目所不能辨之一尘,其中莫不有山河动植,如吾所履之地,为一小地球云云。此等语,为今日谈佛与格致者所斤斤乐道,而余不敢决其必然。盖太虚中之物质,既丛列而杂居,其小大以比较知之。有大世界,自有小世界,固也。然而小大之间,必有等差。有至大者,必有次大者;有不可见之小者,必有可见之小者。微尘中既有小地球,为目所不能辨,必有稍大之地球,为目所能辨者。如地既大于月若干倍,日又大于地若干倍,大小既殊,岂能概为目所不辨?由是以观,微尘中有山河、有小地球者,不敢信也。吾但信其有微生物、有动植物耳。

或曰:世界之在空际,相离不相聚,如月之去地甚远,地之去日又甚远,安知无可见之微尘。世界小大相去远,因之去人亦远,故人不能见耶?曰:不然,凡物之大者,其相离之界大;物之小者,其相离之界亦小。故物与物相离之远近,与其形之大小有正比例。盖小大有相吸之力,若太远则吸力不能到矣。微尘之地球,既小而至于目不能见,则尺许之远,可作数十万里数百万里观,一若月之于地、地之于日也。岂有去人甚远,而人不能见者哉？佛说粟米中藏千世界，别有所指，非人所能知。

仁慈忠孝，名词也，记号而已。仁慈为君父之专名，则忠孝自为臣子之专名，其不以此反之君父者，以君父与臣子不平权故也。若权平，虽忠孝为臣子专名，亦无不可也。

西人谓《诗》：东门之杨，其叶肺肺。体物象形，最为工致。此亦训诂之奇而确者。

一梦之短，能容数十年月；一脑之小，能容无量世界。

好古二字，在进化世界为非，在退化世界为是。必执于文，从古皆非佳义，亦近穿凿。

壮飞讥老聃以崇俭，谓其杀地球含生类。不知孔子亦有此意，《论语》曰：奢则不逊，俭则固；与其不逊也，宁固。孔子亦尚俭矣。要之，奢俭二字，皆非中道。善理财者，当用者用之，似奢非奢；当省者省之，似俭非俭，省财者所以善其用。则盖节无用以纳于有用，虽大富之家，岂得不量入为出乎？即东西各国，其于每年度支，亦有预算表，未闻昧然滥用其财也。若一味崇奢，而不顾其后，其弊与崇俭等。盖崇俭则人不沾其惠，其害在人；崇奢至于财不赡给，其害在己也。己受其害，则不能复有馀利及人，是害又在人也。或曰：不见壮飞之说乎？财用不足，但可开源，不可节流。

曰：开源是也，然不节流，则源有时竭，奈何？此不可不虑也。壮飞以是矫崇俭之弊则可，直以崇俭为天地之常经，不可也。

荀曰性恶，孟曰性善，余曰性无善无恶。无善无恶，谓之无性可也。（光绪二十八年壬寅二月十一日，《孙宝瑄日记》，中华书

局2015年）

观《仁学》终卷。

壮飞谓：通商者，相仁之道也，两利之道也。大然。盖万国通商，所以使全球之血脉相灌注也。否则此有所壅，彼有所缺，不相交通，譬诸人身，精血偏枯壅滞，则疾作矣。故为闭关绝市之说者，何其不仁也！

《仁学》曰：众生之业识，无始而有终。业识转为智慧，是识之终也。忘山居士曰：众生之业识，既有终无始，则佛之智慧，有始无终矣。

谓孔、耶之徒，皆捐弃君臣父子夫妇兄弟之伦，以就朋友之一伦。然孔、耶二圣人，皆未尝不以君臣父子夫妇兄弟之职分为教也。使世界果无夫妇父子兄弟之伦，则人种何由来？果可无君臣之伦，则群类奚能相安？吾恐四伦无，朋友之伦亦无也。要之，三纲可去，五伦必不可废，何也？五伦者，人生自然之秩序也，本无弊害；害五伦者，三纲也。今以恶三纲之故，并欲破坏五伦，是因噎而废食也。

英士韦廉臣著《古教汇参》，（偏）〔徧〕诋群教，独于佛教则叹曰：真圣人也！

美士阿尔格尝纠同志，创佛学于印度，不数年，欧美各国皆立分会，凡四十馀处。法国信者尤众。

壮飞先生自云：每于静中自观，见脑气之动，其色纯白，其光灿烂，其微如丝，其体纡曲纡绕。其动法，长短多寡有无，屡变不定，而疾速不可名言，如云中电。当其万念澄澈，静伏不可见，偶萌一念，电象即呈。念念不息，其动不止；易为他念，动亦大异。愈念愈异，积之至繁，即又淆浊，不复成象矣。

壮飞谓：人日趋于灵，必集众灵人之灵，而化为纯用智纯用灵魂之人，可以住水，可以住火，可以住风，可以住空，可以飞行往来于诸星诸日。虽地球全毁，一无所损害云云。忘山曰：斯言也，先生意拟之词，非有所据也。余则以为佛果圆成之日，纯然此景象也。

余昔年在海上，与同志诸人论乾卦，自谓颇有精理。壮飞先生竟载其说于《仁学》中。（光绪二十八年壬寅二月十二日，《孙宝瑄日记》，中华书局 2015 年）

谭壮飞作《仁学》，痛诋俭德，以为有国者当尚奢。余曾驳其说，盖彼茫然于计学之理，宜持论如此。（光绪二十九年癸卯四月初四日，《孙宝瑄日记》，中华书局 2015 年）

梁启超致严复书

侪辈之中，见有浏阳谭君复生者，其慧不让穰卿，而力过之，真异才也。著《仁学》三卷，仅见其上卷已，已为中国旧学所无矣。此君前年在都与穰卿同识之，彼时觉无以异于常人，近则深有得于佛学，一日千里，不可量也。并以奉告。（《饮冰室合集·文集》第一册，中华书局 2015 年，第 110 页）

梁启超《谭嗣同传》

以父命就官为候补知府，需次金陵者一年，闭户养心读书，冥探孔佛之精奥，会通群哲之心法，衍绎南海之宗旨，成《仁学》一书。又时时至上海与同志商量学术，讨论天下事，未尝与俗吏一相接。君常自谓"作吏一年，无异入山"。（《谭嗣同全集（增订本）》，中华书局 1981 年 1 月第 1 版、1986 年 6 月第 3 次印刷，第 553—554 页）

梁启超《〈清议报〉一百册祝词并论报馆之责任及本馆之经历》

其内容之重要者，则有谭浏阳之《仁学》，以宗教之魂，哲学之髓，发挥公理，出乎天天，入乎人人，冲重重之网罗，造劫劫之慧果，其思想为吾人所不能达，其言论为吾人所不敢言，实禹域未有之书，抑众生无价之宝。此编之出现于世界，盖本报为首焉。

梁启超《三十自述》

时谭复生宦隐金陵，间月至上海，相过从，连舆接席。复生著《仁学》，每成一篇，辄相商榷，相与治佛学，复生所以砥砺之者良厚。（《梁启超全集》论著第四集，中国人民大学出版社2018年，第958页）

梁启超《清代学术概论》

晚清思想界有一星，曰浏阳谭嗣同。嗣同幼好为骈体文，缘是以窥“今文学”，其诗有“汪（中）魏（源）龚（自珍）王（闿运）始是才”之语，可见其向往所自。又好王夫之之学，喜谈名理。自交梁启超后，其学一变。自从杨文会闻佛法，其学又一变。尝自哀其少作诗文刻之，题曰《东海褰冥氏三十以前旧学》，示此后不复事此矣。其所谓“新学”之著作，则有《仁学》，亦题曰“台湾人所著书”，盖中多讥切清廷，假台人抒愤也。书成，自藏其稿，而写一副本畀其友梁启超；启超在日本印布之，始传于世。

嗣同遇害，年仅三十三，使假以年，则其学将不能测其所至。仅留此区区一卷，吐万丈光芒，一瞥而逝，而扫荡廓清之力莫与京焉，吾故此比诸彗星。

亚卢（柳亚子）《中国立宪问题》

呜呼，立宪乎，立宪乎，空花之幻影耳，睡梦之呓语耳。夫复何言！夫复何言！不见夫戊戌百日之事乎？参预新政诸君，他人我不敢知，浏阳谭氏，观其《仁学》一书，非以民族主义提倡海内者乎？一旦眩于政府之浮辞，遂不惜降志辱身以一试其救民之手段。乃功业未半，中道摧锄，呜呼！文明公敌，岂独荣、刚，彼五百万人固群表同情矣。菜市街头，欧刀相赠，大好头颅，如此一掷。吾非不敢以牺牲流血为天下倡，奈何六州铁铸此大错何！（《江苏》第6期，1903年11月）

黄中黄（章士钊）《沈荩》

嗣同、才常与谈天下前局，其旨趣虽有出入，而手段无不相同。故嗣同先为北京之行，意覆其首都以号召天下……观嗣同之《仁学》，较才常之《觉颠冥斋内言》，已为激进，而岂料其成就之止于是哉？

谭嗣同者，实首发议抉湘人负天下之大罪，思及其剿灭同种以媚胡族者，则日夕痛之。见《仁学》。则嗣同之元素为如何，当能为天下人之所认定。戊戌之变，蹊迹不脱于保皇，而以嗣同天纵之才，岂能为爱新觉罗之所买，志不能逮，而空送头颅，有识者莫不慨之。

胡适《近五十年来之中国文学》

谭嗣同的《仁学》，在思想方面固然可算是一种大胆的作品，在文学方面也有代表时代的价值。……这一节不但材料可以代表当时的科学知识，他的体例也可以代表当时与二十年来的“新文体”。谭嗣同自己说的骈文的体例与气息，在这里也可以看得出来。但我们拿文学史的眼光来观察，不能不承认这种文体虽说是得力于骈文，其实也得力于八股文。古代的骈文没有这样奔放的体例，只有八股文里的好“长比”有这种气息（上例中，水与烛一比及陶埴与饼饵一比，最可玩味）。故严格说来，这一种文体很可以说是八股文经过一种大解放，变化出来的。（姜义华编《胡适学术文集·新文学运动》，中华书局1993年，第112—115页）

冯友兰《中国哲学史新编》

谭嗣同回答了当时时代提出的问题，指明了时代前进的方向，就这两点上说他不愧为中国历史中的一个大运动的最高理论家，也不愧为中国历史中一个代表时代精神的大哲学家。（第6册，人民出版社1989年，第148页）

李泽厚《中国近代思想史论》

改良派变法维新的经济政治思想到谭嗣同这里算是达到了最高的哲学升华。梁启超的《变法通议》强遇了一个“变”字，康有为的公羊三世说，突出了进化发展，然而只有在谭嗣同这里，所有这一切才被抽象概括为“仁—通”的宇宙总规律。从而在哲学上，谭嗣同比康有为也就具有了更高的代表性。（人民出版社1986年，第198页）

纠结的思考：
书籍史、文献学与近代史交叉视域下的《仁学》

谭嗣同字复生，湖南浏阳人，戊戌六君子之一，生于1865年3月10日，卒于1898年9月28日。谭嗣同生于中华民族内忧外患、灾难深重之际。1894年，清政府在中日甲午战争中惨败，割地赔款，丧权辱国，民族危机空前严重。为救亡图存，谭嗣同奔走呼号，寻求救国真理，参与了康有为、梁启超发起的维新运动。1898年8月21日，谭嗣同抵京，担任军机章京，参与新政。9月24日，以慈禧太后为首的顽固派发动政变，谭嗣同拒绝出走，被捕入狱，后在北京菜市口英勇就义，正值英年即为维新事业献出宝贵的生命，年仅33岁。

谭嗣同短暂的一生留下了不少著述，其中最为重要的当属《仁学》，此书奠定了他在中国近代思想史上的重要地位。1894年中日甲午战争爆发，中国惨遭失败，对谭嗣同的思想震动极大。《仁学》是在这种背景下，于1896—1897年间陆续写成的。全书分为上、下两卷，凡50篇，其反封建的激进思想，对资产阶级革命民主派产生过积极的影响。梁启超在《〈清议报〉第一百册祝辞》中说："其思想为吾人所不能达，其言论为吾人所不敢言。"

这样一部享誉近代史且备受关注的名著，其撰写过程和版本源流却并不清晰。这固然与作者于戊戌维新运动中突遭逮捕、慷慨就义，著述之整理刊行条件急剧恶化有关，但也毋庸讳言，与近代史学界对文献学的忽视有关。一个例子是，关于近代史“史料学”的著述所在多有，但多数是基于“为历史研究找材料”的目的性，侧重于对近代文献的类别划分，对不同类别的主要内容、价值、特点等加以介绍，更似传统文献学中的目录学，而对基础的版本、校勘等则不够重视，其中纵有对“第一手材料”的强调、对“二手材料”的警惕，但对两者如何界定的明确性、科学性和可操作性不甚令人满意①。

于是，在近代史领域对此书的研究，多为跳过成书过程考订、发表情况复原、版本体系梳理、异文状况辨析而直接对文本进行解读的成果。这使得一些结论的得出并不完全令人满意，一些研究在取得进展的同时也充满纠结②。如果这种纠结在一定程度上可以看作学科壁垒导致的内卷化对学术研究的掣肘，那么，相邻学科的借鉴就显得更为迫切和必要了。对于

---

① 如一部较为通行的“近现代史史料学”著作中，讲述警惕“二手材料”的重要性时，以点校整理本的疏误作为反面例证，号召治史者在条件许可的情况下阅读原始档案。但殊不知，所举整理本之疏误，若使用者之文献学基础有限、在阅读整理本时难以察觉的话，则直接阅读原始档案亦同样难以察觉甚至更易发生其他误读。对于近代史研究中的文献学缺位导致的问题，笔者将另文考论，此不赘述。

② 狭间直树先生在文章中探讨《清议报》刊载《仁学》的中止与恢复时说：“一旦被中断的《仁学》在《清议报》第44册（1900年5月9日）至46册（1900年5月28日）被刊登后，又被中断。这一异常事态，令人头痛。”见其《梁启超笔下的谭嗣同——关于〈仁学〉的刊行与梁撰〈谭嗣同传〉》，蒋海波译，《文史哲》2004年第1期。

近代史上思想名著的研读，或者说具体到《仁学》研究，书籍史与文献学是尚未得到但应当给予足够重视的视角。

书籍史(book history)是将近一个世纪以来西方学术界在突破既有学术格局的基础上兴起的一门交叉学科，最近一个时期以来越发受到学界关注。国内许多学者都在书籍史的推介与梳理方面做出了贡献。张炜对书籍史进行了较为稳妥的界定：它以书籍为中心，研究书籍创作、生产、流通、接受和流传等书籍生命周期中的各个环节及其参与者，探讨书籍生产和传播形式的演变历史和规律，及其与所处社会文化环境之间的相互关系①。王鹏飞、李贝贝对中国学术视野下的西方书籍史理论与相邻学科之关系、国内学界对西方书籍史的引介与研究情况等进行了完备而扼要的勾勒②。赵益先生则在对中国传统文献之学、文献史和西方书籍史的深刻理解基础上，进一步探讨了书籍史学术理路中国化过程中的水土不服，进而提出“中国古代文献文化史”的设想③。

本文以笔者在文献整理工作中的实操经验和切身感受为基础，试图以《仁学》之相关研究与整理成果为案例，提出对相关问题的粗浅见解，期待得到方家指正。

---

① 张炜：《西方书籍史理论与21世纪以来中国的书籍史研究》，《晋阳学刊》2018年第1期。

② 王鹏飞、李贝贝：《别处的风景：中国学术视野中的西方书史理论》，《中国出版史研究》2016年第1期。

③ 赵益：《从文献史、书籍史到文献文化史》，《南京大学学报》(哲学·人文科学·社会科学版)2013年第3期。

一、《仁学》现存版本与以往的版本研究

(一)《仁学》之发表与版本

《仁学》在写作完成之初因过于激进,未能及时发表,仅在谭嗣同的友人中小范围流传,读过此书的有其友人梁启超、唐才常、宋恕、孙宝瑄等,还有一些交往不深者从谭氏友人处辗转读到过,如章太炎。《仁学》的发表则得益于谭氏挚友梁启超、唐才常。

1898 年 9 月谭嗣同被害后,梁启超流亡日本,并于当年 12 月 23 日创办《清议报》,在该报第 2 期(1899 年 1 月 2 日)上,梁启超开始刊登《仁学》,此后的第 3、4、5、7、9、10、12、14 期,第 44、45、46 期,和终刊号第 100 期(1901 年 12 月 21 日),将《仁学》全部刊登,共 13 期,历时将近三年。此本可称为《清议报》本。

谭嗣同被害时,他的另一挚友唐才常悲痛异常,然"忍不携二十年刎颈交,同赴泉台"(唐撰挽联中语),以尽后死者之责,筹开张园国会、联络会党策划武装起义等,而刊行《仁学》也在其中。1899 年上半年,唐才常"回翔于沪上"(其致江标书札中语),并参与日本人创办的《亚东时报》的编务①。《亚东时报》自第 5 期(1899 年 1 月 31 日)开始刊登《仁学》,中经第 6、7、8、9、10、12、13、14、15、16、17、18 期,至第 19 期(1900 年 2 月 28 日)止,共 14 期,历时一年零两个月。此本可称《亚东时报》本。值得指出的是,此本虽然首次刊登《仁学》较《清

---

① 一些论者认为此时唐才常担任《亚东时报》主编,实则不然,戴海斌先生《〈亚东时报〉研究三题》考述颇详,见《史林》2017 年第 1 期。

议报》晚了将近一个月，但却是首次将《仁学》刊登完毕的，比《清议报》早了将近两年。此外，谭嗣同的《仁学自叙》是首次发表在《亚东时报》的（见第5期），《清议报》未曾刊登，其他版本则晚至1901年才收有此自叙。

1901年5月，《国民报》创刊于日本横滨，此月刊虽然仅出版4期即告停刊，但在停刊不久的10月，以"国民报社"名义推出了单行本《仁学》。这是《仁学》的第一个单行本，可称作国民报社本。

1901年12月21日，《清议报》推出第10期后终刊，此后由新民社推出了《清议报全编》，乃汇辑《清议报》100期之内容编成，但内容多有增删改动。《全编》共分6集26卷，并附有《群报撷华》2卷。首集为论说，其中第一部论著就是谭嗣同之《仁学》，该版本可称《全编》本。

以上就是《仁学》早期刊布的四个重要版本，此后的版本多是根据这几个版本衍生出的，如商务印书馆翻印本、民国间文明书局《谭浏阳全集》本等。

（二）以汤志钧先生为代表的《仁学》版本研究

《仁学》是晚清维新运动时期涌现出的杰出的思想著作，历来是中国近代史和近代思想史学者措意之重点，前人的研究成果可谓洋洋大观，然多集中在思想层面，研究其政治思想者有之，研究其经济思想者有之，研究其伦理思想者有之，研究其启蒙意义者有之，研究其佛教术语者亦有之……然而对于《仁学》之写作时间、成书经过、版本情况及差异之关注，则屈指可数，除了谭嗣同著述系年或考订中略为提及之外，专门从书籍、文献角度研究者今仅见汤志钧《〈仁学〉版本探源》

(《学术月刊》1963 年第 5 期)、印永清《〈仁学〉版本考》(《华东师范大学学报》哲学社会科学版 2000 年第 6 期),以及日本狭间直树《梁启超笔下的谭嗣同——关于〈仁学〉的刊行与梁撰〈谭嗣同传〉》(《文史哲》2004 年第 1 期)。

汤志钧先生最早致力于此,首先梳理了《仁学》的版本情况,指出:(1)发表时间:《清议报》本虽然发表最早,但全部刊登完毕则反在后,《亚东时报》本相比稍晚了不到一个月,但却是最早全部刊登完整《仁学》者,国民报社本为最早的单行本,此后还有《清议报全编》本;(2)异文情况:《亚东时报》本与《清议报》本互有差异,并非同源,《全编》本与《清议报》本也有所不同(主要是解决了“重复、误植、删除”等问题);(3)分析了《亚东时报》本更可能是来自谭嗣同的稿本,并进而认为整理《仁学》应以此本为底本。

这篇扎实的文章并未得到学界和业界的回应:初版于 1981 年 3 月的中华书局本《谭嗣同文选注》(周振甫选注),仍然使用国民报社本为底本,初版于 1981 年 1 月并于 1998 年 6 月第三次印刷的《谭嗣同全集(增订本)》(蔡尚思、方行编),虽在“编例”中标榜“以《亚东时报》本为底本”,但在具体操作中仍然较多地出现国民报社本之异文而未加校勘记。中华书局版《谭嗣同全集(增订本)》所收《仁学》,前言标榜使用《亚东时报》本为底本,但其实文字面貌与国民报社本更接近、实际未能对《亚东时报》充分利用。该书一经问世得到学界的高度肯定和广泛使用,学人使用习焉不察,之后对于《仁学》版本的研究无甚新见成果。这也再次从一个侧面印证了近代史学界文献意识的缺位。

（三）关于“稿本”的推测：与印永清先生商榷

2000 年，印永清先生在出版“醒狮丛书”本《仁学》[①]的基础上，撰文继续考订《仁学》版本，值得敬佩。在文章里印先生反驳了汤志钧先生关于《亚东时报》本来自“唐才常稿本或抄本”的推测，认为梁启超掌握的本子更可能是稿本，并给出理由：(1)谭嗣同被捕前一年的所有信件中，没有发现有关《仁学》稿本托人之事，也未见他人有受托保管此稿本的记录，则稿本一直在谭身边；(2)戊戌变法突然失败，谭嗣同没有时机转移文稿，仓促间交给梁启超；(3)“按照一般常识”，重要手稿不到万不得已不会交给他人，谭嗣同被捕前夕紧急交给梁启超，之后遇难未有机会记录或说明。

笔者认为，上述理由值得推敲。关于(1)，本不待辨，谭嗣同作为逆党被清廷杀害，他自己和亲友都焚毁了大量信件，不能以现存文献不足而断定实际从未产生。关于(2)，对于变法失败，谭嗣同出逃尚且时间充裕，谈何没有时间转移文稿？关于(3)，即便是一般常识，却对谭嗣同无效，这个果敢英挺、才华横溢的奇才，将手稿赠人之事所在多有——其《兴算学议》、“北游访学记”以及《思纬吉凶台短书》中的《报贝元征》等重要著述即以书信形式留赠受书之师友，书信体裁而外，也有将《寥天一阁印录》留赠好友刘善涵之举，因此，“重要手稿不到万不得已不会交给他人”的说法不能成立。

文中又给出了梁启超交给《清议报》刊发的也是稿本的“理由”：(1)他本避讳而《清议报》本不避讳，稿本不用避讳，

① ［清］谭嗣同著、印永清评注：《仁学》，中州古籍出版社 1998 年版。

冲决网罗的谭嗣同更不必避讳;(2)《清议报》本有留空,作者解释为这是在刊发时对稿本的缺字、涂字处留空所致,而若所据为抄本则会直接补足或忽略,且认为《亚东时报》本"误印、漏印较多,疑是抄本";(3)《清议报》本《仁学》分为两卷,恰合谭氏《仁学自叙》,《亚东时报》本则未分卷。

以上三个理由同样有值得商榷之处,其中暴露了作者对晚清时期报刊出版的一些隔膜之处。如(1),关于避讳,文章忽略了发表这一环节,直接将刊发的面貌视作底本来推测其为稿本抑或抄本,其实完全还有其他可能性,如稿本不避讳,但在刊发时被出版者加以避讳而用方框代替,特别是《亚东时报》虽系日本人主办,但毕竟在中国境内,《清议报》则远在日本横滨,前者有所顾忌而在发表时加以避讳并非不可能,不能据此即断定其底本不是稿本。(2)留空情况非仅《清议报》本独有,《亚东时报》本也存在且有多于《清议报》本之处;至于《亚东时报》本之错漏较多,自系实情,但若加分析则可当另有发现,详见下文。(3)《亚东时报》本并非完全不分上下卷,版心处也有"卷上"字样,只是未见"卷下"字样,联系其手民之误较多(并见下文),可以理解,且分为两卷的依据是自叙,而自叙恰恰见于《亚东时报》本而不见于《清议报》本。

(四)结论

综上所述,《清议报》本为稿本的可能性非但不比《亚东时报》本高,反而更低。笔者认为,《亚东时报》本所据的唐才常所得本更有可能为稿本,简要说来理由如下[①]:

---

① 参见拙文《谭嗣同著述新考》,《湘学研究》2019 年第 2 期,社会科学文献出版社 2020 年版,第 65—66 页。

一来，光绪二十三年（1897）四五月间谭、唐两人分处吴楚两地，谭信中有“同心千里，吴楚青苍”之语，两人虽书函不断，然究不如宁沪之间往来便捷，可以如与梁启超一样“每成一篇，辄相商榷”（梁启超《三十自述》语），则唐才常所得《仁学》当是已完成或至少在相当程度上完成之稿。

二来，梁启超在学术著作《清代学术概论》中记述：“其所谓新学之著作，则曰《仁学》，亦题曰《台湾人所著书》，盖多讥切清廷，假台湾人抒愤也。书成，自藏其稿，而写一副本畀其友梁启超，启超在日本印行之，始传于世。”①笔者认为，尽管梁启超撰《谭嗣同传》的各个版本对梁氏保存谭之著述手稿有所记录，但其中饱含政治宣传意图，且前后文字改易较大②，相比而言，更强调学术而淡化政治意图的《清代学术概论》更有可信度。

三来，通过版本比勘可知，唐才常刊于《亚东时报》的版本所收《仁学自叙》，在《清议报》本中是没有的，单行的国民报社本和《清议报全编》本才再次收录《仁学自叙》，已在《亚东时报》刊发的一两年后。联系谭嗣同其他著作中好为跋语序言的情况③，这篇自叙在一定程度上可以看作谭嗣同对《仁学》写作划上句号的标志。

---

① 汤志钧、汤仁泽编：《梁启超全集》第十集，中国人民大学出版社 2018 年版，第 282 页。

② 参见［日］狭间直树《梁启超笔下的谭嗣同——关于〈仁学〉的刊行与梁撰〈谭嗣同传〉》，《文史哲》2004 年第 1 期。

③ 如其以《报贝元征》作为《思纬吉凶台短书》之主体部分，就另外撰写了自叙，又如赠友人刘善涵《寥天一阁印录》时，也撰写了跋语。关于谭嗣同的著述观念和著述习惯，可参拙文《谭嗣同著述新考》关于“旧学四种”的相关考述。

二、《清议报》本《仁学》刊登中止及继续之发覆

（一）以书籍史视角关注近代史研究：狭间直树先生的启发性成果

狭间直树先生在研究中对《清议报》中"《仁学》的刊登与中断"进行了相当深入的考索。令人敬佩的是，他把《清议报》本《仁学》在第44—46期之前和之后的连载中断，与梁启超的思想变化结合起来，给出了自己的意见，非常具有启发性。著作刊行时的形态与异常情况，被作为近代史的研究对象，书籍史与近代史的融通，无疑是具有示范意义的。

然而在仔细拜读该篇文章，将《清议报》本《仁学》与《亚东时报》本、《清议报全编》本和国民报社单行本对照并进行较为详细的校读后，笔者有了不同的看法，今不揣浅陋就正于海内外方家。

狭间先生认为，《清议报》在第14期后不再刊登《仁学》，是由于梁启超的思想已偏向国家主义，"《仁学》的世界主义被敬而远之了"，并列举了梁氏转向国家主义的《本报改定章程告白》和《国家论》、《爱国论》、《商会议》等著述。笔者认为，梁氏思想的所谓"变化"，与《仁学》连载之中断这两者之间，狭间先生所提供的只是一种可能性。甚至我们可以更进一步追问，两者之间的关联性到底有多强。前举《国家论》、《商会议》刊发于《清议报》第10—12期，《爱国论》更是早在第6、7期即已发表，这与《仁学》刊载的前14期，时间上有所重合。若真如狭间直树先生所推测的，梁启超的国家主义已与谭嗣同的世界主义思想渐行渐远的话，为何此时恰是刊发

《仁学》并未中断的时期?

（二）回到文本寻求刊发中止之原因

那么,《仁学》于《清议报》连载至第14期后即中止,有无其他原因或可能性呢?笔者认为,回到《仁学》本文,或许可以有所收获。

前人对《清议报》本《仁学》有所评价。汤志钧先生认为其并非一个足够完善的本子,其中存在着“删节、误植、重复”,并通过文字校勘提出,当以《亚东时报》本为底本整理《仁学》。印永清先生虽不同意汤先生的底本选择,认为《清议报》本才是根据梁启超得自谭嗣同的“稿本”,但也不得不承认《清议报》本是一个“删改本”。而正是这个并不完善的本子,给我们提供了很多有价值的信息。

关于删节,汤志钧先生列出了“断杀者何”一段,实际上是指《仁学》第十则关于杀与淫的论述。其实除此之外,《清议报》本还将第八则刊落,即“仁之乱也,则于其名”一段。这两段文字,其中皆包含了不少在当时“保皇”旗帜下需要回避的表述,亦即刊于《清议报》第4期之《谭嗣同传》所云:“先择其稍平易者,附印《清议报》中,公诸世焉。”在被刊落的第八、十则中,不甚平易之言不少,不妨略引一二:

> 以名为教,则其教已为实之宾,而决非实也。又况名者由人创造,上以制其下,而不能不奉之,则数千年来,三纲五伦之惨祸烈毒,由是酷焉矣。君以名桎臣,官以名轭民,父以名压子,夫以名困妻,兄弟、朋友各挟一名以相抗拒,而仁尚有少存焉者得乎?

中国积以威刑箝制天下，则不得不广立名为箝制之器。如曰“仁”，则共名也，君父以责臣子，臣子亦可反之君父，于箝制之术不便，故不能不有忠孝廉节等一切分别等衰之名，乃得以责臣子曰：“尔胡不忠，尔胡不孝，是当放逐也，是当诛戮也。”忠孝既为臣子之专名，则终必不能以此反之。

然名教也者，名犹依倚乎教也。降而弥甚，变本加厉，乃亡其教而虚牵于名，抑惮乎名而竟不敢言教，一若西人乃有教，吾一言教即陷于夷狄异端也者。……是惮乎教之名，而世甘以教专让于人，而甘自居为无教之民矣。

以上引文出自第八则，矛头直指名教，不可谓不犀利。又如：

彼北狄之纪纲文物，何足与华人比并者，顾自赵宋以后，奇渥温、爱新觉罗之族，迭主华人之中国，彼其不缠足一事，已足承天畀佑，而非天之误有偏私也。又况西人治化之美，万万过于北狄者乎？

这一段出自第十则，将元、清等少数民族统治者名为“北狄”，亦足以与保皇倾向抵牾。

以上述被刊落的两则内容为基准线，我们再来看第44—46期《清议报》上的《仁学》文字，就不难理解，为什么它们在第14期后延宕一年之久才发表了。

第44期发表的《仁学》，起自第二十六则“第八识转而为大圆镜智”，涵盖完整的第二十七则，直至第二十八则的“彼其时亦君主横恣之时也”。其中不少言论也是直接批判君主专制的，如：“天子既挟一天以压制天下，天下遂望天子俨然一天，虽胥天下而残贼之，犹以为天之所命，不敢不受。民至此乃愚入膏肓，至不平等矣。”“彼君之不善，人人得而戮之，初无所谓叛逆也。叛逆者，君主创之以恫喝天下之名。不然，彼君主未有不自叛逆来者也。”

第45期发表的《仁学》，起自第二十八则“然而礼仪等差之相去”，涵盖完整的第二十九则，直至第三十则的“焚《诗》、《书》以愚黔首，不如即以《诗》、《书》愚黔首，嬴政犹钝汉矣乎”。其中批判韩愈“竟不达何所为而立君，显背民贵君轻之理，而谄一人，以犬马土芥乎天下。至于‘臣罪当诛，天王圣明’，乃敢倡邪说以诬往圣，逞一时之谀悦，而坏万世之心术，罪尤不可逭矣”，批判君臣一伦“尤为黑暗否塞，无复人理”，并再次针对少数民族统治者而发难：“奈何使素不知中国，素不识孔教之奇渥温、爱新觉罗诸贱类异种，亦得凭陵乎蛮野凶杀之性气以窃中国。”

第46期发表的《仁学》，起自第三十则“嬴政犹钝汉矣乎”，涵盖完整的第三十二、三十三则，直至第三十四则“悲夫悲夫”。其中言辞之激烈一如前引诸端有过之而无不及：“夫曰共举之，则且必可共废之。”“君为独夫民贼，而犹以忠事之，是辅桀也，是助纣也。其心中乎，不中乎？呜呼，三代以下之忠臣，其不为辅桀助纣者几希！”“其土则秽壤也，其人则膻种也，其心则禽心也，其俗则毳俗也。一旦逞其凶残淫杀之威，以攫取中原之子女玉帛，砺猰貐之巨齿，效盗跖之肝人。马足蹴中原,中原墟矣;锋刃拟华人,华人靡矣。”

(三)旋刊旋复背后的康梁思想分途

通过上述三期《仁学》内容之简况我们可以发现,在第八、十则被删除的口径下,后边这三期是无论如何不可能在同等条件下刊出的。那么,这些激进的言辞,为何又在一年之后刊出呢?如前文中笔者提出的,思想由接触到接受一般有一个过程,梁启超接触革命派到思想日趋激进,正常情况下也是需要一个过程的。梁与革命派联络的行迹被麦孟华、徐勤通报给已离开日本的康有为,康有为即令梁到檀香山拓展保皇事务,其时在1899年底。梁启超其间的思想变化在此不拟展开讨论,仅就光绪二十六年(1900)四月一日梁写给康有为的书信略加分析。在信中,梁以较大篇幅畅论“自由之义”,其中不乏对乃师观点的质疑,如:

> 来示于自由之义,深恶而痛绝之,而弟子始终不欲弃此义。窃以为于天地之公理与中国之时势,皆非发明此义不为功也。
>
> 夫子谓今日但当言开民智,不当言兴民权,弟子见此二语,不禁讶其与张之洞之言甚相类也。夫不兴民权,则民智乌可得开哉?

在这里,我们不仅能看到师徒两人观点上的不同,而且从措辞语气中也可察觉梁启超此时的勇气与坚定。如果说,之前在《清议报》首刊《仁学》之时,梁启超还未能具此勇气与坚定,而现在则已非复当年之亦步亦趋了。那么,接下来刊发于第44—46期,就相对容易理解了。

有意思的是,狭间先生同样引用了这封书信,但他只引用了其中一条夹注:“复生《仁学》下篇……荡决甚矣,惜少近今西哲之真理耳。”将之作为此时梁启超服膺国家主义、对谭嗣同世界主义之倾向敬而远之的佐证。也正是在此解读下,狭间先生认为“这一措辞与重新开始刊登该文是具有相反方向性的”。对此,狭间先生解释为,“这一时期在夏威夷的梁启超与这次再次刊登似乎没有关系。也许可以认为,这是在横滨的负责人麦孟华基于某种理由而决定刊登的,对此感到吃惊的梁启超急忙要求中止”。这一推测需要证明一个问题,《清议报》中止刊登《仁学》,是在第14期(1899年5月10日)后,那时梁启超尚未离开日本前往夏威夷,则《仁学》之刊登与否和梁启超离开日本《清议报》与否,没有必然联系。其实更符合逻辑的可能是,1899年5月10日的第14期《清议报》出版前后,梁启超随着与革命派的接触加深,其思想还在变化之中,但按照乃师之保皇方略,在刊登《仁学》时仅“择其平易者”;直到光绪二十六年四月一日,方有足够勇气对康提出质疑(之前的1900年2月10日发表的《少年中国说》,可视作此思想变化过程中之一环),之后的第44—46期所刊更为激进之《仁学》内容,也是在这一发展轨迹下的产物。可惜的是,之后由于自立军起义事宜进入实操阶段,“勤王”以号召海外资助的工作日益紧迫,那些矛头直指封建专制乃至带有民族革命倾向的言论才被紧急叫停。至于此一期间梁启超“保皇”、“勤王”的运作与兴民权的言说是否矛盾,可作如是观——观念和操作是两个不同的层面,观念上的思想探索往往容易超出也应该超出现实的束缚，然而思想上走得再远，也要受操作层面的现实束缚，这是那个时代的精英不得不面对的困境。他们面对这种困境时的东西顾盼、上下求索，非但不是矛盾，反而恰是其过人之处。

需要补充的是，狭间先生所引该书信之夹注，若结合前后文，似不可作为梁氏疏离谭嗣同思想之佐证。今不烦累赘，引录如下：

> 故今日而知民智之为急，则舍自由无他道矣。中国于教学之界则守一先生之言，不敢稍有异想；于政治之界则服一王之制，不敢稍有异言。此实为滋愚滋弱之最大病源，此病不去，百药无效，必以万钧之力，激厉奋迅，决破罗网，热其已凉之血管，而使增热之沸度，搅其久伏之脑筋，使大动至发狂……虽使天下有如复生“复生《仁学》下篇……荡决甚矣，惜少近今西哲之真理耳。”及弟子者数十百人，亦必不能使之沸、使之狂也。

通过这段文字可以看到，此时的梁启超非但并未对谭嗣同《仁学》之思想敬而远之，反而将其与己同列，引为同调，唯恐具此冲决精神者不多，甚至直接引用“决破罗网”这类与《仁学》原文高度相似的语句。

（四）结论

经过以上繁琐的引证与分析，笔者得出了与狭间直树先生差异较大的结论：

（1）狭间直树先生所引的梁启超致康有为书信的夹注，若突破对夹注的孤立解读而联系书信上下文来理解,则非但不能说明其与谭嗣同思想渐行渐远,反而是仍然服膺谭嗣同思想的佐证,可视为向乃师苦口婆心的进言。

(2)基于(1),《仁学》在《清议报》第14期之后的中止,就不大可能是梁启超所为,而更可能是康有为所指派的保皇思想固守者所导致,《仁学》后续内容刊发于第44—46期,则又是梁启超努力的结果,之后再次被中断。

(3)《清议报》于第100期终刊,是梁启超有意为之,此点有该期启事为证,而此期上一次性刊登了几占《仁学》全部篇幅四分之一的剩余部分,使《仁学》在《清议报》的刊登成为完璧,也是梁启超的努力。这也再一次证明,《仁学》的每次刊登,是与梁启超思想倾向相符合的,第14、46期后的两次中止,则是外部力量干扰的结果。《仁学》在《清议报》刊登的中止、继续、再中止、再继续,反映的是梁启超与保皇思想的疏离与对抗①。

三、《清议报》本之重复与《亚东时报》本之误字

(一)《清议报》本并非简单的重复

汤志钧先生指出《清议报》本的不足除了删节之外,还有

① 《仁学》单行本的广告,在保皇倾向的《清议报》、革命倾向的《国民报》和进步留学生创办的《译书汇编》上都有刊登,而单行本由国民报社出版,其题签与《译书汇编》等一系列书刊的题签笔迹相同,由此可见《仁学》单行本与当时各方的密切关系。而在此单行本出版的1901年10月,有条件提供谭嗣同《仁学》底本且与各方都保持较为密切关系的人,只有梁启超(唐才常已于前一年因自立军起义失败而被害)。关于此点,笔者另有《蝶翼与风暴:〈仁学〉刊行的书籍史考察》一文,此处不赘。

误植与重复，并分别列举："‘以太之用之至灵而可征者’一段，倒排在‘天地间亦仁而已矣’一段之后"，是为误植；"‘天地间亦仁而已矣’一段又在该报第三册和第四册两见"，是为重复。细按《清议报》则可发现，其实此处所指之问题，是一而非二。"以太之用之至灵而可征者"，为《仁学》第二则之首句；"天地间亦仁而已矣"，为第五则之首句。其实第二则并未误植于第五则之后，而是由于第一则中误入了一段文字，这段文字恰好是第三则之后半部分、第四则和第五则之前半部分（后又紧接未另段），因此容易误以为这是两个问题：第五则重复，第二则误植于第五则之后。

厘清上述问题，并非仅在整理《仁学》文本时具有文献学意义，仔细对比重复出现的这段文字，还会有另外的收获。笔者惊奇地发现，两部分并非简单重复，两相对校，有不少文字差异。除了缺字和形近致误者，如雨误作而、妄误作安等外，还有一些差异显然不是转录或编校差错。今将阑入第一则者与第三、四、五则文字差异之耐人寻味者列出：

麻木痿**瘁**　麻木痿**痹**　（2 处皆然）

犹电线已摧坏　**由**电线已摧坏

漫不加喜戚于心　**忽**不加喜戚于心

则色然喜**之**，其得于我也

则色然喜，**喜**其得于我也

痿**瘁不仁**者不知也　痿**痹麻木**者不知也

由此可见，这重复的两处，是文字面貌不同的两个本子，并非同一底本的重复录入，出现这种情况，也是可以理解的。一方面，谭嗣同在写作《仁学》时，就与梁启超等友人多所切磋，其中一些篇章由友人辗转传抄甚或谭氏自行录副以供交流是可能的。另一方面，梁启超在谭嗣同候补南京时期之后，还与谭嗣同在湖南长沙共同参与时务学堂事务，此时也多有交流，因此梁启超保留其《仁学》的多个写本也是可能的。

这种重复耐人寻味，可以看出，发表时将文句有异、内容重复的两个本子缠杂不清地搅作一团来发表，从一个侧面反映出梁启超在初次发表《仁学》时的仓促急切。

（二）版本异文中之讹字分析

如果再把范围扩展到整部《仁学》，将《清议报》本与《亚东时报》本、《清议报全编》本以及国民报社本四个版本进行全文通校，可以获得更多的异文。这些异文仍然可以大致分为如下几类。

第一类是与表述无关紧要的字词差异或脱、衍，大多数为虚词。比如：第十四则“失盖与西人同耳”，《亚东时报》本、《清议报》本作“耳”，《全编》、国民报社本作“也”；第十五则“自一出一处”，国民报社“自”后多一“有”字；第二十八则“只见其为独夫民贼之专资耳矣”，《亚东时报》本之“专资耳矣”，其他三个本子皆作“资焉矣”三字；等等。

第二类是彼此皆通的表述，且异文的字形差异较大。除了汤志钧先生举出的如第一则“巧历所不能稽”，其他各本作“算所不能稽”等以外，又如：第三十则《亚东时报》本“非有两头四目”，其他三本皆作“非有两鼻四目”；第三十一则《亚东时报》本“俯耳帖尾”，其他三本皆作“俯首帖耳”；第三十二则

“奈何几亿兆智勇材力之人”,《亚东时报》本“几亿兆”其他三本皆作“四万万”;等等。这类情况,多为《亚东时报》本与其他三本之不同(当然,也有少量例外,如《亚东时报》本与《清议报》本同,《全编本》与国民报社本同),这一类进一步印证了汤志钧先生的推断,《亚东时报》本与其他版本并非同源。

第三类是讹字。值得注意的是,这类讹字中音近致误者很少,多为形近致误,而不得不承认的是,《亚东时报》本是四个版本里此类错误最多者,如“昴星”误作“昂星”(第一则,两处,他本不误),“怏怏”误作“快快”(第八则,《清议报》本无此则,另外两本不误),“及与舌遇”“遇”误作“迈”(第十一则,他本不误),等等。这类形近误字其他各本也会出现,但似皆无《亚东时报》本为多。那么,按照传统文献学中选择底本的原则,《亚东时报》本是不是就不适合选为底本呢?这里需要进一步分析。

《亚东时报》本讹字固然较多,但其中一类讹字值得引起注意,今略举例如下:

> 况有满汉种类之见,奴役天下者乎?夫彼奴役天下者,固甚乐民之为其死节也
>
> 上官即遽以为罪,所谓游勇,此而已矣
>
> 往年梅生、李洪同谋反之案,梅生照西律监禁七月,期满仍逍遥上海

第一条,“奴役”各本不误,而《亚东时报》本两处皆作“收役”。

从词典网所下载的草书字例来看，王羲之“奴”字与怀素“收”字极为相似。如果说这两个字楷书亦较为形近、不足以说明问题的话，下边两例就更为明显了。

第二条，“此”字各本不误，《亚东时报》本作“者”。

以上两图为赵孟頫之“此”与祝允明之“者”字，两字楷体字形迥异，而草书字形非常接近。

第三条，“梅生”凡两见。按梅生案为晚清时期较为著名的涉外谋反案，只是由于年代久远，今人多有未加措意者，以致周振甫先生《谭嗣同选集》注《仁学》此则时谓“梅生、李洪同，不详，梅生当为教民，李洪同当为帮会首领”，实则帮会首领为李洪，此句乃谓两人同犯谋反之罪而处置各异①。梅生又音译为美生、弥逊，各本不误，《亚东时报》本独作“按生”。

以上为文征明草书“梅”字与黄庭坚草书“按”字，可以看出两字草书之形态相当接近。

由此可以推断，《亚东时报》本所刊登之《仁学》，所据乃未经誊写之稿本。可以印证这一推断的还有一例异文：

---

① 参见韩山保、陈红娓《一八九一年反洋教运动中的“梅生案”》，《东北师大学报》哲学社会科学版 1983 年第 6 期。

古者舅姑飨妇，行一献之礼，送爵荐脯，直用主宾相酬酢者处之。诚以付托之重，莫敢不敬也。

“一献之礼”各本不误，而《亚东时报》本作“一献献礼”。按《仪礼·士昏礼》：“舅姑共飨妇，以一献之礼。”贾公彦疏：“舅献姑酬，共成一献。”《礼记·昏义》：“舅姑共飨妇以一献之礼，奠酬。舅姑先降自西阶，妇降自阼阶。”《诗·小雅·瓠叶》以三章分言“酌言献之”、“酌言酢之”、“酌言酬之”，即“一献之礼”的完整过程。“一献之礼”在如许儒家经典中皆有记录，在当时稍有中国传统文化常识的知识分子皆所熟习，当不致有此疏误。更为合理的解释是，此《亚东时报》本所据为未经誊写之稿本，“之”的草体被认作重文符号〃或々，在付排时被转换为前一“献”字。通过前举各例可以基本肯定，《亚东时报》本所据乃是未经誊写楷化为清稿本的手稿本。

（三）结论

那么，《清议报》本、《清议报全编》本和国民报社本所据又如何呢？根据全书通校后的异文梳理，这三个本子，只有《清议报》本有极少量的前述情况，《全编》本和国民报社本并无可以据以推断所据为稿本的痕迹，至少根据异文情况是如此。然而历史研究说有容易说无难，我们仍无法完全排除这种可能性，只是不如《亚东时报》本源自稿本说的依据更充分罢了。那么，以什么本子作为底本更为合适，还需要进一步探究。

经过通校笔者发现，仅见于《亚东时报》本的重要异文除汤志钧先生列出的一些以外，尚有不少，如第十则：“一若方苞之居丧，见妻而心乱。”《清议报》本刊落第十则，《全编》本、国民报社本皆作“苞芳之居丧”。此外，第十三则“……知凡得铁若干，余金类若干，木类若干……余杂质若干，气质若干”，此句中，“磷若干”与“油若干”，《清议报》本、《全编》本皆脱，仅《亚东时报》本、国民报社本有；又如第三十则“无惑乎西人辄诋中国君权太重、父权太重”，他本皆脱“夫权太重”，《亚东时报》本独有。

通过四个版本的通校和上述分析，可以得出结论：

(1)《清议报》本的不足并非如汤志钧先生所说的“误排与重复”，其实是掺杂了文字面貌不同的两个不同写本的内容。这说明梁启超在《清议报》发表《仁学》时，所据的底本不止一个，只是发表之初未暇细加检择，导致缠杂不清的情况。

(2)通过异文中的讹字分析可以看出，《亚东时报》本在付梓时，手民的汉文化水平有限，严格同时也是机械地根据底本进行转录，导致形近误字和草体释读之误较多。这个版本据以录入的底本未经誊清，是原稿的可能性最大。

(3)《全编》本和国民报社本的异文情况比较接近。一些重要异文为《亚东时报》本独有，其他三个版本皆无。

(4)尽管《亚东时报》本错讹较多，但基于(2)、(3)，笔者认同汤志钧先生的观点，认为整理《仁学》仍以《亚东时报》本为底本为佳。

四、结语：文献学补位与跨学科融合

以上通过对《仁学》的考索与校读，对前辈学者的成果表达了一己之见。给这部两个甲子前的思想名著刮垢磨光的过程，引发笔者一些《仁学》以外的思考。

前述一些问题的悬而未决或结论的有所偏失，在很大程度上是受研究者学科局限所致。也正是在这一常态下，狭间直树先生以书籍史视角观照近代史问题的探索，显得尤为可贵。而其中遗留缺环之联结，文献学不啻为一种行之有效的手段。如上述考订中，通过《清议报》本“重复”段落的校勘，订正了汤志钧先生的“重复”说，而将结论修正为文字面貌有异的不同版本。这为研究《仁学》写作过程、谭梁亲密的关系以及梁启超在《清议报》创办之初的促迫环境提供了一个切入点。又如，通过对《亚东时报》本误字的分析可以发现，此本所据底本未经誊清，更接近稿本，为唐才常、梁启超哪一个手里的版本更可能是谭氏原稿提供了一个佐证。这些无不是借助传统文献学方法将研究推进的尝试。而忽视文献学则在结论的推导过程中就难免产生一些问题，如前文所列，通过发表的版本而推测所据底本是稿本还是抄本，忽略了从底本到出版物之间会有发表等其他因素影响文字面貌，所得出的结论就值得商榷。对文献的摘引若忽视其前后语境与上下文，则在理解上也会产生一定偏颇。这种疏失在近代史研究中并不鲜见，除前文所引梁启超致康有为书信中的夹注以外，一些论述援引章太炎自订年谱中对《仁学》的评价：“平子以浏阳谭嗣同《仁学》见示，余怪其杂糅，不甚许也。”以此论证章太炎对谭嗣同《仁学》乃至谭嗣同本人评价不高。其实如果联系此段文字接下来的记述：“平子言‘何不取三论读之？’读竟，亦不甚好。”从中可以发现，章太炎“不甚许”的仅仅是学术观点上达不到自己推崇、喜好而已，否则章氏纵然性格如斯，亦不会对佛教经典“三论”给予差评。若再联系章氏于光绪二十五年正月初十致宋恕书：“复笙《仁学》，今见于《清议报》……其义可以振怯死之气而泯小智之私，诚桀骜矣。惜天末相思，汨罗不出，不能与辩于梦寐之中……”虽然学术观点仍有分歧、有待质正，但推重之情、哀悼之痛亦溢于言表。章氏又于前一年岁末致书梁启超：“复笙遗著，弟惟《寥天一阁文》一册，其余多未及见，友人中亦有箧藏者乎？罗网满天，珍重是幸。”不仅再次使用《仁学》中“网罗”之语，且对谭氏遗著孜孜以求。若能将相关文献结合起来，则对“怪其杂糅，不甚许也”、对章太炎之于谭嗣同和《仁学》的真实态度当有更准确全面的认识。

有时，文献学方法的缺位并不会导致相对明显的疏误，这也是文献学被近代史领域相对忽视的原因之一。例如杰出的近代思想史学者张灏先生，在谭嗣同思想研究领域取得杰出成就，而其论著中援引谭氏文献，则亦有误读之处，如称谭嗣同“自认是一个‘忧伤之中人’”①，误解了“中”字为命中之义，但对其“苍然之感”的分析无伤大雅。然而这种训诂本领的缺失在另外一些研究中就不会幸运地掩藏起来了。李细珠先生在《谭嗣同戊戌进京前后的思想变动及其原因》一文中②，援引谭嗣同《丙申之春缘事以知府引见候补浙江寄别瓣姜师兼简同志诸子诗》来论证其乐于仕进，“迷恋”候补官，谓“大好湖山供宦学，妄凭愚鲁到公卿。生为小草柴桑愿，谁寄当归魏武

① ［美］张灏：《烈士精神与批判意识——谭嗣同的思想分析》，新星出版社2006年版，第245页。

② 见田伏隆、朱汉民主编：《谭嗣同与戊戌维新》，岳麓书社1999年版。又见李细珠：《变局与抉择：晚清人物研究》，北京师范大学出版社2017年版。本文引自后者。

情”（李文误引作“魏物情”）等句“‘寄托’了一种弘远的政治情怀”。其实，前一联乃以反语出之（“妄”字，别本作“敢”，岂敢义，更用苏轼《洗儿戏作》“人皆养子望聪明，我被聪明误一生。惟愿孩儿愚且鲁，无灾无难到公卿”，其义甚明），后一联则用陶潜、曹操典故以表达归隐之志、思乡之情。此题下共有八首七律，多用“李广奇数”、“芦中托命”、“匡围绝粮”之典，“凄苦”、“落寞”之语，更直言“禅心剑气相思骨，并作樊南一寸灰”，通篇栖迟感慨，所用“射虎”、“辟蛟”皆有“谁言”、“何处”等反诘语，彰明较著，乃是诗人无可奈何之下的自伤自叹，若解读成“建立霸业的政治抱负”，实与谭氏本心相反。

近代史领域对文献的忽视已略如前述，书籍史领域的学者也有类似倾向，认为文献学范畴的校勘、目录、版本之学虽然重要，但更多是作为学术研究的基础和前提，或者说是工具，似与真正意义上的学术研究尚有距离。而从实际情况来看，许多问题的悬置或歧解，恰恰是由于文献学基础的缺失导致的。其实，文献学的范畴，也是随着学术发展而不断丰富的。如果我们将视点投向对岸，则可以发现文献学领域已经开始了跨学科融通的探索。在有志者关于文献学学科建设的探讨中，笔者发现了一个频频出现的关键词——书籍史：

> 文献学……核心旨趣在于发现并解决书籍史（书籍本身的历史及与社会史相交通的部分）与学术史（学术源流演变的历史）中的问题。
>
> ——中国历史研究院古代史研究所
>
> 王天然《读者的观感》

研究古代书目，不能全然将之视作某个“目录学家”的学术思想体现，更应看作通过某种具体可操作的编纂方法形成的结果，视作某个时段书籍史的一个截面。……与书籍史的充分结合，更能激发书目研究的活力。……中国古代书目研究并非题无剩义，重新回溯余嘉锡、王重民对书目的理解与认识，充分结合书籍史的前沿进展，其实有非常广阔的研究空间。

——清华大学历史系马楠《目录学再出发》

……于是佛教传播的问题就转化成了具体的某一文献群扩散的历史，由一个历史学问题转化成一个书籍史的问题。

——中国历史研究院古代史研究所
陈志远《宗教文献研究方法谈》①

除了这组笔谈以外，《文献》更于2020年第4期推出了书籍史研究专题。不难看出，文献学并非仅仅是工具，其丰富性与重要性已引起越来越多的重视。由此也引发笔者的一些遐想。《说文·丩部》：“纠，绳三合也。”三股细绳纽结成更有力的粗绳，是“纠结”的本义；而一些纠结难解的学术难题，置于书籍史、文献学、近代史等多学科交叉视角下审视，当会显得不再纠结如斯。为此，谨献上纠结处的一点思考，姑且当作相关相邻领域研究进一步对话、交流与互鉴的冲动尝试与粗浅探索。

---

① 以上三则引文皆见《文献学青年谈》，《文献》2019年第3期，第173、175、177页。

蝶翼与风暴:《仁学》刊行的书籍史考察

在维新运动中,谭嗣同不仅是勇于任事的行动派,更是极深研几的思想家。《仁学》是其最重要的著作,然而,该著问世后以未刊本形式流传于知交好友之间,其社会影响相对有限。前人研究谭嗣同哲学思想和《仁学》已取得非常丰硕的成果,然而,作为"书籍"的《仁学》,是基于怎样的目的被公开发表出来,其间经过了怎样的波折,又最先被哪个社会群体借重,进而产生出怎样的社会影响……这些问题至今讨论尚少。本文试图就《仁学》的公开发表和单行本初刊为切入点,对这些问题进行初步考索。

值得指出的是,在上海由日本人创办的《亚东时报》亦于此期间刊布谭嗣同之《仁学》,但通过文本比勘可知,此本与《清议报》本、《清议报全编》本以及首个单行本——国民报社本的文字差异相对较大,汤志钧先生认为此本有独立的流传,与后三个版本并非同源。本文仅聚焦于"书籍"形式的国民报社本,兼及与其关系密切的《清议报》本,对《亚东时报》本别有考论,此不赘述[①],而关于单行本初刊之后各种翻印本及其

① 参见拙文《纸背风云:唐才常的自立军起义筹备与〈亚东时报〉本〈仁学〉》,自立军起义120周年学术研讨会会议论文,发表于湖南省文史馆编《文史拾遗》2020年第4辑。

阅读、接受之考察，则请俟诸异日。

一、首刊《清议报》与康梁流亡日本初期之处境

《仁学》的首次公开发表当以梁启超主持下的《清议报》为最早。光绪二十四年十一月二十一日（1899 年 1 月 2 日）在第 2 期上首先发表的，是梁启超撰写的《校刻浏阳谭氏仁学序》。在这篇序言的末尾，作者特地标识“烈士流血后九十日，同学梁启超叙”，距烈士就义的时间切近，与烈士的关系切近，是作者在序言中着意强调的。此外，与《亚东时报》本标题下“湖南浏阳谭嗣同撰”的著录不同，《清议报》发表的《仁学界说》的标题下，著录为“浏阳谭嗣同遗著”，也是对烈士牺牲的有意无意的强调。这种强调，固然是借重谭嗣同“戊戌六君子”、为国牺牲之英名，前辈学者如狭间直树先生等已有所察觉，如果放在当时康梁流亡日本的现实困境中去观照，就能获得更多的体认。

（一）日本方面的冷遇

戊戌变法失败，康梁逃亡，日本方面与力多焉。而到达日本之后的康梁，此时迎来了新的挑战。

1898 年 6 月 30 日，日本政治史上第一个政党内阁大隈重信内阁诞生。大隈重信对中国的维新运动十分支持，变法失败后康梁于当年 10 月先后达到日本，受到礼遇。但不巧的是，半年左右的时间里，大隈内阁倒台，新内阁以山县有朋为首，这个“近代日本陆军之父”，其在明治天皇麾下的起家，就是靠镇压“维新三杰”之一、日本历史上著名的悲剧英雄西乡隆盛领导的 1877 年的鹿儿岛叛乱（即“西南战争”）。西乡隆

盛兵败自杀，此即后来谭嗣同、梁启超于戊戌政变后分别前发出“程婴杵臼，月照西乡，吾与足下分任之”之期许的西乡氏[①]。山县内阁对康梁很不友好，视日本与维新派结盟为对华政策的最下策，同时与清政府保持适当亲密关系。康梁多次求见山县有朋而都被拒绝[②]。1898 年 12 月，外务省官员代表楢原陈政出面敦促康梁离日赴欧美游历。

日本官方态度如此，民间机构和媒体也有所反应。1899 年初，日本的对华研究机构东亚同文会主持者近卫文麿在会见清廷教育考察团时公开表示，康梁居留日本于中日两国不利。而《大阪每日新闻》则早在戊戌政变几天后，就发表《清国之政变》，对维新派的正当性提出质疑：“这个政变好像是三更半夜鸣锣似的，改革派不精于计划而带来了失败，事情还是做得很粗糙。”[③]梁启超在给日本友人的信中也称：“近闻贵邦新报中议论，颇有目仆等为急激误大事者。”[④]并对此表达了自己的不满：“贵邦近日得无有千金之子、坐不垂堂之想，而渐失前者冒险之性质乎？何其勇于争朋党而怯于谋大局也。”[⑤]

（二）清廷方面的压力

---

① 梁启超：《谭嗣同传》。

② 参见翟新：《近代以来日本民间涉外活动研究》，中国社会科学出版社 2006 年版，第 51 页。

③ 《大阪每日新闻》1898 年 9 月 30 日，转引自吉田薰《梁启超与日本的相遇》，北京大学硕士学位论文，未刊，第 6 页。

④ 《上品川弥二郎子爵书》，汤志钧、汤仁泽编《梁启超全集》系年于 1907 年前，夏晓虹编《饮冰室集外文》系于 1898 年 11 月 4 日。考此书札中征引松阴先生“天下之不见血久矣，一见血丹赤喷出，然后事可为也”等语，当以夏编为是。

⑤ 《致大阪日清协和会山本梅崖书》，汤志钧、汤仁泽编《梁启超全集》系年于 1898 年 11 月 20 日。按“性质”二字植于“千金”之后，当是乙文，今径改。

戊戌政变发生后，清廷多次向日本方面交涉，对日本收留康梁表达不满。此外，守旧派也纷纷表态。主持《申报》笔政二十余年的黄协埙，于当年 10 月间接连发表《论康有为大逆不道事》、《再论康有为大逆不道事》等。杨崇伊紧锣密鼓炮制"联倭杀康"的密折，折中称"亟应设法密图，幸而有机可乘，有人可用，请允臣等相机办理"，这份被自称为"臣所有折片，事关机要，吁恳皇太后密收，即军机大臣，亦勿宣示"的密折，于一个半月后被正式批准，"上谕"称："知府衔道员刘学询，员外郎庆宽，著自备赀斧，赴外洋内地游历，考察商务。"这里的"考察商务"，实际上是刺杀康梁的代名词①。

在这一"联倭杀康"计划下，刘学询来到日本，与孙中山密会，引发了一系列后果，其时革命派与保皇派旗下的梁启超正在密切洽谈合作事宜，后来却发生了庚子年"新加坡事件"——1900 年，已被日本当局请出日本的康有为正在新加坡，孙中山与日本友人宫崎寅藏欲来拜访，却被以行刺嫌疑举发，从此革命、保皇两派产生了不可弥合的矛盾。

（三）外媒对六君子的同情

与对康梁等流亡者的评价有所不同，对于戊戌变法中的牺牲者，外媒则给予了高度评价。其中最有代表性的是《字林西报》(*North China Daily News*)。如果从其前身《北华捷报》(*North China Herald*)算起，这份在中国出版的最有影响的英文报纸有着百年历史，它的主要读者是外国在中国的外交官员、传教士和商人，直至 1951 年 3 月停刊，在一个世纪里发挥

---

① 孔祥吉：《戊戌前后的孙中山与刘学询关系发微》，《广东社会科学》2005 年第 2 期。

着重要的舆论影响。

《字林西报》对戊戌六君子的牺牲表达了深切同情与高度肯定：

> 在北京有六个青年的改革家为那位残忍暴虐的老太后……所杀害，但他们个个都具有舍身成仁的意志。我们常常对中国表示灰心和绝望，但是任何一个国家能产生像这样一些烈士，是没有理由对他绝望的。
>
> 殉道者的鲜血是教会的种子。同样地，这六个青年的鲜血也将是新中国的种子，他们的名字是应当被记住的，因为总有一天，他们会享受崇高的荣誉……
>
> 他们并不是没有职务的文人，到北京来谋生活，因而抓住维新理论作为进身之阶，而都是——除康广仁外——高级官吏，居于负责地位的。最近慈禧太后在北京所处死的六个青年，无疑地，历史将以爱国者的名义给予他们，因为他们是为国家的利益而贡献了自己的性命。
>
> 他们来到北京并不是希求高官显爵，以便搜刮人民而自肥，而是以发动和平的维新改革为唯一目的。
>
> 六君子对孔教的正道，也同样具有热情。他们相信孔子的教义，他们也相信中国，但他们不相信慈禧太后以及赞扬她的那一伙人。由于这个原故，祸根便种下了。他们敢于为自己着想，而且用孔子的教训来辩护人民的神圣权利。在一群自私自利的官僚中，他们可算是忠君爱国的典型人物。
>
> 当然，我们并不认为他们的一切计划都聪明，但他们的

动机是高贵的，他们的光荣因此也是不朽的。

> 中国野蛮地谋杀了它的第一批爱国青年……中国所需要的是青年的血液，而我们在康有为和他的死义的诸同僚的例子中，看到这种旺盛的精神是充沛的，我们引以为慰。唯一的遗憾是，这些人竟牺牲在一个非正义的反对势力的酷刑之下。但我们可以断言，这些人的精神是继续存在很多人中间的，改革一日不完成，他们不会一日休止。

从上述分析不难看出，康有为、梁启超流亡日本后的政治处境十分窘困，受到来自居留地日本和清廷的双重压力。此时安身立命需要解决的首要问题是重建合法性与威信。《字林西报》为代表的西方媒体虽然有及自身利益考量，但其对六君子的同情与褒扬，客观上为困境中的康梁提供了参考。康有为伪造"衣带诏"是以被困的皇帝作为号召，梁启超在《清议报》发表《仁学》，则是以牺牲的"戊戌六君子"作为号召，其中对于烈士流血牺牲的强调，在此背景下可以得到更好的理解。

二、《清议报》疑云

尽管《仁学》率先在《清议报》上公开发表，但其最终将《仁学》全部刊登完毕，则跨越了两年十个月又二十天，其间还有两次比较长的中止，每次都超过一年。具体说来，从光绪二十四年十一月二十一日（1899.1.2）的第2期至光绪二十五年四月初一日（1899.5.10）的第14期，发表后第一次中止；直到光绪二十六年四月十一日(1900.5.9)的第44期和此后的第45、46期(1900.5.28)连续三期恢复刊登,第二次中止;时隔年余,光绪二十七年十一月十一日(1901.12.21)的第100期刊发《仁学》的剩余部分,这占《仁学》全部篇幅四成的部分在这终刊号上一次性全部刊登。

(一)《仁学》刊发的断续与梁启超的调离

《仁学》在《清议报》上刊发的时断时续和篇幅畸重畸轻,引起了观察入微的学人的兴趣,狭间直树先生对此进行了研究并提出了自己的解释——梁启超对"国家主义"日益认同、对《仁学》所倡导的"世界主义"日益远离,是《仁学》刊登中止的原因,而第44—46期恢复刊登则多半是麦孟华所为,被梁启超紧急叫停①。

笔者在去年参加第二届中西比较文献学与书籍史工作坊提交的报告中对这个解释进行商榷,认为:(1)麦孟华是在康有为发现弟子梁启超革命倾向日益明显、与孙中山接触日益频繁时,紧急调离梁启超而派去接手《清议报》事务的,且梁启超的这些举动正是麦孟华、徐勤等向康举发的,麦不大可能犯与梁启超同样的"错误";(2)《仁学》第一次中止后的恢复刊登,是在光绪二十六年四月十一日,结合当年四月一日梁启超致康有为书信倡言自由来看,这次恢复,是梁启超对乃师的第一次思想上的挑战,而非狭间直树先生所云"相反方向"或麦

---

① 〔日〕狭间直树:《梁启超笔下的谭嗣同——关于〈仁学〉的刊行与梁撰〈谭嗣同传〉》,《文史哲》2004年第1期。

孟华所为[1]。

在梁启超的这次调离之后，他回到日本后如何交接《清议报》工作，以笔者管见所及尚无直接文献可以说明，但在光绪二十八年四月黄遵宪致梁启超的一封书信里指出，"计此报三年，公在馆日少，此不能无憾也"[2]，正曲折表达出梁启超未能充分在《清议报》表达自己主张的遗憾。

(二)《开智录》风波

冯自由《中华民国开国前革命史》第七章《东京留学界之革命潮》中记载"最初之出版物"两种，一为《译书汇编》，另一即为《开智录》[3]。冯自由的另一著作《革命逸史》中记载：

> 己亥冬，梁启超自日本赴檀岛，横滨《清议报》笔政由麦孟华摄理。报中文字则由湘籍学生秦力山、蔡松坡、周宏业诸人分任之。粤籍学生郑贯一亦驻该报任助理编辑，时《清议报》言论大受康有为直接干涉，稍涉急激之文字俱不许登载。诸记者咸以为苦，而莫敢撄其锋。郑乃约同学冯懋龙、冯斯栾同创《开智录》，专发挥自由平等真理，且创作歌谣谐谈等门，引人入胜。郑号自立，二冯，一号自由，一号自强，故世有三自之称。是报为半月刊，即假《清议报》为发行及印刷机关，以是凡有《清议报》销流之地，即莫不有《开智录》，各地华侨以其文字浅显，立论

① 详见拙文《纠结的思考：书籍史、文献学与近代史交叉视域下的〈仁学〉》，《中国出版史研究》2020年第4期。

② 《梁任公先生年谱长编》，中华书局2010年版，第138页。

③ 广西师范大学出版社2011年版，第35页。

新奇，多欢迎之，尤以南洋群岛为最。美洲保皇会因党务颇受此报影响，特致书横滨保皇会，质问宗旨不同之故。《清议报》经理冯紫珊遂不许《开智录》在该报印刷，并解除郑编辑之职。《开智录》出世仅半载，以无所凭借，由是告终。①

这里的美洲保皇会，即梁启超奉康有为之命前往檀香山所组建者。冯自由在其他记述中说，“郑贯一时任《清议报》编辑，因发刊是报，为梁启超所逐”，“香港人郑贯一向任横滨《清议报》编辑，因与冯自由、冯斯栾等创办《开智录》，鼓吹革命，遂为梁启超所逐”②。但是这里不无可疑。梁启超远在檀岛，其在《清议报》的话语权能否达到开除编辑之程度，值得怀疑。梁启超《本馆第一百册祝辞并论报馆之责任及本馆之经历》中云：“去冬今春以来，日本留学生有《译书汇编》、《国民报》、《开智录》等之作。《译书汇编》至今尚存，能输入文明思想，为吾国放一大光明，良可珍诵，然实不过丛书之体，不可谓报。《国民报》、《开智录》亦铮铮者也，而以经费不支，皆不满十号，而今已矣。”对《开智录》非但未加责难，而且还给予肯定，并对其停刊表示惋惜。且《开智录》所刊发之内容，多有与梁启超之文章桴鼓相应者。如梁启超著名的《少年中国说》，在《开智录》里就有《真少年说》、《老大国少年民》等文进行响

---

① 新星出版社 2016 年版，第 78 页。

② 俱见《中华民国开国前革命史》，广西师范大学出版社 2011 年版，第 35、123 页。章开沅、林增平两位先生主编的《辛亥革命史》影响颇大，其中对《开智录》的叙述仅能看到对冯自由的引据，且梁启超的作用被进一步发挥为“干涉、破坏”，未知何据。《辛亥革命史》，东方出版中心 2010 年版，第 371 页。

应,《开智录》还拟将梁启超演讲结集出版(见其第2期广告)。可以说,《开智录》与梁启超的互动关系是非常紧密的。冯自由所说郑贯一被梁所逐不足凭信。

而在《清议报》中,直到第70号前后,还能见到《开智录》的广告。此外,在梁启超终止《清议报》、另办《新民丛报》时,整理原《清议报》文献过程中,还特地将未为《清议报》所收、仅发表于《开智录》的文章补入《清议报全编》出版[①]。

(三)秦力山之"责难"与国民报社本《仁学》

《开智录》所创办的庚子年,除去诞生了最早的留日学生自办刊物,还是中华大地风起云涌的年份。在这一年里,义和团起义兴起,八国联军进攻北京,而唐才常领导的自立军起义,也在这一年秋季爆发,并很快失败。

从戊戌到辛丑,在日本的中国人,从政治倾向与活动上看,有保皇、革命两派以及依违其间的唐才常自立会,从职业上看,则除了流亡者以外,主要是经商华侨与留学生。各派争取支持者,除向华侨募资以外,留学生是重要的人力资源。梁启超创办东京大同高等学校,并招其湖南时务学堂学生前来学习,可以置于这一语境下观照。留日学生也得到革命派的重视。如果说,冯自由因与革命派关系密切而尚不能完全排除门户之见的话,那么,唐才常之弟唐才质的记录则可以与冯氏记载互相参证。根据亲自参与《国民报》的唐才质记载:"《国民报》将出版之前日,中山先生特嘱尢列自横滨送来五

① 如《论帝国主义发达及二十世纪世界之前途》、《义和团有功于中国说》,参见宁树藩、陈匡时《评〈开智录〉》,《复旦学报(社会科学版)》1984年第3期。

百元,襄助此报发刊经费。”[1]

《国民报》是具有革命倾向的,但创办者却非孙中山兴中会一系[2],从上述唐才质的记述中可以看出。此外,冯自由对兴中会一系与留学生也着意加以分疏。《中华民国开国前革命史》第七章“东京留学届之革命潮”中,开篇将留日学生提倡革命称为“自动的革命思想”,并云:“大抵其时留学生之革命思想,纯然出于自动,绝非受何方面宣传之影响。”[3]

孙文与秦力山(右二)、唐才质(左二)、沈翔云(右一)在日本合照

关于《国民报》的创办,当时人回忆最为后世称引者为冯自由《革命逸史》,其第一集有《东京〈国民报〉》一则曰:

庚子冬,湘人秦力山在安徽大通起兵失败,遂亡命至

① 唐才质:《自立会庚子革命记》,见《自立会史料集》,岳麓书社 1983 年,第 70 页。

② 章开沅、林增平主编《辛亥革命史》中说,《国民报》是励志会成员所创办,是根据人员有所重合,还是别有所据,书中未明确。见该书第 337 页,东方出版中心 2010 年版。

③ 广西师范大学出版社 2011 年版,第 34 页。

东京，与沈云翔、戢元丞、杨廷栋、杨荫杭、雷奋、王宠惠、张继诸人发刊《国民报》月刊，大倡革命仇满学说，措辞激昂，开留学界革命之先河。

初虑清公使馆干涉，爰就商于余，余乃介绍力山、云翔谒余父镜如于横滨，以余父生长香港，可用英商名义避免清吏鱼肉。余父允之，故《国民报》遂以英人经塞尔(Kingsell)名义为发行人。经塞尔即余父之西名，中西人士凡曾侨居横滨山下町者，无不知此名为谁何也。

报中文字由力山、杨廷栋、杨荫杭、雷奋等执笔，篇末附以英文论说，王宠惠任之。是时汉口失败诸义士多逃亡日本，群责康、梁拥资自肥及贻误义师之非，力山尤形激烈。故此报列举康、梁种种罪状，最为翔实。寻以资本告罄停版，出世仅七八月而已。戢元丞于《国民报》停刊后，辛丑在上海发刊《大陆报》月刊，仍延秦、杨、雷诸人担任笔政，鼓吹改革，排斥保皇，尤不遗余力，实为《国民报》之变相。其批评梁启超文中有警句曰："娇妻侍宴，群仙同日咏霓裳；稚子候门，共作天涯沦落客。"闻此文后为张之洞所见，大为击节称赏云。

又一则《东京〈国民报〉补述》云：

《国民报》发刊于辛丑五月十日，事务所设在东京小石川区白山御殿町百十番地，编辑所设在麹町区饭田町六丁目二十四番地。各记者常住编辑所内者，有秦力山、王宠惠、卫律煌、唐才质等四人。编辑室中，四壁悬挂庚子汉口殉难之傅慈祥、黎科、蔡丞煜、郑葆丞四烈士遗照……此报仅出至四期而止,访诸各地老友均已无存,只王宠惠手存第二期一册,诚革命史中秘宝也。

当时《国民报》秦力山、戢元丞、沈云翔等因励志社及留学界优秀分子渐醉心利禄,时为清吏所收买,遂拟发起一国民会以救其腐败。其宗旨在宣扬革命、仇满二大主义,拟运动海外各埠华侨与内地志士联合一体,共图进行。即以《国民报》为主动机关,及报既停刊,会亦因之搁浅,至壬寅冬,留学界始有青年会之继起。

经塞尔为冯自由之父,当时、当事人的身份,其记述固然足资参考,但也有如下几点值得注意:(1)冯自由之记述有不甚准确之处,如其谓《国民报》"出世仅七八月而已",而又谓此月刊"仅出至四期而止",自相矛盾,不可一概信从;(2)唐才质《自立会庚子革命记·孙康关系与孙唐合作之情况》中对从冯自由处听取的信息特地标出,则其余部分当系其自家表述,两者相参,《国民报》创刊情形方可大体呈现;(3)庚子自立军起义殉难者众多,而此处仅悬挂四位烈士遗像,特别是,起义领袖唐才常之弟唐才质也供职的此间,居然没有一幅唐才常遗像,由此似不难推断,《国民报》的创办者,以留学生为主体,但也吸收了其他参加过自立会活动的人员如唐才质。

冯自由对于《国民报》的停刊,多次记述皆为经费困难,但在唐才质笔下则又有所不同。其一,唐氏言"《国民报》将出版之前日"得到孙中山资助的五百元。据包天笑《钏影楼回忆录·重印仁学》,其时翻印《仁学》单行本1000册,排字与印装合计工价为100元[①]，虽然承接此项业务的商务印书馆夏瑞芳向包天笑表示此系非常优惠的实价，但最后也还在此基础上再打九折。按《仁学》单行本多为122面印本，与《国民报》单期不过80面少了一半篇幅。出版之前日得到的500元本属计划之外，当不至于出版4期即告罄。其二，唐才质又曰："其后秦、沈诸君，别有图谋，余亦应澳洲《东华报》之聘，将往雪梨主持笔政，又因经费不易维持，故《国民报》只出四期，遂即停刊。"道出《国民报》停刊非仅经费原因，亦有主事者之主观因素在。

根据冯自由的记述，秦力山在自立军起义失败后问责康梁，他在《国民报》上刊登文章"揭露"保皇派，双方关系异常紧张。然而根据现存的秦力山文字，自立军起义失败后，他还有多篇诗文发表在保皇派舆论阵地《清议报》上，其中较重要的如《汉变烈士事略》（发表于第69、70号，1900年1月11日、2月19日）。而且，秦力山于起义失败后再次回到日本，还担任过《清议报》编辑，并有"甦梦录"等短期专栏，其在《清议报》发表文字的时间下限是第78册（5月9日）。而在5月10日，《国民报》正式创刊。

《国民报》是否就是与《清议报》激烈对抗的呢？翻看这仅存的四期，我们可以发现情况其实并不简单。即如最为学人引用的、据说是攻击梁启超的名句"夭姬侍宴，众仙同日咏霓裳；稚子候门，同作天涯沦落客"来说，此句所在的《中国灭亡论》历来被视为革命倾向的秦力山揭露保皇派的代表作。

---

① 据《钏影楼回忆录·木刻杂志》："此外还征求留学日本的朋友，给我们译几篇，是一种帮忙性质……至于稿费一层是谈不到，大家都是义务性质。"故其成本，可忽略翻译稿费及编校等费用而只计算排字及印装。

但其实此文中，是将保皇派与革命派并列举例并同时加以批判的。在文中秦力山说："吾居东，又习闻侨寓经商于南洋、日本有所谓革命党者，有所谓保皇党者，蚁集蜂屯，纷纷啧啧，而性犹湍水，宗旨无定，朝秦暮楚，反复无常，究之无教育，无思想。"他接着并举两派之失："其慕功名者，遂有非后胡戴之思，其不足与功名之人往来者，乃生铤而走险之志，非真能讨论革命、勤王之孰是孰非也。"这种覆盖两派的批评不止一处："其所为君恩未报者，亦既读书万卷，俨然为一代之经师……以对病下药之名医自居，而求便于我功名之想。究之所行所为，不过书生之见，如梁山泊所谓白衣秀士王伦而已。至若以颠覆政府自命者，……乃阳袭民权革命之名号以自便其私图……其笼络人才，假仁假义，口是心非，则梁山泊宋江之替人也。"《国民报》是秦力山等主持者欲组织的国民会的机关报，对其思想与主张，当通过文献来进行详细考索，前引文章对欲报君恩的保皇派与颠覆政府的革命派同时加以批判，若仅执其一端，则不免断章取义。

由以上对《开智录》"风波"与秦力山"责难"的辨析可以看出，梁启超与"激进分子"及其创办的出版物，两者之间并非针锋相对的排斥关系，无论是梁对他们，还是他们对梁。

三、"副文本"中的历史细节

笔者不同意《国民报》背靠革命派与保皇派针锋相对的论断，除了上述文献依据以外，还有一些"副文本"可以为证。

（一）若合符节的《国民报》告白与广告

《清议报》第70册（1901年2月19日）刊登《国民报告白》：

本馆宗旨以昌世界之公理、振国民之精神为第一要义，月出两册，定期阳历正月二十日发行，其中体例，首社说，次时论，次丛谈，次纪事，次来文，次外论，次译编，次答问。首附各国名人名所相片一二页。零购每册两角，订阅全年者四元，邮费另计。欲购阅者克函向日本东京麹町区饭田町六丁目二十四番地国民报社挂号，价银一律先付。内地可就近向各代派处购取。

这则告白连续刊登了 10 期，直到《国民报》创刊号问世。此后的《清议报》不再刊登征订告白，但在刊末的书刊广告中，则出现了《国民报》。广告的刊登自第 81—85 期，至《国民报》停刊而止。《清议报》对《国民报》的宣传透露出对其运作时点的熟悉，若合符节。

（二）《仁学》在《国民报》、《清议报》、《新民丛报》之广告

《清议报》第 85 期（1901 年 7 月 16 日）出版时，正值《国民报》停刊前夕。而这一期上，刊登了《新刻谭壮飞先生仁学全书出售》的单行本广告：

是书成于丁戊之间，时先生服官金陵，常至海上，得博览泰西格致学、法律学、政治学、社会学、哲学、神学、数学、计学及声光化电各种专门名家之书，荟萃精英，称此鸿宝。其脑电忽腾九天，忽蛰九渊，可谓思想自由之极，洵中国二千年以来未有之硕学也。鄙人三年以来但闻此书之名，惜其秘而不传，今复得之友人之手，焚香诵之，如读《龙威秘书》，若苏子所谓不厌百回读者。其中新理，虽

西方学子多有未经发明。急付枣梨，以饷同志。异日更当以西字译之，俾文明国见此，应知吾国之大有人也。寄售处在横滨清议报馆。

四合主人谨白

耐人寻味的是，《国民报》的第4期（8月10日）即终刊号上，也刊登了《仁学》单行本广告，仅个别字句略有不同，唯删去“寄售处在横滨清议报馆”一句。至今我们未能见到1901年署名“清议报馆”的单行本《仁学》，而两个月后的10月，国民报社本作为第一个《仁学》单行本便问世了。

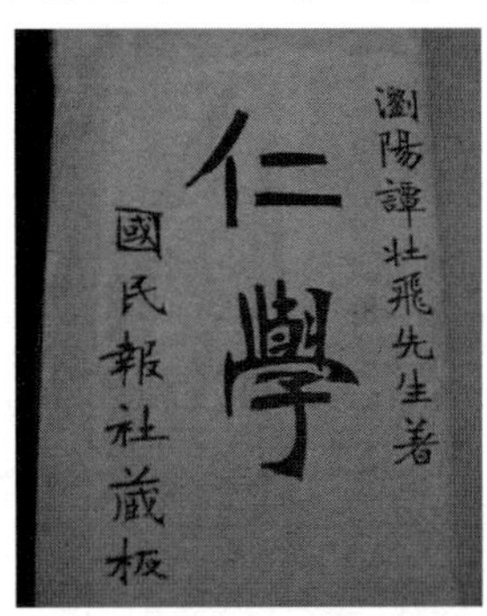

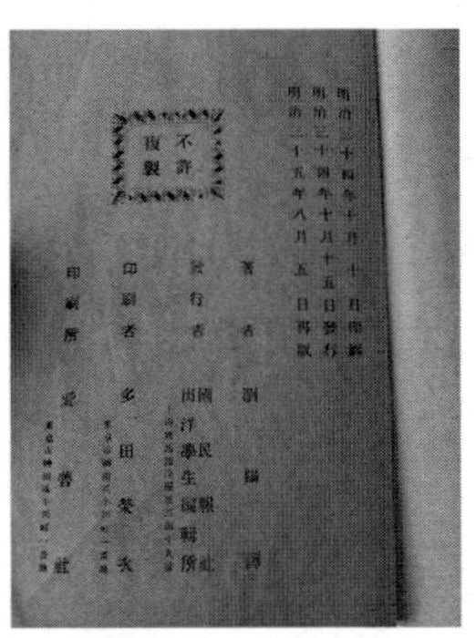

1902年，梁启超终止《清议报》，创办《新民丛报》，在创刊号（农历正月初一，公历2月8日）上，再次刊登了《仁学》广告，位于自己所著《李鸿章》之前。其文曰：

故浏阳谭嗣同遗著，横滨清议报馆印，东京国民报社再印，定价五毫。此书为浏阳谭氏丙申丁酉间在金陵所著，分上下二篇，前有界说，后有自序，盖精心结撰之作也。著者在吾国政治界、学术界、思想界，皆为开山擘石之原动力，其人物之伟大，稍有识者皆能知之，无待赘言。此书以佛学、格致学二者为根础，合一炉而冶之，而归之于实用，故其中有魂学，有伦理学，有政治学，有理财学，寻常人所视为各不相属之学科，淆杂并陈，而以一大理贯之。盖著者之眼中，见天下事物，无精无粗，无大无小，皆一切平等故也。其思想出乎天天，入乎人人，殆有非钝根众生所能梦见者。著成后，恐骇流俗，故仅以示一二同志，秘未出世，及其为民流血，功成身退，同人乃谋弘布之。吾国人于形质上精神上，有种种奴隶根性，积之数千年，非有狮子吼之说法，不足以震荡之而涤除之。若《仁学》者，真宜家置一编，日读一过，以自解释而自警策者也。或病其言太庞杂，忽彼忽此，未能首尾完具，成一家纯全之哲学，斯固然也。然著者未通欧美一国之语言文字，未尝一读他国之书，毫无凭借，而能发此无上之思想，此岂略览一二家之学说，摭人牙慧以自炫者所能雌黄哉？著者至诚之人也，诚积于心而形诸言，此书非徒教授学者以理论，而感化学者以精神也。读其书，当学其为人，则浏阳死而未死也。

从《清议报》到《国民报》，再到《新民丛报》，对《仁学》的推介一如既往且愈加深入，反映了《国民报》诸公与梁启超对《仁学》看法的一致性，以及双方深厚的思想渊源，其关系绝非如冯自由所述之决裂、兴师问罪这么简单。

（三）封面题签中的脉络

这第一个单行本的封面简单朴素，除书名外，仅有“浏阳谭壮飞先生著”、“国民报社藏版”的上下款。而细究其字体并对比此后的著名书刊，则可发现一些未为前人留意的细节。

国民报社本的版权页上，发行者为国民报社、出洋学生编辑所共同署名。这个出洋学生编辑所，在清末出版了一系列图书，不仅是发行者，有时也以编著者身份出现，其中较著名的有《法兰西近世史》、《世界大事年表》等。

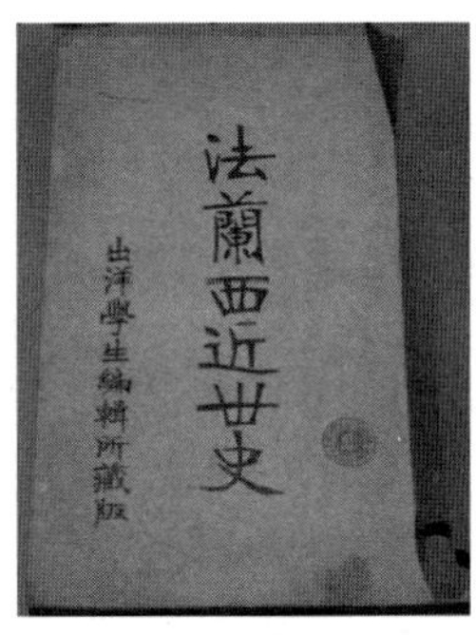

这个出洋学生编辑所，史料记载无多，但从马君武、戢翼翚等著者、发行者的署名里，可以推测与励志会和《译书汇编》社的成员有较为密切的关系。

唐才质《自立会庚子革命记 · 自立会与各方面之关系》：

> 庚子时代，我国各省学生留学日本者，不过百数十人，亦无何种结合。励志会之兴起，实为东京留学界创立团体之先河……励志会会员中主张扫荡清室、树立新政者，如戢翼翚、沈翔云等，最为积极。庚子七月武汉自立军起义一役殉难之黎科、傅良弼、蔡丞煜、郑葆丞，及脱险之戢翼翚、秦力山、吴禄贞诸人，皆此会会员也。辛丑七月，清廷宣诏废除八股，改试策论，又遣派学生出国，且有

起用东西洋毕业学生之议,留日学生之热衷利禄者,率认为进身捷径,励志会会员立志不坚定者,遂亦有渐次解体之趋向。幸有庚子下半年出版之一种杂志曰《译书汇编》者,著文以救其弊,人心始稍觉悟振奋。《译书汇编》是江苏杨廷栋、杨荫杭、雷奋等所主办,杨、雷亦励志会会员,编译欧美法政名著甚夥,译笔流畅,风行一时。说者谓当年吾国青年学子之思想进步,未必非《译书汇编》文字感化之力也。

按此段与冯自由《革命逸史》第一集所述大同小异,唯后者补充一九〇一年元旦新年庆祝会情况及误沈翔云为沈云翔。唐才质虽未明确表示自己是否为励志会成员,但冯自由所列参加庆祝会名单中却有唐才质本人。则唐作为参与者其记述应当可靠。

《译书汇编》社所出版的图书存世者不少,其封面题签之笔迹,与国民报社本《仁学》如出一辙。

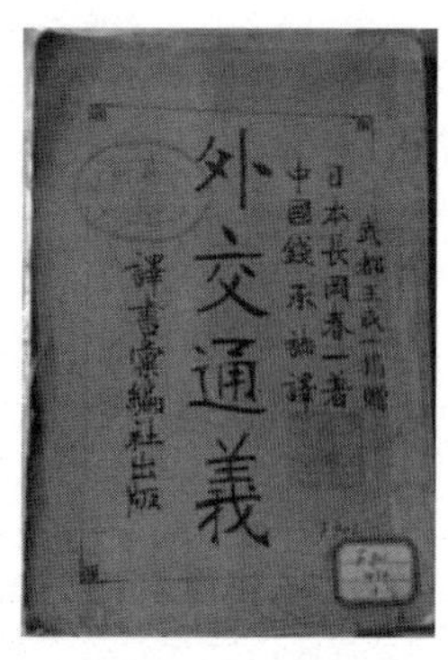

其刊行的《译书汇编》以及1903年更名的《政法学报》依然是如此。

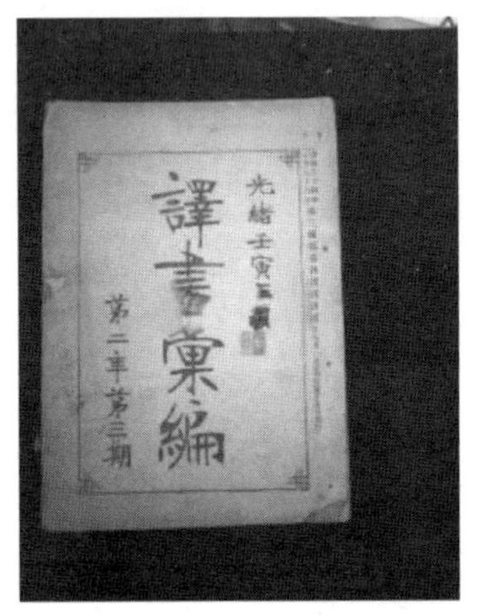

國民必攜
政法學報
原名譯書彙編
目次
癸卯年第七第八期合本

《译书汇编》社的主持者戢翼翚,后来在上海创办作新社,继续出版政法译著为主的图书,并创刊《大陆》月刊,被学者视为接续《国民报》的舆论阵地。而作新社的图书和《大陆》月刊,其书刊题签,笔迹与国民报社本《仁学》再次呈现出惊人的一致。

除了单部著作之外，作为该团体出版物中篇幅最大的《政法类典》，其总书名、分卷名、单书名，无一例外都是这种笔迹。

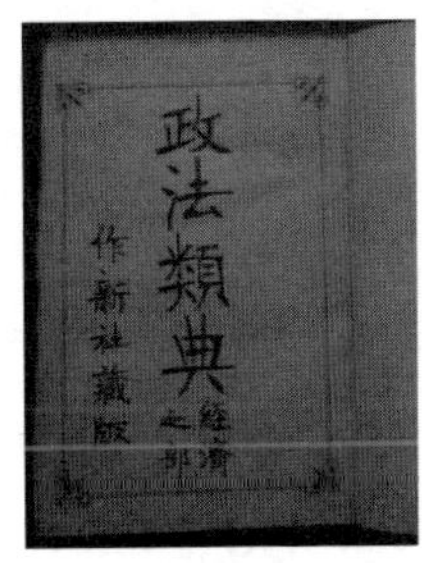

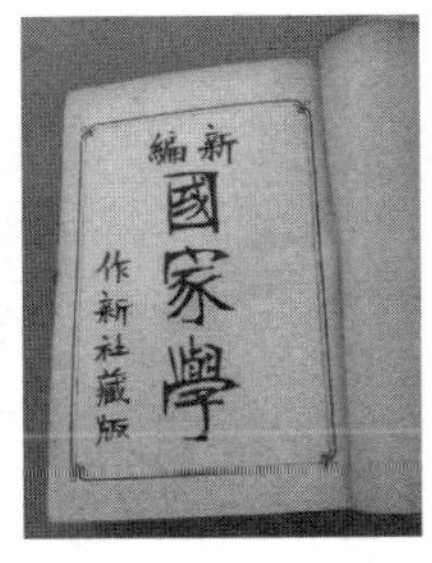

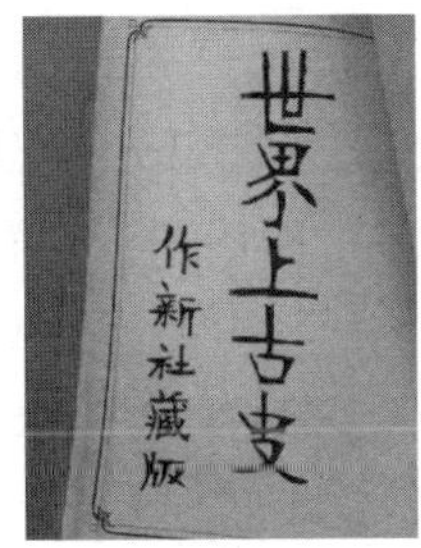

从上述一脉相承的封面题签笔迹来看，可以推测，励志会与《译书汇编》——《国民报》——作新社与《大陆》月刊之间，至少存在着一个贯穿其中的核心人物。根据有关方面的记述，可以得到下表：

团体或出版物	创办时间	创办或主要参与者
励志会	1900年春	戢翼翚、沈翔云、杨荫杭、雷奋(激进派);章宗祥、曹汝霖(稳健派)
自立会、自立军起义	庚子年(1900)七月	戢翼翚、秦力山、唐才质
《译书汇编》、《译书汇编》社	1900年下半年	戢翼翚、杨廷栋、杨荫杭、雷奋
《开智录》	1900.11	冯自由、郑贯一、冯斯栾
《国民报》、出洋学生编辑所	1901.5.10	秦力山、唐才质、杨廷栋、杨荫杭、雷奋、戢翼翚
作新社、《大陆》	1901年、1902年	戢翼翚、杨廷栋、杨荫杭、雷奋

其中，戢翼翚的名字频繁出现其中，且在其中居于重要乃至核心地位。国民报社相关记载中虽无戢翼翚，但出洋学生

编辑所附属于国民报社，戢翼翚在编辑所中居于中心地位①。孔祥吉、邹振环等前辈学人对戢翼翚都做过充分的研究②。戢翼翚，字元丞，首批赴日留学生之一。他参与编写了《东语正规》，其参与创办的《译书汇编》，被认为是中国人第一本利用洋纸表里两面印刷样式订装的洋装书③，一些学者以此作为中式传统线装书向西式洋装书形制演进的历史性转变的标志④。今存戢翼翚手迹较少，且多为书写较为随性之书信，更具郑重意味或装饰意味的题签、题词未能见到，无法与前举封面之笔迹进行比对。但戢翼翚在其中的核心地位值得重视。后来出现的近代第一份以省份命名的报刊《湖北学生界》，其刊头题字亦与前举封面相同，联系戢氏的籍贯湖北房县，不免引人联想。

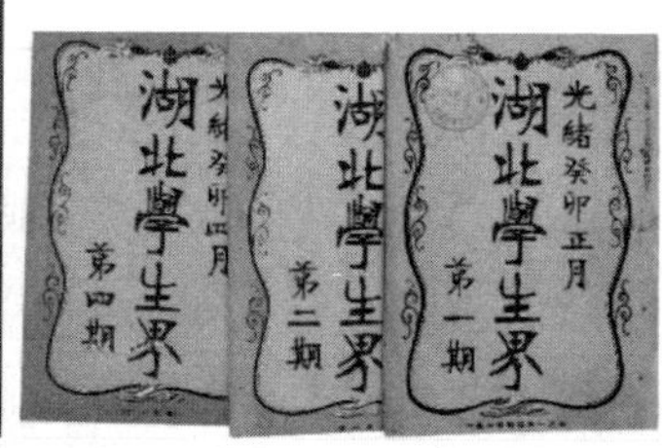

---

① 王祖华：《但开风气不惧先——戢翼翚的翻译活动述考》，《东方翻译》2017 年第 4 期。据此文考证，戢翼翚是“两社一刊一所”（译书汇编社、作新社、《译书汇编》、出洋学生编辑所）的核心人物。

② 范铁权、孔祥吉：《革命党人戢翼翚重要史实述考》，《历史研究》2013 年第 5 期；《戢元丞及其创办的作新社与〈大陆报〉》。

③ 郭恩慈、苏珏：《中国现代设计的诞生》，东方出版中心 2008 年版，第 154 页。

④ 蔡顺兴：《“中体西用”：清末民国书籍设计观念的转向》，《编辑之友》2019 年第 4 期。

四、结语

以上考述过于芜杂凌乱，且其中一些认识仅仅止步于推测或质疑，但对考察《仁学》的刊行不无参考。一般认为，《仁学》是在保皇派的舆论阵地《清议报》上发表的，是康梁一派借重戊戌变法烈士之英名进行舆论宣传的手段。但其实在《清议报》刊发过程中的断续，却折射出保皇、革命两派之间的纠葛，以及保皇派内部康梁师徒思想分化的端倪。

《仁学》完成后没有公开刊行，只在极其有限的小圈子内传看，非关系至近者难窥全豹。与作者谭嗣同关系密切、当时同为光绘楼合影"竹林七贤"之一的孙宝瑄，也是在光绪二十八年(1902)二月十二日的日记中才有所记载[①]。由此可以想见，刊行前的《仁学》底本，与谭嗣同无密切关系者绝难得见。谭嗣同的另一挚友唐才常虽也获读《仁学》，但他已在1900年的自立军起义失败后被害。《仁学》单行本问世的时间为1901年10月，此时，梁启超在《清议报》上刊载的《仁学》仅仅到第26则(全书共50则)。国民报社的主创者，是无法直接从谭嗣同处获得《仁学》底本的，从目前的文献佐证来看，在当时条件下最有条件提供底本的只能是梁启超。

《仁学》单行本首先由国民报社推出，这一现象更加耐人

① 此七人为：孙宝瑄，宋恕，胡惟志，汪康年，吴嘉瑞，梁启超，谭嗣同。宋恕日记中记载曾得见《仁学》，并转给章太炎看过；汪康年当时正主理《时务报》，谭嗣同在《仁学》写作之初就致信于汪加以介绍；梁启超是谭嗣同最亲密的友人，《仁学》每成一篇就与其切磋研讨；吴嘉瑞是对谭嗣同佛学修为影响最大的人之一。此数人与谭嗣同、《仁学》关系密切如斯，孙宝瑄尚未及时见到《仁学》全本，可见该书在完成之后、刊行之前的传阅范围之小，外人实难见到。

寻味。因为留日学生团体是不掌握谭嗣同《仁学》的底本的，底本的获得只能是通过梁启超。而单行本问世的时间点，是在 1901 年 10 月，也就是新加坡事件、庚子自立军起义失败这两个历来被视作革命派与保皇派、自立会（及其吸纳的进步留学生）与保皇派决裂的标志性事件之后。由此可见，梁启超在保皇派自绝于革命党、进步留学生之后，还做了大量工作，而于保皇派阵营内部发布《仁学》受到重重阻碍之后，终于借留学生之手，将《仁学》单行本推出，使得这部亡友最重要的著作得以获得更大的推广。

《仁学》单行本甫一推出，就产生了较为理想的传播效果。据包天笑回忆，他的留日友人给他寄赠了 5 册《仁学》，他将其中一册赠于正就职的金粟斋译书馆的开办者蒯光典，这样，《仁学》这部写于作者在江苏候补知府之时的著作，经过海外刊行，再次回到了江苏。非仅如此，包天笑还联系当时尚未成立编译所的商务印书馆，根据国民报社本翻印了 1000 部。而商务总经理夏瑞芳对《仁学》也颇为看中，在此基础上私自加印了 500 部，还直言“不够销！不够销！”[①]由此，《仁学》从早期在《亚东时报》、《清议报》的历尽波折的期刊发表阶段[②]，进入了单行本传播阶段，传播效能大幅提升。

关于“革命”的直接舆论宣传，虽然学界一般上溯到 1903 年的《革命军》和“《苏报》案”，但舆论阵地上的这场白刃格

---

① 包天笑：《钏影楼回忆录 · 重印仁学》，中国大百科全书出版社 2009 年版。

② 《清议报》刊发《仁学》之断续风波前文已述及，《亚东时报》刊发《仁学》则受刊行仓促、手民的手书识别能力不足等因素制约，参见笔者《纽结处的思考》一文通过《亚东时报》本《仁学》误字的考察。

斗，是通过怎样的赋能才得以实现的，至今未得到具体的考索。章开沅先生研究辛亥革命的社会动员，是较早提出“东京—上海为轴心的革命舆论”的学者[①]。而这一轴心，其实正与《仁学》的期刊发表、单行本传播相符合。《仁学》尽管首先刊发在保皇派的《清议报》，但在为革命倾向的留学生提供思想“弹药”方面的功能及其具体实现，值得进一步探究[②]。梁启超由于担任《清议报》和《新民丛报》的主笔，加上 1903 年后思想上对革命的抵触，更多地被目为保皇派的中坚力量，他与康有为的分歧和在乃师阴影笼罩下推动《仁学》发表和单行本出版的艰辛与苦衷被遗憾地遮蔽了。梁氏政治立场之变动不居为人诟病，但其对亡友谭嗣同之敬意、追怀终其一生。如果说在《清议报》发表《仁学》时的断续、删削尚迫于压力颇多无奈，那么，其推动单行本出版的苦心孤诣，可谓不负死友。

借助传统文献学手段对早期四个版本进行汇校可以发现，国民报社本与《清议报全编》本在文本面貌上更为接近，这也可间接证明国民报社本与梁启超的密切关系。《仁学》由梁启超的转介，被倾向革命的留学生作为思想资源，率先推出更便于传播的单行本，对社会思潮产生了直接而明显的影响。如秦力山后来被编入宣传种族革命的《黄帝魂》的著名文章

---

① 章开沅：《辛亥革命时期的社会动员——以“排满”宣传为实例》，《社会科学研究》1996 年第 5 期。

② 《仁学》中的批判矛头不仅指向专制制度，且其中不乏排满的论调，如刊发于《清议报》时被删除的第八则、第十则的部分内容，以及被延宕年余、后来在第 100 期刊登的占全书四分之一的内容。而这些部分正是革命派最重视的，冯自由在《革命逸史・开国前海内外革命书报一览》中列入《仁学》且如此评价：“此书由横滨《清议报》印行，其排满之激烈论，为康有为、梁启超二人擅行删去，至为可惜。”

《亡国篇》中，不乏深受《仁学》影响的痕迹：“幸而使支那将亡也，如其军备足，财用富，电线如丝，铁路如织，如彼俄也，则汉种乃真永永沉沦，永永靡坏，而无振兴之日矣。”颇似《仁学》第三十五则：“幸而中国之兵不强也，向使海军如英、法，陆军如俄、德，恃以逞其残贼，岂直君主之祸愈不可思议，而彼白人焉、红人焉、黑人焉、棕色人焉，将未准噍尔，欲尚存噍类焉得乎？”“是故破生死界则英雄也，破生死则或不能破名矣，则寻常之英雄也，至名界而破也，则真英雄之英雄也。”又颇似《仁学自叙》：“名非圣人之所争。圣人亦名也，圣人之名若姓皆名也。即吾之言仁言学，皆名也。名则无与于存亡……”无论是锋芒直指专制制度的政论性文字，还是偏重探讨的理论性文字，都可见《仁学》之影。而这些内容，都是单行本《仁学》早于《清议报》发表或《清议报》刊落未载的。

通过留学生之吸收、运用、阐发，《仁学》思想对社会思潮的发展发挥了重要作用。这批留学生有的成为日后孙中山的追随者，如秦力山、戢翼翚、马君武，也有的后来响应清廷召唤参与到王朝自救的立宪运动中，并在民国成立后也担任政法要职，如章宗祥、曹汝霖、汪荣宝。与戢翼翚一起频繁出现在前述报刊和出版机构的，还有杨廷栋与雷奋，这两个人后来参与了清帝退位诏书、《中华民国临时政府组织大纲》的起草……

不管是日益靠拢革命党人、诉诸暴力推翻政府的激进派，还是努力译介西方政法理论、为后来立宪提供制度借鉴的稳健派，《仁学》对专制制度的猛烈批判和平等思想，成为不同倾向的时代弄潮儿的思想资源。

以上通过期刊首发、单行本出版过程中波折与隐情的钩沉，试图复原《仁学》作为书籍的生产和传播过程。对标书籍史研究泰斗罗伯特·达恩顿的传播循环模式（communication circuit）不难发现其中的特质：(1)作者谭嗣同，在《仁学》作为书籍出版时尽管已经过世但并未过时，其烛照后人前行的思想光辉历久弥新，从而成为倾向不同的各方共同的思想资源；(2)出版者具有强烈而鲜明的形塑社会的意图，出版过程中受到的每一次阻滞，都是不同意图之间碰撞、对抗的反映；(3)读者根据自身倾向，对《仁学》思想进行了分疏，各取所需，进而在不同（甚至是彼此相反）的方向上对社会变革发生作用；(4)对于《仁学》这样的思想精英文献，虽不排除印刷商单纯抱持逐利目的的参与，但也有不少是忽视经济回报、纯为思想启蒙而投入的。

纵观谭嗣同的一生，无论是参与湖南新政还是荣任军机章京，对比这些时段，宦隐金陵时期无论如何谈不上人生的高光时刻。但正是在此期间的精心结撰，这薄薄122页的著作，正如蝴蝶扇动双翼带来的风暴一般，为此后的更为深刻的社会变革提供了巨大动能。这神奇的蝴蝶效应，从一个侧面展示了出版影响社会发展的参与方式和深刻程度，也为思想比生命更长久提供了生动的佐证。

纸背风云:唐才常的自立军起义筹备与《亚东时报》本《仁学》

120 年前,由时务学堂创办者之一唐才常领导的自立军起义,给风雨飘摇的清王朝以沉痛打击,揭开了武装反抗专制的序幕。尽管起义很快以失败告终,但革命的火种得以在当时探寻救国之路的仁人志士心中存留,并渐成燎原之势。

自立军起义在中国近代史上写下光辉的一页,但从筹划到爆发,严格算来也仅有两三年的时间。根据唐才常的亲属唐才质所撰写的《唐才常烈士年谱》,戊戌年末,唐才常返回故乡湖南浏阳之时,被守旧派围攻,头部受伤,休养月余才痊愈。从戊戌年末的如此窘境,到集结包括保皇派、革命派、会党分子、留日学生、江浙士绅等众多不同阶层、不同政治诉求的人员,掀起轰轰烈烈的武装反清起义,前后仅仅两年时间。这期间唐才常是如何组织筹划的,又经过了怎样的波折,其思想与行动在多大程度上体现和回应了其挚友谭嗣同的影响……本文试图就这些问题进行探讨,以倒叙的顺序,从唐才常在自立军起义前后的活动,到《亚东时报》编辑时期的工作,兼及《亚东时报》本《仁学》的特点与意义,回溯唐才常在自立军起义之前人员、组织、思想等方面的准备与筹划。

子曰：三十而立。三十岁这个时点，是传统文化影响下知识分子心目中非常具有标志性意义和仪式感的时点。唐才常的挚友谭嗣同、梁启超都撰写过《三十自纪》性质的文字对自己的人生路径进行总结和展望。唐氏本人虽无此类文字传世，但他三十岁到三十三岁牺牲的这三年，确实称得上轰轰烈烈。这一点，与三十岁时宣布与"旧学"决裂、自号壮飞的谭嗣同非常相似。

正气会，自立会，中国国会，这三个重要的组织，是唐才常己亥、庚子之间积极奔走的成果，是自立军起义的组织基础。而这三个组织之间是什么关系，其间又有怎样的纠葛和风波，学术界说法不一。这里根据见闻进行简单梳理。

1. 正气会

根据桑兵先生考证（见其专著《庚子勤王与晚清政局》，北京大学出版社 2015 年 1 月第 2 版），正气会成立于 1899 年 12 月 24 日。这个组织与兴中会在长江中游结交会党所成立的兴汉会关系密切，毕永年与林圭在其中起到重要作用，会党首领张尧卿、辜人杰等与林圭由此加强联系，为后来的自立会和自立军起义打下一定基础。

在正气会中，唐才常任干事长。以得到康有为支持，经费有着落，名声显赫，会党纷纷加入，且有日本人参与其间。（只是后来日本方面的意见也有所分化，详见后文。）后为避免与汪康年派的摩擦，唐才常将干事长的职务让于汪派的叶瀚（字浩吾）。

2. 自立会

为避免矛盾，唐才常避开已占据中国国会领导权的汪派，自行经营自立会。自立会主要任务为联络会党分子，发放富有票等，汪康年等对此并不知情。惟其如此，在发现唐的活动后，汪派更加不满。

3. 中国国会

因汪康年代表的江浙士绅派不满于唐才常的自行其是，汪唐矛盾进一步加深。1900 年 7 月，中国国会成立，此时汪派已占据主导，“竹林七贤”中的四位皆为汪派。但会长容闳支持唐才常，加剧了汪、唐两派的矛盾。唐才常利用中国国会名义继续筹备武装起义。8 月起义爆发，被镇压查禁后发现的关防，有“中国国会自立右军总统”，赵必振《自立会纪实史料》记载，带有“中国国会”字样者 8 种。

贯穿始终的汪、唐矛盾，根本上不是缓急之分（联络疆臣徐图改革与武装反抗政府）、南北之别（北上勤王与南方自立），而是来自人事纠葛，其中关键人物是康有为。这是因为：（1）戊戌变法期间，康有为一派利用得到光绪青睐来压制汪康年，欲夺取《时务报》控制权；（2）汪康年于戊戌年初接触孙中山，康有为以帝王师自居，与孙中山划清界限；（3）汪康年堂兄汪大燮后来参与到孙中山与奉旨赴日刺杀康有为的刘学询的密谋中。

以上简单梳理了己亥、庚子之间唐才常的起义筹备，从中可以看出，此时的他已经具有了相当的人脉资源和活动舞台。这些条件的陆续到位，与其参与经营的一份报纸密不可分，这就是《亚东时报》。

一、戊戌己亥之间的唐才常与《亚东时报》

1898 年 9 月，唐才常得谭嗣同电召赴京，行至汉口而政变爆发，挚友死难，唐才常悲愤异常，誓继亡友遗志。10月31日，他与毕永年赴日，先后会见流亡海外的康、梁与孙中山。11月15日，唐才常回国，返乡时被围殴。根据其弟唐才质《唐才常烈士年谱》记载：

> 公归国以后，复回浏阳省亲。将抵家门，道经枨市，为顽固派邹某得见，纠无赖多人围殴之……左额已为铁尺击伤，在家养息十余日始愈。不敢再经长沙，乃绕道江西，折往上海。

自此，上海成为他从事革命活动的策源地。在上海，他参与了日本人创办的《亚东时报》的编辑工作。

《亚东时报》是由日本人创办的中文报刊，存续时间不足两年（1898年6月25日创刊），但因正值戊戌至庚子这一晚清政局变动最为复杂的时段，素为研究者重视。戴海斌先生根据前人研究成果，将对《亚东时报》的研究推进了一大步。此处不敢掠美，仅就其中涉及唐才常的史实，据其研究成果略为揭櫫。

1899年1月31日，《亚东时报》第5号开始刊登《仁学》（此号刊登者仅《仁学自叙》），唐才常本人著述也首次刊发于该报。这可以看做唐才常与《亚东时报》产生联系之始。据汤志钧、戴海斌等学者考证，唐才常深度介入《亚东时报》编辑工作在第6号（5月4日出版）。他在短短一年时间内得以打开局面，从回乡都被打击到在沪上结交各方力量，《亚东时报》编辑时期的积累是其中重要因素。

（一）结交同志

1.5 月 23 日，宋恕于日记中记载，“始识佛尘于亚东馆”。

2.《章太炎自定年谱》：“七月，返至上海。识康氏弟子唐才常，才常方纠气类，期有大功，士人多和之者。”这里的“期有大功”颇为耐人寻味，虽然尚无其他材料更为细致地反映在此期间的活动，但此大功显然不局限于报刊经营。

（二）联络日人

田野橘次，此人后来深度介入了正气会的活动，是日本方面的激进派，有《最近支那革命运动》（上海新智社光绪二十九年本）载：“予与同志林述唐偕发于神户，尚有四人十日前已先发。越日本海于一睡之中，到埠头时，唐君与张通典相俟已久，由是始得唐君。”他自述来上海后寄宿在唐才常寓所，两人过从甚密。

白岩龙平，此人是《亚东时报》的出资人，为大东汽船会社的创办者，后因更注重实业发展而反对唐才常、田野橘次等人在湖南从事过于激进的会党联络活动，导致唐与《亚东时报》疏离。

宗方小太郎，原乙未会成员，近代著名的日本在华间谍。现存唐才常书信中有致其书札一通：

“执事前日驺从往汉，匆匆未及拜送，至以为歉。兹有沈君愚溪、林君述唐，拟与田野橘治君同往湖南，开办学堂、报馆等事。此举颇系东南大局，至为紧要。必须开创之时，极力冲破，以后举行诸事，自然顺理成章。顷悉白岩、荒井、宫坂诸君，皆于日内来汉，妥商一切。务乞先生与数君子及沈、林二人，公同会议，谋定后动，但求抉一必行之志，毋为浮意所移。

湖湘幸甚！大局幸甚！”

当然，宗方后来将活动重心转向争取守旧派。也正是此次赴湘计划未果，唐才常与《亚东时报》疏离，更多转向实际行动，并于12月24日成立正气会。

（三）发表文章

根据戴海斌先生《亚东时报研究三题》，唐才常在《亚东时报》发表诗文如下：

刊号	时间	栏目	篇名	署名
第5号	1899年 1月31日	诗赋	次深山独啸 荒井昌顿唱和韵	天游居士
第8号	1899年 6月3日	来稿	论戊戌政变 大有益于支那	天游居士
第11号	1899年 7月17日	中外 论丛	送安藤阳洲 君入燕都序	天游居士
第13号	1899年 8月15日	来稿	答案问支那近事	天游居士
第16号	1899年 9月29日	来稿	砭旧危言	天游居士
第17号	1899年 11月20日	来稿	日人实心保华论	天游居士
第18号	1899年 12月25日	史传	前四品京堂 湖南学政江君传	天游居士
第19号	1900年 2月28日	杂录	正气会序 （附会章）	

有意思的是，20世纪90年代由大陆哲学史家张岱年先生主编的“中国近代启蒙思想文库”中，唐才常宋恕卷即以《砭旧危言》为卷名，从这里亦可略窥《亚东时报》所刊唐氏著述代表性之一斑。

可以说,《亚东时报》时期的经历,为唐才常的起义筹划提供了契机、人脉和宣传阵地。

当然,唐才常在《亚东时报》最主要的实绩还是,刊登了亡友谭嗣同的《仁学》。

二、唐才常与《仁学》

作为谭嗣同最要好的挚友,《仁学》自创作动念开始,唐才常就从好友的书信里获悉了。谭嗣同《秋雨年华之馆丛脞书》所收之《与唐绂丞书》云:

> 若夫近日所自治,则有更精于此者,颇思共相发明,别开一种冲决网罗之学。亦拟还县一游,日期又急不能定,大要归则甚速耳,彼时当畅衍,此书其先声也。①

由此信可知,"别开一种冲决网罗之学"的《仁学》的写作计划,在此时已经有了。在另一封给唐才常的信(光绪二十三年三月十四日,1897 年 4 月 15 日)中,谭嗣同再次提到了这个计划:

> 乃嗣同蒿目时艰,亟欲如前书所云,别开一种冲决网罗之学,思绪泉涌,率尔操觚,止期直达所见,未暇弥纶群

---

① 新编《谭嗣同集》,浙江古籍出版社 2018 年版,第 193—194 页。据黄彰健《戊戌变法史研究》、王夏刚《谭嗣同与晚清社会》,此信写于光绪二十二年九月(1896 年 10 月)。

言，不免有所漏耳。①

从“率尔操觚，止期直达所见，未暇弥纶群言，不免有所漏”的描述里可以看到，这时《仁学》已开始撰写，而且进展较快。

收录于《秋雨年华之馆丛脞书》的另一通《与唐绂丞书》云：

> 《质点配成万物说》竟明目张胆说灵魂、谈教务矣，尤足征足下救世盛心，于世俗嫌疑毁誉，悍然置之度外，可谓难矣。得此则嗣同之《仁学》殆欲无作，乃足下于《湘学报》一则曰“绵《仁学》之公理”，再则曰“《仁学》之真诠”，三则曰“《仁学》大兴”，四则曰“宅于《仁学》”，五则曰“积《仁学》以融机械之心”，六则曰“《仁学》大昌”，转令嗣同惭惶，虑《仁学》虚有其表，复何以副足下之重许？然近依《仁学》之理衍之，则读经不难迎刃而解，且日出新义焉。②

按唐才常之《质点配成万物说》刊于《湘学报》第5—7号（光绪二十三年五月初一、十一、二十一）。而信中谭嗣同六次提到唐才常对“仁学”的征引，在唐氏著述中都可找到：

1.《各国政教公理总论》：“若夫轨唐、虞之盛心，绵仁学之公理者，其华盛顿、林肯之为君乎！旅天位，宅民权，屣功

---

① 新编《谭嗣同集》，浙江古籍出版社2018年版，第582页。

② 新编《谭嗣同集》，浙江古籍出版社2018年版，第207页。

利，弢兵祸，廓然夷然，是谓大公。”

2.《国会》：“而华盛顿以其公天下之心，一涤争权陋习，此盖太平之公理，仁学之真诠。”

3.《公法通义》：“据乱世尚力，升平世尚智，太平世尚仁，仁学大兴，群统斯嬗，君公其国，民忠其君，君民相爱，环球一律，何乱之有？”

4.《公法通义》：“幸彼中之宅于仁学者，于戕贼天律中设一救民迂策，公法家亦援为例法，而因用之。”

5.《各国种类考·亚细亚种类考·巴勒士登种类考》：“君子观于耶、回百世之仇固结于今日之土耳其，未之或释，未尝不深忧世局之变，乱机之横，有不止耶、回二种者，为之惊心撼魄也。非积智学以宏开通之益，积仁学以融机械之心，乌乎平之？”

6.《各国种类考·欧洲种类考》：“若夫世进太平，文明益焕，仁学大昌，犹仅恃其火器杀人之具，豪强畛域之私，以戕公法、畔公理而弗恤。斯虽精实悍劲如西人，弗以万国平等之仁继之行，不戢自焚为太平世之野蛮土番耳。”①

对照刊本《湘学报》，此六条记录的刊发期数和时间分别为第5期（光绪二十三年五月初一）、第7期（五月二十一）、第9期（六月十一）、第15期（八月十一）、第17期（九月初一）、第20期（十月初一）。唐才常对《仁学》推崇备至，而谭嗣同也在五个月间的《湘学报》上逐处找出了好友的称述，两

---

① 笔者在拙文《谭嗣同著述新考》中由于检索时误用电子版本，仅搜索到前两条“仁学”之记载，今借此机会订补前失，读者谅之。该文见《湘学研究》2019年第2辑，社会科学文献出版社2020年版，第64页。

人关于《仁学》的交流不可谓不细密。

前人有认为梁启超发表在《清议报》上之版本所据才是稿本①,笔者不敢苟同,这是因为:

一来,光绪二十三年四五月间谭、唐两人分处吴楚两地,谭信中有"同心千里,吴楚青苍"之语,两人虽书函不断,然究不同宁沪之间便捷,可以如与梁启超一样随"每成一篇,辄相商榷"(梁启超《三十自述》语),则唐才常所得《仁学》当是完结或至少在一定程度上已完成的初稿。

二来,梁启超在学术著作《清代学术概论》中记述:"其所谓新学之著作,则曰《仁学》,亦题曰《台湾人所著书》,盖多讥切清廷,假台湾人抒愤也。书成,自藏其稿,而写一副本畀其友梁启超,启超在日本印行之,始传于世。"②笔者认为,尽管各个版本的梁启超撰《谭嗣同传》对梁氏保存谭之著述手稿有所记录,但其中饱含政治宣传意图,且前后文字改易较大③,相比而言,更强调学术而淡化政治的《清代学术概论》更有可信度。

三来,通过版本比勘可知,唐才常刊于《亚东时报》的版本所收《仁学自叙》,在《清议报》本中是没有的,单行的国民报社本和《清议报全编》本才再次收录此序,已在《亚东时报》刊发的一两年后。联系谭嗣同其他著作中好为跋语序言的情况,这篇自叙在一定程度上可以看做谭嗣同对《仁学》写作划

---

① 见印永清《〈仁学〉版本考》,《华东师范大学学报(哲学社会科学版)》2000 年第 6 期。

② 汤志钧、汤仁泽编:《梁启超全集》第十集,中国人民大学出版社 2018 年版,第 282 页。

③ 参见日本学者狭间直树《梁启超笔下的谭嗣同——关于〈仁学〉的刊行与梁撰〈谭嗣同传〉》,《文史哲》2004 年第 1 期。

上句号的标志。

唐才常所据为谭氏原稿的可能性最高，这除了上述分析以外，从发表在《亚东时报》的《仁学》文本本身也能找到佐证。

三、《亚东时报》本《仁学》

谭嗣同被害时，唐才常悲痛异常，然“忍不携二十年刎颈交，同赴泉台”（唐撰挽联中语），以尽后死者之责，筹开张园国会、联络会党策划武装起义等，而刊行《仁学》也在其中。1899 年上半年，唐才常“回翔于沪上”（其致江标书札中语），并参与日本人创办的《亚东时报》的编务。《亚东时报》自第 5 期（1899 年 1 月 31 日）开始刊登《仁学》，中经第 6、7、8、9、10、12、13、14、15、16、17、18 期，至第 19 期（1900 年 2 月 28 日）止，共 14 期，历时一年零两个月。

《亚东时报》本《仁学》有如下特点：

（一）是众多版本中最早全文刊发的。

《亚东时报》本虽然首次刊登《仁学》（第 5 期，1899 年 1 月 31 日）较《清议报》晚了将近一个月（第 2 期，1899 年 1 月 2 日），但却是首次将《仁学》刊登完毕的（第 19 期，1900 年 2 月 28 日），比《清议报》（第 100 期，1901 年 12 月 21 日）早了一年零十个月。

《清议报》推出第 100 期后终刊，此后由新民社推出了《清议报全编》，乃汇辑《清议报》100 期之内容编成，但内容多有增删改动。《清议报全编》共分 6 集 26 卷，并附有《群报撷华》2 卷。首集为论说，其中第一部论著就是谭嗣同之《仁学》，该版本也晚于《亚东时报》本约两年时间。

第一个图书形式的单行本国民报社本，则是出版于1901年10月，也比《亚东时报》本晚了一年多。

（二）《亚东时报》本是最全的《仁学》版本

《仁学自叙》是首次发表在《亚东时报》的（见第5期），《清议报》未曾刊登，其他版本则晚至1901年才收有此自叙。

一些文句为他本所刊落，乃《亚东时报》本独有。

《清议报》本删节《仁学》的第8、10则。这两则为《亚东时报》本所首发，许久之后的《清议报全编》和国民报社本才重行收录。在被刊落的第8、10则中，不甚平易之言不少，不妨略引一二：

以名为教，则其教已为实之宾，而决非实也。又况名者由人创造，上以制其下，而不能不奉之，则数千年来，三纲五伦之惨祸烈毒，由是酷焉矣。君以名桎臣，官以名轭民，父以名压子，夫以名困妻，兄弟、朋友各挟一名以相抗拒，而仁尚有少存焉者得乎？

中国积以威刑箝制天下，则不得不广立名为箝制之器。如曰"仁"，则共名也，君父以责臣子，臣子亦可反之君父，于箝制之术不便，故不能不有忠孝廉节等一切分别等衰之名，乃得以责臣子曰："尔胡不忠，尔胡不孝，是当放逐也，是当诛戮也。"忠孝既为臣子之专名，则终必不能以此反之。

然名教也者，名犹依倚乎教也。降而弥甚，变本加厉，乃亡其教而虚牵于名，抑惮乎名而竟不敢言教，一若西人乃有教，吾一言教即陷于夷狄异端也者。……是惮乎教之名，而世甘以教专让于人，而甘自居为无教之民矣。

以上引文出自第8则，矛头直指名教，不可谓不犀利。又如：

> 彼北狄之纪纲文物，何足与华人比并者，顾自赵宋以后，奇渥温、爱新觉罗之族，迭主华人之中国，彼其不缠足一事，已足承天畀佑，而非天之误有偏私也。又况西人治化之美，万万过于北狄者乎？

这一段出自第10则，将元、清等少数民族统治者名为“北狄”，亦足以与保皇倾向抵牾。

而自第26则后半段起，均为《亚东时报》本首发。可以说，《仁学》中最具反封建锋芒的文字，几乎全部是由《亚东时报》首发的。

联系到该报销路较广，可以说，《亚东时报》本《仁学》的刊发，为武装反抗专制政府吹响了号角，成为之后起义的思想动员令。

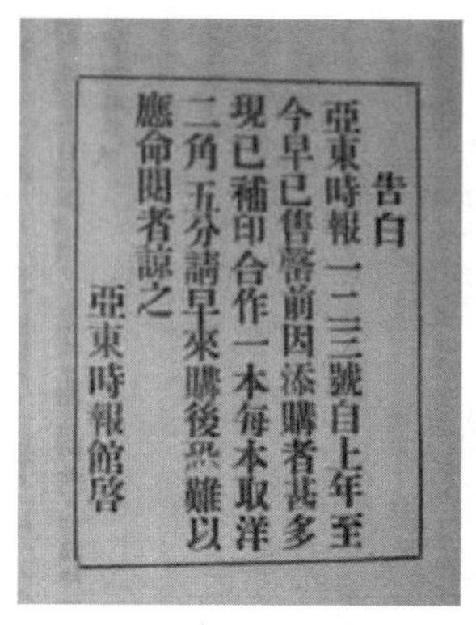

告白

亞東時報一二三號自上年至今早已售罄前因添購者甚多現已補印合作一本每本取洋二角五分請早來購後恐難以應命閱者諒之

亞東時報館啓

（三）《亚东时报》本是最接近谭嗣同原稿的版本

《亚东时报》本讹字较他本为多，但也正是在这诸多的讹字中，有一些值得仔细分析：

> 况有满汉种类之见，奴役天下者乎？夫彼奴役天下者，固甚乐民之为其死节也。
>
> 上官即遽以为罪，所谓游勇，此而已矣
>
> 往年梅生、李洪同谋反之案，梅生照西律监禁七月，期满仍逍遥上海
>
> 古者舅姑飨妇，行一献之礼，送爵荐脯，直用主宾相酬酢者处之。诚以付托之重，莫敢不敬也。

第一条，“奴役”各本不误，而《亚东时报》本两处皆作“收役”。

第二条，“此”字各本不误，《亚东时报》本作“者”。

第三条，“梅生”凡两见，各本不误，《亚东时报》本独作“按生”。

第四条，“一献之礼”各本不误，而《亚东时报》本作“一献献礼”。

笔者曾撰文对这四处错讹进行了分析[①]，但所用的草字例为王羲之、怀素、赵孟頫、祝允明、文征明、黄庭坚等古代书法家。在参加第二届中西比较文献学与书籍史工作坊提交时得到济南大学陈静教授的指教，认为如条件允许，除古人草字惯例以外，当举谭嗣同本人草书例证。今特据《谭嗣同真迹》补

---

① 参见拙文《纠结的思考：书籍史、文献学与近代史交叉视野下的〈仁学〉》，《中国出版史研究》2020 年第 4 期。

证如下（“梅”、“按”无草书，分别以“每”、“安”两字代替）：

谭嗣同致欧阳中鹄长书“北游访学记”手迹

（见《谭嗣同真迹》，上海古籍出版社 1998 年版）

此	收	安（按）	重文符号
页 42 行 1 字 7	页 67 行 -4 字 2	页 34 行 4 字 3	页 52 行 2 字 3
者	**奴**	**每（梅）**	**之**
页 42 行 -2 字 -4	页 59 行 4 字 -2	页 72 行 5 字 3	页 52 行 -1 字 9

以上各例，收、奴二字楷体也形近尚不甚有说服力，而此与者、梅（每）与按（安）楷书形态差距明显，出现疏误的更为合理的解释是：此《亚东时报》本所据为未经誊写之稿本，才会在草书释读过程中致误；第四例则因“之”的草体被认作重文符号〃或々，在付排时被转换为前一“献”字。

通过前举各例可以基本判断，《亚东时报》本所据乃是未经誊写楷化为清稿本的的草体文字，是谭氏手稿的可能性最大。

四、结语

唐才常在一年挂零的时间内，最大限度保留《仁学》原貌与其批判专制的锋芒，最后一页刊发时在 1900 年 2 月 28 日。六个月后，他在汉口发动自立军起义失败，英勇就义。难以想象其叱咤风云的活动大多数是在这页纸张背后的六个月里完成的，一念及此，不由人不心生感慨。而梳理唐才常与《亚东时报》的关系、该本《仁学》的特点，也引起笔者一些思考。

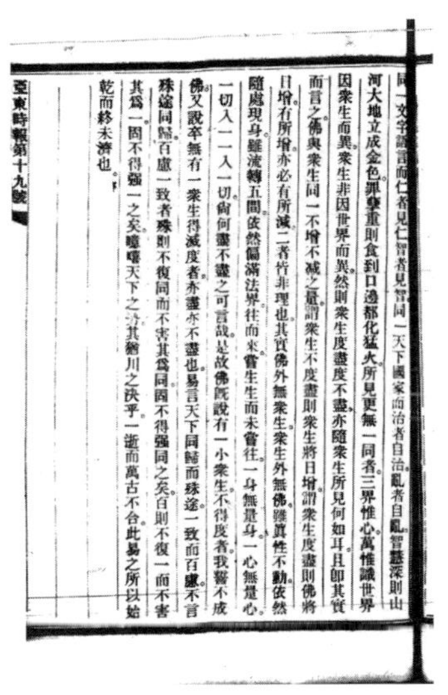

同一文字語言而仁者見仁智者見智同一天下國家而治者自治。亂者自亂。智慧深則山河大地立成金色。罪孽重則食到口邊都化猛火。所見更無一同者。三界惟心。萬惟識世界因衆生而異。衆生非因世界而異。然則衆生度盡度不盡。亦隨衆生所見何如耳。且即其實而言之。佛與衆生同一不增不減之量。謂衆生不度盡則衆生將日增。謂衆生度盡則佛將日增。有所增亦必有所減。二者皆非理也。其實佛外無衆生。衆生外無佛。雖眞性不動。依然隨處現身。雖流轉五間。依然徧滿法界。往而來。嘗生生而未嘗往。一身無量身。一心無量心。一切入一。一入一切。尙何盡不盡之可言哉。是故佛既說有一小衆生不得度者。我誓不成佛。又說卒無有一衆生得滅度者。亦盡亦不盡也。易言天下同歸而殊途。一致而百慮。不言殊途同歸。百慮一致者。殊則不復同。而不害其爲同。固不得强同之矣。百則不復一。而不害其爲一。固不得强一之矣。瞻曯天下之汾其猶川之泆乎。一逝而萬古不合。此易之所以始乾而終未濟也。

臺東時報第十九號

首先是关于变与不变。唐才常在保皇与革命两派间的“依违”，梁启超政治主张的“善变”，谭嗣同戊戌前后思想的“变动”（李细珠《谭嗣同戊戌进京前后的思想变动及其原因》），反映的恰是他们创榛辟莽、上下求索的艰辛与坚定。论者当在具体策略的变中把握其为国为民启蒙探索的不变，以后见之明脱离历史人物的境遇而妄谈得失，似非知言。

其次是关于人事矛盾与共同追求。尽管江浙士绅代表汪康年与唐才常有矛盾，但自立军失败后，汪多批次掩护参与者逃亡。又如谭嗣同在其“旧学四种”前二种刚刚问世就火速寄给挚友唐才常的苦心——此时正是唐与谭嗣同另一好友刘善涵因矿务产生矛盾之时，前二种为刘善涵协助谭整理刊行，谭将刘题签的前两种寄给唐，而此后二种则为唐氏题签，于此似可体会到谭嗣同弥合两位好友的深心，和同志虽或有分歧但终能因相同追求而开怀一笑的友情。以高远追求为基础的友谊亘古不磨，值得后人珍视和钦羡。

再次是关于专攻与融通。近代史领域许多问题的悬置或歧解，恰恰是由于文献学基础的缺失导致的。通过版本梳理、文字校勘和出版过程之考索，或许可以找出更多线索，探寻纸背隐藏的更多真相。笔者本非近代史专业，在此谨以文献学、出版史切入近代史研究进行一些粗浅尝试，希望得到方家批评指正。